Gütersloher Taschenbücher / Siebenstern 744

Weitere Veröffentlichungen von Karl Ernst Nipkow in
›GTB Siebenstern‹:

Grundfragen der Religionspädagogik

GTB 745 *Band 2:* Das pädagogische Handeln der Kirche.
4. Auflage. 238 Seiten.

GTB 756 *Band 3:* Gemeinsam leben und Glauben lernen.
2. Auflage. 272 Seiten.

GTB 752 *Religionsunterricht in der Leistungsschule*
Gutachten – Dokumente.
242 Seiten.

GTB 755 *Moralerziehung*
Pädagogische und theologische Antworten.
192 Seiten.

Karl Ernst Nipkow

Grundfragen der Religionspädagogik

Band 1: Gesellschaftliche Herausforderungen und theoretische Ausgangspunkte

Gütersloher Verlagshaus
Gerd Mohn

Originalausgabe

Eine Veröffentlichung des Comenius-Instituts, Münster

CIP-Titelaufnahme der Deutschen Bibliothek

Nipkow, Karl Ernst:
Grundfragen der Religionspädagogik / Karl Ernst Nipkow. –
Orig.-Ausg. – Gütersloh: Gütersloher Verl.-Haus Mohn.
(Eine Veröffentlichung des Comenius-Instituts Münster)

Orig.-Ausg.
Bd. 1. Gesellschaftliche Herausforderungen und theoretische
Ausgangspunkte. – 4. Aufl. – 1990
(Gütersloher Taschenbücher Siebenstern; 744: Religionspädagogik)
ISBN 3-579-00744-0
NE: GT

ISBN 3-579-00744-0
4. Auflage, 1990
© Gütersloher Verlagshaus Gerd Mohn, Gütersloh 1975

Gesamtherstellung: Clausen & Bosse, Leck
Umschlagentwurf: Dieter Rehder, B-Kelmis
Printed in Germany

Inhalt

Vorwort

Dieser und der folgende Band bilden zusammengenommen die erste Hälfte, nämlich den Grundlagenteil einer Religionspädagogik, die sich in ihrer zweiten Hälfte exemplarisch ausgewählten Problemen aus den Bereichen der religiösen Sozialisation und des Religionsunterrichts zuwenden wird. Das Gesamtvorhaben zielt nicht auf ein Lehrbuch; es kann nicht darum gehen, enzyklopädisch den Bestand lehrbuchfähiger religionspädagogischer Erkenntnisse darzustellen. Beabsichtigt ist eine Einführung in grundlegende religionspädagogische Problemzusammenhänge. Hierbei wird ein Konzept entwickelt, das zur Auseinandersetzung einladen und der Orientierung dienen soll.

Die beiden ersten Bände behandeln den Zusammenhang, von dem alle religionspädagogischen Einzelüberlegungen auszugehen haben und auf den sie bei genauerem Nachdenken stets zurückweisen, den Zusammenhang von Gesellschaft, Erziehung, Religion und Kirche. Die religionspädagogische Praxis und Theorie ist kein isoliertes Phänomen. Auch Religion gibt es nicht abstrakt. Religion und religiöse Erziehung haben teil an der gesellschaftlichen und kirchlichen Gesamtentwicklung. Die religiöse Erziehung unterliegt ähnlichen Bedingungen wie die allgemeine Erziehung und steht vor ähnlichen Schwierigkeiten. Die pädagogisch bedeutsamen gesellschaftlichen Probleme kehren im kirchlichen Raum als Probleme der Kirche wieder. Die Bände 1 und 2 werden diesen Verflechtungen nachgehen. Sie wollen Voraussetzungen untersuchen, Herausforderungen identifizieren, Kriterien ermitteln und ein Gefüge religionspädagogischer Grundaufgaben umreißen; kurz: sie wollen jenen Gesamtrahmen abstecken, innerhalb dessen der Stellenwert spezieller Forschung zur religiösen Entwicklung und Erziehung (z. B. mit Hilfe der Sozialisations- und Curriculumforschung) (hierzu Band 3) überhaupt erst angemessen erkennbar wird.

Zu einer angemessenen Analyse der religionspädagogischen Problemlage in der Bundesrepublik zähle ich folgende Merkmale, die für den Gedankengang der beiden ersten Teilbände charakteristisch geworden sind.

1. Der angedeutete Zusammenhang von Gesellschaft, Erziehung, Religion und Kirche, in welchen die religionspädagogische Praxis und Theoriebildung eingebettet ist, verlangt eine *mehrperspektivische Aufschlüsselung*. Nur in einem mehrperspektivischen und von gegenseitiger Bevormundung absehenden Wechselbezug zwischen nichttheologischen und theologischen Zugängen kann sich die Religionspädagogik in der Gegenwart entfalten.

2. Der genannte Ansatz setzt die Linie meiner früheren Versuche fort, die von Anfang an, seit meiner Tätigkeit als Religionslehrer, einer doppelten Spur folgten und sich seit geraumer Zeit darin spiegeln, daß ich in einem theologischen und einem sozialwissenschaftlich-pädagogischen Fachbereich arbeite. Der alte Ansatz wird jedoch in jenen Richtungen differenzierter entfaltet, erweitert und neu akzentuiert, in denen ich hinzugelernt habe.

Mir geht es nach wie vor um einen theologisch und pädagogisch verantworteten Religionsunterricht. Auf den Religionsunterricht konzentrierte sich überhaupt die religionspädagogische Diskussion der letzten Jahrzehnte. Die Religionspädagogik erschöpft sich jedoch nicht in einer Didaktik und Methodik dieses Unterrichtsfaches. Es ist dringend an der Zeit, in einem *übergreifenden Horizont* zu denken, aus folgenden Gründen.

a) Gegenstand der Religionspädagogik sind *alle religiösen Lernprozesse, schulische und außerschulische*. Ferner müssen auch alle mittelbar religiös bedeutsamen Lernerfahrungen und Lernvoraussetzungen berücksichtigt werden, die mit dem *allgemeinen Bildungswesen und Bildungsschicksal einer Zeit* gegeben sind. Ja, der Einfluß, den das allgemeine, öffentliche Bildungswesen in einer Gesellschaft ausübt, ist in der Regel so stark, daß jede bereichsspezifische oder an besonderen Aspekten orientierte pädagogische Theoriebildung (z. B. die Religionspädagogik) eine Analyse der allgemeinen gesellschafts- und bildungspolitischen Rahmenbedingungen und eine kritische Auseinandersetzung mit den sich in ihnen abzeichnenden Trends an den Anfang stellen sollte. Die hier entwickelte Religionspädagogik versucht dies (Band 1, Kap. 1 und 2), und zwar intensiver, als es üblich und auch in meinen eigenen früheren religionspädagogischen Arbeiten angestrebt worden ist. Wenn man es unterläßt, besteht die Gefahr, daß nicht nur das Gegenstandsfeld verkürzt präsentiert wird, sondern auch die gesellschaftstheoretischen und allgemeinpädagogischen Denkvoraussetzungen eines religionspädagogischen Autors dem Leser nicht hinreichend klarwerden.

b) Der zweite Grund, das Bewußtsein vom Zusammenhang des religionspädagogischen Gesamtfeldes wiederzugewinnen, geht auf das Interesse zurück, das die *Kirchen* an einem in sich zusammenhängenden religionspädagogischen Handeln in den verschiedenen Bereichen haben müssen. Die Teilnahme am bildungspolitischen Gespräch in der evangelischen Kirche in den letzten Jahren hat mir gezeigt, daß es angesichts vielfältiger innerkirchlicher pädagogischer Einzelaktivitäten, die in der Regel unkoordiniert nebeneinanderstehen, an einer *verbindenden Grundorientierung* fehlt.

Die vorgelegte Religionspädagogik versucht an dieser Stelle, mit einem begrenzten Beitrag orientierend und integrierend zu helfen. Band 2 steht unter der Überschrift »Das pädagogische Handeln der Kirche«. In Aufnahme der Ergebnisse des ersten Bandes und auf dem Hintergrund des Bildungsdilemmas unserer volkskirchlichen Situation (Band 2, Kap. 1) liegt der Schwerpunkt dieses Teilbandes und damit das konstruktive Ergebnis in der Beschreibung und Begründung vier übergreifender pädagogischer Grundaufgaben der Kirche (Band 2, Kap. 2). Die Vergegenwärtigung des Horizonts dieser Grundaufgaben soll einerseits die gemeinsamen Herausforderungen erkennen lassen, denen sich keine religionspädagogische Teilaufgabe entziehen kann. Andererseits könnte ein solches übergreifendes Konzept die Überlegungen darüber erleichtern, welche speziellen Aufgaben jeweils von den besonderen religionspädagogischen Handlungsfeldern (Kindergottesdienst, kirchlicher Unterricht, Religionsunterricht usw.) wahrgenommen werden können. Zwar bilden jene Grundaufgaben ein zusammenhängendes Gefüge, und nicht zuletzt sollte der Religionsunterricht sich von allen vier Aufgaben her verstehen. Entsprechend den jeweiligen Voraussetzungen werden sich jedoch für die verschiedenen religionspädagogischen Praxisbereiche unterschiedliche Schwerpunkte ergeben.

3. Eine Religionspädagogik, die meint, was sie sagt, wenn sie von pädagogischer *und* theologischer Verantwortung spricht (s. o. 1), und die gleichermaßen intensiv von den gesellschaftlichen wie den kirchlichen Bedingungen und Verantwortlichkeiten her denken will (s. o. 2a und b), kann sich nur bedingt an einem weiten, allgemeinen Religionsbegriff orientieren. Dieser ist entweder zu formal und damit ideologieanfällig, weil er zwangsläufig unterschiedlich

bestimmt werden kann; oder er wird unter der Hand bereits in oft verdeckter Weise spezifisch inhaltlich gefüllt und damit zu einem Ersatzkonkretum. Beides erschwert die Normendiskussion in der Religionspädagogik.

Die hier vorgelegte Religionspädagogik begründet und geht einen anderen Weg. In der Mitte der als Einheit zu verstehenden beiden ersten Teilbände, im 3. Kapitel, dem Schlußkapitel von Band 1, stelle ich gegenwärtig vorgetragene *religionstheoretische* Begründungsansätze der Religionspädagogik und den eigenen Ansatz einer *interpretativen Verbindung pädagogischer und theologischer Denkwege* einander gegenüber. Auch der eigene Weg ist nicht ohne Aporien; Gegenüberstellungen im Sinne einer Schwarz-Weiß-Malerei sollen vermieden werden. Religionspädagogisches Denken, das kritisch-konstruktiv auf den konkreten, geschichtlich gewordenen Zusammenhang dieser unserer Gesellschaft mit den in dieser Gesellschaft seit Jahrhunderten in der religiösen Erziehung tätigen und wirksamen christlichen Kirchen gerichtet ist, sollte jedoch bemüht sein, nichttheologische und theologische Denkformen und Kriterien einerseits klar auseinanderzuhalten, andererseits aufeinander zu beziehen, wo sie aufeinander beziehbar sind, weil sie eine gemeinsame Geschichte haben.

Ein in diesem Sinne verbindendes *und* unterscheidendes religionspädagogisches Denken, wie es Band 1 begründen und Band 2 entfalten wird, »konvergenztheoretisch« zu nennen, ist mißverständlich, weil diese Formel nur die Gemeinsamkeiten und Ähnlichkeiten, nicht die Unterscheidungen ausdrückt, obwohl gerade auch sie gemeint sind. Die Abbreviatur sei daher mit Vorsicht gebraucht und im übrigen dem Autor mit Nachsicht abgenommen, da er keine bessere Kurzformel zur Hand hat. Wichtiger bleibt, worum es mir in der Sache geht, nämlich nichttheologische und theologische Perspektiven in dem Ernst miteinander zu verbinden, wie es die Sachverhalte selbst erfordern, jener eingangs abgekürzt bezeichnete gegenwärtige Zusammenhang von Gesellschaft, Erziehung, Religion und Kirche, in den die religionspädagogische Praxis und Theorie einbezogen ist.

Meines Erachtens steht die theologisch engagierte Religionspädagogik unserer Tage in dieser schwierigen Integrationsaufgabe, der Aufgabe der Bestimmung des Verhältnisses theologischer und humanwissenschaftlicher Erkenntnisse, vor einer neuen Gesprächsphase. Angesichts der erfolgten und weiterhin notwendigen Einbeziehung erziehungswissenschaftlicher Denkwege wie überhaupt anthropologischer und sozialwissenschaftlicher Forschungsansätze in die Religionspädagogik zwingt die Normenfrage, die in empirisch-analytisch orientierten Forschungsbereichen meist nur verkürzt behandelt wird, zu einer neuen Aufmerksamkeit auf die leitenden Kriterien sowohl der allgemeinen wie der religiösen Erziehung. In beiden Hinsichten tragen die Kirchen Verantwortung, mittelbare Verantwortung in der allgemeinen, unmittelbare Verantwortung in der religiösen Erziehung. In beiden Hinsichten geht es daher um *theologische* Rechenschaftsabgabe. Dies führt zugleich zum letzten Merkmal der folgenden Darstellung.

4. Die beiden ersten Teilbände dieser Religionspädagogik entwickeln die Kriterienproblematik an einem Leitfaden. Er wird mehr oder weniger hervortreten und gleichwohl die ständige Bezugslinie bilden. Der Autor verdankt diesen Leitfaden dem 1973 festgelegten Thema für die 5. Vollversammlung des Ökumenischen Rates der Kirchen, die vom 23. November – 10. Dezember 1975 in Nairobi stattfinden wird. »Jesus Christus befreit und eint« ist das Oberthema; »Erziehung zu Befreiung und Gemeinschaft« ist eins der Unterthemen, das pädagogische Teilthema. Die folgenden Ausführungen kreisen um die Freiheitsthematik und um die Frage nach den Kriterien menschenwürdiger, sozialer Lebensformen.

Das Recht, ein religionspädagogisches Konzept durch diese Thematik auf den Weg bringen und begleiten zu lassen, liegt darin begründet, daß wir es nicht mit einer bloß aktuellen, sondern epochalen Thematik zu tun haben. In der Frage nach der *Freiheit* und der Frage nach der Form der *Vergesellschaftung* (d. h. nach der rechten, sinnerfüllten Lebensform unter den Bedingungen moderner Gesellschaften) drückt sich die *Sinn*problematik unserer Zeit am herausforderndsten aus. Damit aber sind in dieser Doppelthematik zugleich die pädagogischen Kriterienfragen gebündelt anzutreffen. Auch aus diesem Grund beginnt die Gesamtdarstellung in Band 1 mit dem Versuch, das zu Gesicht zu bekommen, was heute überhaupt gesellschaftspolitisch und bildungstheoretisch gesehen auf dem Spiel steht: die Krise grundlegender Bildungsstrukturen durch geschichtsvergessenes, sinnarmes und entfremdetes Lernen, das mit persönlicher Erfahrung nicht verbunden ist. Welches Freiheitsverständnis trägt in dieser Situation? Dieser Frage wendet sich anschließend Kapitel 2 zu. Es setzt sich mit einem individualistisch verengten Verständnis von Emanzipation auseinander; Freiheit muß kommunikativ buchstabiert werden.

Die Leitbegriffe von Nairobi »freedom« und »community« erweisen sich als Schlüsselbegriffe zur Entschlüsselung vieler, wie ich meine, der wesentlichen anstehenden Probleme. Sie stellen jedoch zugleich unausweichbar die Frage, welches Freiheitsverständnis und Verständnis von menschlicher Gemeinschaft die christlichen Kirchen haben. Dabei ist es höchst bedeutsam, daß die Thematik der Vollversammlung die beiden Leitbegriffe miteinander verschränkt. Die tragende Mitte der folgenden Gedankengänge liegt in dieser Verschränkung, in dem, was sie anthropologisch (Band 1, Kap. 2) und theologisch meint (bes. Band 2).

Die »Grundfragen der Religionspädagogik« sind im Zusammenhang mit religionspädagogischen Einführungsvorlesungen formuliert worden und darum den Studierenden der Religionspädagogik besonders zugedacht. Den Hörern meiner Vorlesungen und meinen Mitarbeitern danke ich für manche kritische Rückfrage und Anregung. Dank schulde ich ferner Heidi Schmid für das Schreiben des Manuskripts sowie Helmut Diehl und Bernward Wolf für das Mitlesen der Korrekturen. In besonderer Weise bin ich jedoch dem Comenius-Institut verpflichtet, das diese Bände als erste in sein neues Veröffentlichungsprogramm aufgenommen hat, ferner dem Gütersloher Verlagshaus Gerd Mohn für alle erwiesene freundliche Unterstützung.

Tübingen, im Februar 1975   *Karl Ernst Nipkow*

Einleitung

»Erziehung zu Befreiung und Gemeinschaft« – Nairobi 1975 als Herausforderung an die Religionspädagogik der Gegenwart

Das Leitthema der 5. Vollversammlung des Ökumenischen Rates der Kirchen 1975 in Nairobi lautet: »*Jesus Christus befreit und eint*« (»Jesus Christ frees and unites«). Es ist in Anlehnung an Aussagen des Galaterbriefes gewonnen (vgl. Gal. 5,1), steht also im Zusammenhang der Verkündigung des Apostels Paulus von der Gerechtigkeit aus Glauben und der Befreiung aus der Knechtschaft des Gesetzes. Das Thema ist präsentisch formuliert, obwohl »das biblische Freiheitskonzept und seine Grundlage alle drei Dimensionen umfaßt – Vergangenheit, Gegenwart und Zukunft.«[1] Die Kirche Jesu Christi darf als ein Geschenk in dieser unserer Gegenwart erwarten und annehmen, was durch das vollzogene Ereignis in Christus bereits verbürgt ist und doch erst in der Zukunft ganz vollendet wird. Noch ist die Kirche ein Provisorium und nur potentiell, was sie in der Zukunft Gottes im vollen Sinne sein wird: »Gemeinschaft der Freien.«[2]

Das vierte Teilthema der 5. Vollversammlung – zum erstenmal in der Geschichte jener Versammlungen steht auch ein pädagogisches Thema zur Diskussion – hat zu jener Formel von der Kirche als »Gemeinschaft der Freien« eine enge Beziehung. Es enthält zugleich eine kühne und mutige Ableitung: »Education for Liberation and Community«, »*Erziehung zu Befreiung und Gemeinschaft* – christliche Ziele und Prioritäten für die Veränderung der Erziehung in Kirche und Gesellschaft«.[3] Dem übergreifenden theologischen Ober-

---

1. Zentralausschußdokument Nr. 9, 1973, S. 2, hg. v. ÖRK (hekt.).
2. Vgl. das Studiendokument zum Thema: »Einheit der Kirche – Einheit der Menschheit« der Konferenz in Löwen 1971; in: *Josef Scharbert* (Hg.): Zum Thema: Eine Kirche – eine Menschheit, Stuttgart 1971.
3. Zum Untertitel »Christian Goals and Priorities in Reshaping Education in Church and Society« siehe Zentralausschußdokument 9, 1973, S. 10.

thema, das von Christi Befreiungshandeln an uns spricht und im Zusammenhang des Galaterbriefs unsere Selbstrechtfertigung gerade abweist, wird ein Erziehungsauftrag entnommen, der durchaus unsere Sache sein soll. Mehr noch: Es wird ausdrücklich auf die Veränderung der christlichen Erziehungsziele und Prioritäten in Kirche *und* Gesellschaft abgehoben; beabsichtigt ist ein gesellschaftlich relevantes pädagogisches Befreiungskonzept der Kirchen. Die Spannung wächst, wenn man zusätzlich bedenkt, daß in der englischen Fassung des Oberthemas das allgemeine Wort »free« (»Jesus Christ frees and unites«) gebraucht wird, in der Formulierung des vierten Teilthemas dagegen der von politischen Bedeutungsinhalten nicht loslösbare Begriff »liberation«. Warum folgt aus der Freiheit in Christus als Befreiung von der Knechtschaft des Gesetzes ein pädagogisch-politisches Befreiungsdenken und -handeln? Wie hängt beides zusammen?

Die Rede von Freiheit und Gemeinschaft in zwei aufeinander bezogenen und doch nicht identischen Kontexten fordert die Kirchen sachlich und methodologisch aufs schwerste heraus.

Von der *Sache* her darf der Frage nicht ausgewichen werden, welchen Ausdruck christliche Freiheit im Handeln finden soll, sowenig ein Christ auf Gefahr des Identitätsverlustes sein Christsein und sein Menschsein auseinanderdividieren kann. Mit gleichem Nachdruck aber ist festzuhalten, daß die befreiende Erlösung und Rechtfertigung als ein Handeln an uns mit unserem eigenen, auf Befreiung gerichteten pädagogisch-politischen Handeln nicht gleichzusetzen ist, wenn anders der Grundsinn christlicher Heilsverkündigung nicht verkehrt werden soll. Dasselbe gilt für das Verhältnis von Einheit der Kirche und Einheit der Menschheit, für die Thematik der ökumenischen Tagung in Löwen 1971.

Methodologisch gesehen müssen folglich für christliche Erziehung, theologische Ausbildung und theologische Forschung Methoden gefunden werden, die den genannten Zusammenhang durchdringen, ohne hierbei die theologischen Kategorien einerseits und die sozialwissenschaftlichen bzw. erziehungswissenschaftlichen Kategorien anderseits in undurchsichtiger Weise ineinander aufzulösen. *Ernst Lange* weist in seinem eindrucksvollen Buch über die ökumenische Bewegung darauf hin, daß die seit Sagorsk (1968) formulierte »interkontextuale« Methode des »Theologisierens zwischen zwei aufeinander bezogenen, aber nicht miteinander vermischten Kontexten« in der in Löwen vorgelegten Studie zur »Einheit der Kirche und Einheit der Menschheit« zum erstenmal durchgespielt worden sei[4]. Seine Darlegungen erinnern zugleich sehr nüchtern an die immensen Schwierigkeiten der christlichen Theologie, den »nichttheologischen Faktoren« gerecht zu werden, die »nicht nur das Medium kirchlicher Lehr- und Verfassungsbildung sind, sondern auch ganz unmittelbar in der Gestalt des weltgesellschaftlichen Konfliktpotentials in die Kirchen hineinwirken. Sie sind heute das eigentlich Trennende in den Kirchen und zwischen den Kirchen, während die alten interkonfessionellen Konflikte längst zu emeritierten Konflikten geworden sind.« Jene säkularen Sachverhalte machen es notwendig, »daß ökumenische Theologie, daß Theologie überhaupt nicht nur interdisziplinäre Hilfestellung bedarf, sondern *daß sie selbst mehr und mehr zum interdisziplinären Geschäft wird.* Wie die Anthropologie, so müßte auch die Theologie ihrem Wesen nach ein gemeinsames Unternehmen aller Wissenschaften vom Menschen, von der Gesellschaft und von der Geschichte werden. Geht es um die Wahrheit der Wirklichkeit, dann muß eben alles, was man von der Wirklichkeit weiß und erfährt, in den Reflexionsprozeß eingebracht und dem Wahrheitstest ausgesetzt werden.«[5]

Zahlreiche Beispiele aus der gegenwärtigen Diskussion zeigen, daß man zwar zunehmend erkennt, wie notwendig es ist, *theologische Deutung* und *Analyse der Wirklichkeit* aufeinander ›abzubilden‹; bei der Durchführung wird diese Absicht allerdings zumeist immer noch gründlich verfehlt.

– Nicht wenige Theologiestudenten in der Bundesrepublik ergänzen ihre Studien durch *nichttheologische Studien*, vor allem in den Disziplinen Psychologie, Soziologie und Pädagogik. Kaum jemand zeigt ihnen jedoch, wie beides zusammenhängt.

– Theologische Ausbildungskommissionen entwerfen beachtenswerte Konzepte *problemorientierten Theologiestudiums* unter Integration nichttheologischer Wissenschaften, wiederum besonders der Sozialwissenschaften. Kristallisationspunkte sind vor allem die herausfordernden Probleme unserer Zeit aus dem Raum kirchlichen und gesellschaftlichen Handelns. Von bescheidenen Anfängen abgesehen, stehen jedoch alle diese Überlegungen vorerst nur auf dem Papier[6].

4. *E. Lange:* Die ökumenische Utopie oder Was bewegt die ökumenische Bewegung? Stuttgart und Berlin 1972, S. 136 f.
5. A. a. O. S. 189.
6. Vgl. die Empfehlungen zur Reform der theologischen Ausbildung,

– Für den schulischen Religionsunterricht sind Konzepte entwikkelt worden, welche Bibelauslegung und Lebensauslegung in einem »Kontextmodell« aufeinander beziehen[7]. In der Unterrichtspraxis bricht jedoch beides häufig auseinander; man macht das eine oder das andere – ohne wechselseitigen Bezug.

– In neuesten Versuchen wird dies Modell zu einem offen strukturierten, von Schülern und Lehrern gleichberechtigt und gemeinsam geplanten Projektunterricht fortentwickelt. Im Zeichen der Projektidee (John Dewey) soll die Praxiserfahrung außerhalb der Schule Ausgangs- und Zielpunkt der Lernerfahrungen sein. Von einem klaren christologischen Standort ausgehend, wird erwar-

hg. von *T. Rendtorff* u. *H. Reiß* im Auftrag der Gemischten Kommission für die Reform des Theologiestudiums, Stuttgart u. Berlin 1973 (Reform der theologischen Ausbildung, Bd. 9), bes. S. 11 ff., 14, 23, 24! Siehe auch bestimmte Anregungen und Vorschläge aus der Arbeit der sog. Grundsatzkommission des Evang. theologischen Fakultätentages (1969–1971), ebd. S. 61 ff. In die gleiche Richtung weisen ferner seit Jahren die Vorstellungen der Studienreformkommission II zur Reform der Ausbildung der Religionslehrer, siehe bes. die Empfehlungen zur Studieneingangsphase, die weitgehend auf Erfahrungen am Ev.-Theol. Fachbereich in Marburg/L. zurückgehen. Von dem Gedanken der Integration theologischer und nichttheologischer Fragestellungen unter Einschluß religionspädagogisch-didaktischer Kategorien ist nicht zuletzt der seit 1968 entwickelte, seit 1974 in den evang. Landeskirchen erprobte »Fernstudienlehrgang für evangelische Religionslehrer« bestimmt (Deutsches Institut für Fernstudien, Arbeitsstelle Münster/W.). Die nahezu gleichsinnigen Bemühungen in allen genannten Gremien stellen nach meiner eigenen Erfahrung aus der Arbeit an jenen Projekten eine der hoffnungsvollsten Entwicklungstendenzen dar. Von der Realisierung des Fernstudienprojekts abgesehen, das außerhalb der bestehenden Hochschulen und Fakultäten angesiedelt ist und nur über einzelne Wissenschaftler mit der institutionalisierten wissenschaftlichen Theologie Verbindung hat, ist jedoch die Verwirklichung jener Pläne im Rahmen der herkömmlichen Wissenschafts- und Ausbildungsorganisation sehr schwierig. Dies bestätigt die Untersuchung von *W.-E. Failing:* Theologie und Didaktik im Spiegel religionspädagogischer Lehrveranstaltungen an Pädagogischen Hochschulen, in: ru 3 (1973), 2, S. 61.

7. *H.-B. Kaufmann (Hg.):* Streit um den problemorientierten Unterricht in Schule und Kirche, Frankfurt/M. 1973. – Vom Verf., Problemorientierter Religionsunterricht nach dem ›Kontexttypus‹, in: *Ders.:* Schule und Religionsunterricht im Wandel, Heidelberg u. Düsseldorf 1971, S. 264 ff.

tet, daß in diesem Prozeß das »theologische Definitionspotential« einbezogen und eine Definition der Lebenssituationen gemäß der Dialektik von Gesetz und Evangelium möglich wird, hinführend zur Erfahrung der eigenen Unfreiheit und zugleich Befreiung in Christus. Wie sich diese theologischen Situationsdefinitionen konkret vollziehen sollen, bleibt jedoch auch hier vorerst noch undeutlich[8].

Vielleicht muß dies so sein, denn das Evangelium ist kein Gesetz, durch das einem anderen sein Handeln genau vorgeschrieben werden darf. Dies ist das eine. Freiheit und Gemeinschaft in Christus sind aber auch keine Abstraktionen. Sie ereignen und konkretisieren sich immer nur in bestimmten historischen Lebensverhältnissen. Dies ist das andere. Die Einsicht in die gesellschaftliche und geschichtliche Existenz des Menschen und die Erfahrung der Fleischwerdung und damit Vergeschichtlichung des Wortes Gottes verbieten es darum, die Freiheitsthematik nach der fragwürdigen Unterscheidung zwischen äußerer und innerer Freiheit abzuhandeln, als könne und dürfe man die Befreiung des Menschen von sich selbst ohne ihren geschichtlich-gesellschaftlichen Ausdruck fassen. Innere und äußere, individuelle und gesellschaftliche Existenz können nicht auseinandergerissen werden. Wenn christlicher Glaube Lebenssituationen neu definieren soll, darf und muß gefragt werden, in welcher Lebenslage wir uns heute vorfinden[9].

8. *Bernhard Suin de Boutemard:* Projektunterricht: Beispiel Religion, Düsseldorf 1973.
9. Zur Freiheitsthematik innerhalb der neueren religionspädagogischen Diskussion vgl. *K. Dienst:* Erziehung und Evangelium. Kann eine am Evangelium orientierte Erziehung befreien? In: Wissenschaft und Praxis in Kirche und Gesellschaft 63 (1974), 3, S. 69 ff.; *K. Goßmann:* Perspektiven zum theologischen Verständnis von Freiheit, in: ZfRelPäd. 28 (1973), 10, S. 291 ff.; *J. Kluge,* Freiheit – das Erziehungsziel? in: ZfRelPäd. 29 (1974), 3, S. 131 ff.

Erstes Kapitel

Zur gesellschaftlichen und pädagogischen Situation westlicher Demokratien

Ein Erziehungskonzept, das die Aufmerksamkeit auf »Befreiung« und »Gemeinschaft« richtet, scheint unausgesprochen Zustände der Unfreiheit vorauszusetzen, ferner die Gefährdung oder gar Zerstörung der sozialen Beziehungen. Paßt dies Programm zu den Ländern der nordatlantischen Hemisphäre? Entspricht dieser Ansatz nicht eher den Bedürfnissen der um politische und ökonomische Unabhängigkeit und kulturelle Identität ringenden Völker der Dritten Welt? Hat die Konzeption einer freisetzenden Erziehung nicht dort ihren Ort, wo eindeutig Klassengegensätze mit unterdrückerischen Herrschaftsstrukturen bestehen? In den westlichen Demokratien sind liberale und soziale Grundmotive die tragenden Pfeiler der Verfassungen, gehören die freiheitlich-demokratischen Grundrechte und die sog. soziale Marktwirtschaft zu den identitätssichernden Selbstverständlichkeiten. Die westeuropäischen und nordatlantischen Staaten sind ihrem politischen Selbstverständnis nach liberale und soziale *Demokratien*.

Die Wirtschaft dieser Länder ist freilich gleichzeitig nach *kapitalistischen* Prinzipien strukturiert. Es sind Prinzipien, durch die nach *Karl Marx*, vereinfacht gesagt, der von allen, d. h. gesellschaftlich erzeugte »Mehrwert«, ungleich, d. h. privat angeeignet wird. Der liberale Kapitalismus, den Marx vor Augen hatte, suggerierte, daß der »Markt« mit seinem »freien Spiel der Kräfte« einen gerechten Tausch garantiere, ebenso wie bei der Herstellung der Produkte jeder das als Lohn verdiene, was seiner Arbeitsleistung entspreche. Verdeckt blieb, daß von einem äquivalenten Tausch nicht die Rede sein konnte und eine ganze Klasse von Menschen von der Verfügungsgewalt über das, was sie selbst mit hervorgebracht hatte, ausgeschlossen blieb. Marx entlarvt daher die kapitalistische Gesellschaft als Klassengesellschaft mit Strukturen systemspezifischer Unterdrückung und Ungerechtigkeit.

Offensichtlich hängen die Umrisse einer an Freiheit und sozialer

Gerechtigkeit interessierten Pädagogik, auch einer christlich motivierten Religionspädagogik, von der Antwort auf die Frage ab, ob und wie das Gesagte auch heute noch gilt oder ob sich der Kapitalismus gewandelt und seine spezifischen Widersprüche und Folgeprobleme überwunden hat. Die Antwort hierauf ist nicht einfach, weil noch ein dritter Umstand zu berücksichtigen ist. Die Bundesrepublik gehört wie andere Länder zu den inzwischen *hochindustrialisierten* Staaten, deren Steuerungsprobleme immer komplexer werden, und zwar gleichgültig, welcher Wirtschaftsform sie folgen. Die genaue ursächliche Zuordnung gesellschaftlicher Phänomene und pädagogischer Sachverhalte entweder zu den Auswirkungen der kapitalistischen Wirtschafts- und Herrschaftsform oder zu den Konsequenzen, die sich aus der übergreifenden Struktur von Industriegesellschaften allgemein ergeben, ist daher erschwert. Die industriegesellschaftlichen und die dem Kapitalismus zuzuschreibenden Faktoren scheinen sich in komplizierter Weise zu überlagern.

Man wird hierauf achten und den hypothetischen Charakter der folgenden Grundannahmen in Erinnerung behalten müssen. Wie aber auch der Hintergrund jeweils genau beschaffen sein mag, die genannten Merkmale – das politische Selbstverständnis, die kapitalistische Wirtschaftsform und die industriestaatliche Entwicklungs- und Steuerungsproblematik – erzeugen in ihrer Verflochtenheit schwere Spannungen, von denen das *Bildungssystem* und seine Planung (I), die Qualität der *Bildungsreform* (II) und die Substanz der *Bildungsprozesse* (III) mitbetroffen sind. Dies kann in Anknüpfung an *drei gesellschaftstheoretische Hypothesen* gezeigt werden.

I. Der Pauperismus der Überflußgesellschaften und die Vernachlässigung des Bildungssystems

1. Die ungleiche Förderung gesellschaftlicher Gruppen und Lebensbereiche (Disparitätshypothese)

a) Kapitalismusbegriff und das Dilemma der Infrastrukturen. Im Gegensatz zu den Vertretern eines orthodox-dogmatischen Marxismus entsteht in der gegenwärtigen politologischen und gesellschaftstheoretischen Diskussion auf Grund immer differenzierterer Analysen das Bild eines komplexen und neuartigen Wechselwirkungszusammenhangs von Politik, Verwaltung, Wirtschaft, Wissenschaft und Bildung. Dieser Zusammenhang enthält Phänomene und Probleme, die mit der von *Marx* entwickelten klassischen »Mehrwerttheorie« und der entsprechenden Theorie vom Klassengegensatz nicht mehr zureichend erfaßt und erklärt werden können. Das heißt ferner, daß selbst namhafte marxistisch orientierte Gesellschaftstheoretiker nicht mehr mit der Sicherheit früherer orthodoxer Marxisten das objektiv vorgeschriebene Ende des Kapitalismus als Ergebnis seiner ihm immanenten Selbstdestruktion vorauszusagen wagen. Die kapitalismuskritischen Krisentheorien werden zur Zeit tiefgreifend umgeformt.

Nach wie vor ist es jedoch berechtigt, mit dem Begriff »*Kapitalismus*« als Terminus für die Gesellschaftsform der westlichen Industriestaaten zum Ausdruck zu bringen, daß die kapitalistische Produktionsweise, wenn auch in charakteristisch veränderter Form, fortbesteht[1]. Zugleich wird damit angezeigt, daß es sehr wohl auch heute die großen immanenten Verlegenheiten der kapitalistischen Produktions- und Akkumulationsstrukturen sein könnten, die im Verein mit den neu entstandenen Aporien, die für Industriegesellschaften überhaupt typisch sind, die Krisenphänomene unserer westlichen Zivilisation verursachen. Die Anwendbarkeit des Kapitalismusbegriffs auf die hochindustrialisierten Gesellschaftssysteme Westeuropas und des nordatlantischen Kontinents ist darum möglich, weil kein Zweifel daran bestehen kann, daß

»(a) die *Leitvariable des wirtschaftlichen Wachstums*, die nur einen Aggregatausdruck für die von kapitalistischen Produktionseinheiten jährlich erzielte Akkumulation darstellt, das Potential zur Verarbeitung ökonomi-

---

1. Zur Entwicklung des Kapitalismus und seiner Ausformung zum »geplanten«, »organisierten«, »staatlich regulierten« (Spät)Kapitalismus vgl. *M. Dobb:* Studies in the Development of Capitalism, London 1947 (dt.: Entwicklung des Kapitalismus, Köln u. Berlin 1970) und *A. Shonfield*, Modern Capitalism, London 1965 (dt.: Geplanter Kapitalismus, Köln 1968). Trotz der vielen vorliegenden Untersuchungen ist die wohl von *Sombart* herrührende Begriffsbildung »Spätkapitalismus« und das damit unterstellte Entwicklungsschema oberflächlich (so *M. Tjaden-Steinhauer, K. H. Tjaden:* Klassenverhältnisse im Spätkapitalismus, Stuttgart 1973, S. XII, mit Hinweis auf eine Untersuchung von *W. Rosenbaum)* und die Frage *S. Tsurus:* Has Capitalism changed? (Tokio 1961) immer noch nicht befriedigend beantwortet (*J. Habermas:* Legitimationsprobleme im Spätkapitalismus, Frankfurt/M. 1973, S. 49).

scher, sozialer und politischer Probleme bestimmt und – unter dem Gesichtspunkt weiteren Wachstums – limitiert und daß
(b) die nicht-kontrollierten Begleitphänomene dieses Wachstumsprozesses, nämlich Herrschaft, Unterdrückung, Entfremdung und Mangel seine (nicht notwendig *klassen*theoretisch lokalisierbare) *Folge* und eine ›selbstnegatorische Tendenz‹ jedenfalls in dem indirekten Sinne darstellen, daß sie das System zu einer permanenten Selbstadaption zwingen.«[2]

Einfach gesagt, die wirtschaftliche Kraft der westlichen Gesellschaften ermöglicht nicht nur die zu respektierende Bewältigung vieler Probleme. Die Rücksichtnahme auf ungehindertes Wachstum begrenzt zugleich die durchgreifende Lösung mancher Aufgaben. Der ökonomisch-technologische Prozeß schafft darüber hinaus neue soziale und psychische Belastungen, die nicht zuletzt religiöse Folgewirkungen und -probleme mit sich führen (vgl. Band 2). Diese Begleitphänomene sind selbstwidersprüchlich, weil unsere Gesellschaft sie erzeugt, obwohl unser Staat sie gemäß seinem liberalen und sozialen Selbstverständnis nicht will.

Zwar sind die Phänomene der »Entfremdung« und des »Elends«, wie sie *Marx* diagnostizierte, in wohlfahrtsstaatlich organisierten Überflußgesellschaften abgeschwächt oder gar verschwunden. Gemessen am Durchschnittseinkommen und verglichen mit den unterentwickelten Ländern ist in den entwickelten Gesellschaften materieller Reichtum erreicht. Die Realeinkommen sind gewachsen. Das Leben ist auch für die arbeitende Bevölkerung im ganzen erträglich und in Abstufungen annehmlich geworden. Diese Situation darf jedoch nicht von neuen Formen der Armut und Entfremdung ablenken, die zwar nicht so auffällig wie in der Dritten Welt, sondern verborgener, aber dennoch allenthalben gegenwärtig sind. Sie manifestieren sich allerdings an anderen Stellen als im 19. Jahrhundert[3].

Hochindustrialisierte Gesellschaften und Wohlfahrtsgesellschaften sind teure Gesellschaften. Die Kosten, die erforderlich sind, um die Arbeitskraft des arbeitenden Menschen zu erhalten, sind extrem

2. *C. Offe:* Spätkapitalismus – Versuch einer Begriffsbestimmung, in: *Ders.:* Strukturprobleme des kapitalistischen Staates, Frankfurt/M. 1972, S. 17.
3. *André Gorz:* Zur Strategie der Arbeiterbewegung im Neokapitalismus, Frankfurt/M. 1967, 6. Aufl., 1971. – Der Begriff der Dritten Welt ist ohnehin »kein geographischer … Es ist sehr leicht, die Dritte Welt in Europa zu finden« (*P. Freire*, in: betrifft: erziehung 7 (1973), S. 37).

gestiegen. Diese Kosten betreffen Erziehung und Ausbildung, Gesundheitswesen, Verkehr und Transport, die Bereiche der Freizeit und Erholung und andere. Alle diese Bereiche gehören zur sog. sozialen *Infrastruktur.* Vergleicht man nun die Kosten, die für die Reproduktion der Arbeitskraft aufgewendet werden, mit denen, die für die Reproduktion des Kapitals ausgegeben werden (z. B. Kapitalinvestitionen mit z. T. der Möglichkeit hoher Abschreibungen), bricht die Frage auf, welches Verhältnis zwischen beiden zu fordern ist.

In Anknüpfung an *André Gorz* entwickelt *Claus Offe* einen Maßstab, der seiner Meinung nach allererst erlaubt, »wachsenden Wohlstand« im Sinne des Interesses aller Gruppen und Menschen einer Gesellschaft zu bestimmen, nämlich als »die Verbreiterung der Chance, individuelle und kollektive Lebensinteressen *über das Maß hinaus* wahrzunehmen, das von dem Erfordernis der Reproduktion bloßer Arbeitskraft jeweils definiert ist. Dieses quantitative *und* qualitative Kriterium ist der einzige denkbare Maßstab für Wohlfahrt in einem Sinne, der nicht schon von den Interessen der herrschenden Klasse verfälscht ist«[4]. M. a. W., nicht nach der Steigerung des Nominaleinkommens, was wegen der permanenten Inflation selbstverständlich ist, und auch nicht nur nach der Steigerung des Realeinkommens, sondern nach der »über die *wachsenden Reproduktionskosten* der Arbeitskraft *hinausgehenden* Verfügung über Güter und Leistungen« ist zu fragen, »sofern sie der individuellen und kollektiven Emanzipation zugutekommt.«[5] Sozialliberale Reformpolitik in der Bundesrepublik ist auf der Spur dieses Kriteriums, wenn sie sich von der Politik eines uneingeschränkten quantitativen wirtschaftlichen Wachstums vorsichtig distanziert und von der anzustrebenden »Qualität des Lebens« spricht.

Es ist eine Frage der gesamtgesellschaftlichen *Prioritäten*, wo eine Gesellschaft auf der sich abzeichnenden Skala den Schwerpunkt setzt; je nachdem ergeben sich im Rahmen der staatlichen Ausgaben rückläufige, stagnierende oder überproportionale Infrastrukturquoten. Da die Anforderungen an die Infrastruktur mit jeder zivilisatorischen Entwicklungsstufe gestiegen sind und sich ihr Wachstum schneller vollzieht als das durchschnittliche Wachstum des Bruttosozialprodukts, muß »ein steigender Anteil der Staatseinnahmen für die langfristigen Grundinvestitionen bereitgestellt

4. A. a. O. S. 156.
5. A. a. O. S. 155.

werden«[6]. Dies ist jedoch nicht oder kaum der Fall, da die Planvor-
stellungen auf scheinbar unüberwindliche finanzielle und strukturelle Widerstände treffen[7]. Wie sind sie zu erklären?

*b) Die Disparität von Lebensbereichen – Einwände, Rationalisie-
rungen, Tatbestände.* Vor allem unter dem Eindruck der Verhältnisse in den USA ist von C. Offe und anderen die Hypothese formuliert worden, daß in kapitalistisch strukturierten Gesellschaften
aus Rücksichtnahme auf die Erhaltung privater Verfügungsmacht
und privatwirtschaftlicher Investitionsinteressen nur gerade soviel
für den Menschen ausgegeben werde, wie für die Erzeugung und
Erhaltung seiner Arbeitskraft und seiner entpolitisierten Arbeits-
zufriedenheit notwendig sei[8]. Auf genau dies Maß sei der Konsum

6. So auch G. *Picht* schon 1966, eine Forderung, die er 1972 wiederholt
(Umweltschutz und Politik, in: *E. v. Weizsäcker (Hg.)*: Humanökologie und Umweltschutz, Stuttgart und München 1972, S. 91).

7. Nach einer Periode starker Ausdehnung bis etwa 1962 bleibt die
Infrastrukturquote in der Bundesrepublik »weitgehend konstant«
und steigt erst wieder 1970/71, allerdings jetzt stark bedingt durch
die inflationäre Entwicklung. Genaue Berechnungen, unter Zugrun-
delegung der Ausgaben in den Sektoren Unterricht, Wissenschaft,
Kunst und Volksbildung, Gesundheit, Sport, Erholung, Wasserwirt-
schaft und Kulturbau, Verkehr, gemeindliche Anstalten, Landes- und
Städteplanung, Raumordnung, bei *V. Ronge, G. Schmieg*: Restriktionen politischer Planung, Frankfurt/M. 1973, S. 191 f.

8. *J. Bergmann, G. Brandt, K. Körber, E. Th. Mohl, C. Offe*: Herrschaft,
Klassenverhältnis und Schichtung, in: *Th. W. Adorno (Hg.)*: Spätkapitalismus oder Industriegesellschaft? Abhandlungen des 16. Deutschen Soziologentages, Stuttgart 1969. – *F. F. Piven* und *R. A. Clo-
ward* können hierbei für die jüngste amerikanische Geschichte einen
bezeichnenden periodischen Wechsel feststellen: Entsprechend den
beiden auch von ihnen genannten Hauptfunktionen des gesellschaftlichen Systems, der Erhaltung der öffentlichen Ordnung und der Re-
gulierung des Arbeitsmarkts, expandieren die Unterstützungspro-
gramme oder werden sie beschnitten. (Regulating the Poor. The Func-
tions of Public Welfare (1971), London 1972, S. 3 f.). – Die Pro-
klamation des »Krieges gegen die Armut« durch den Präsidenten
Kennedy und die Fortführung dieses Programms durch Präsident
Johnson hängen offensichtlich mit dem Tatbestand zusammen, daß
die Politisierung von Teilen der Schwarzen auf Grund steigender
Arbeitslosigkeit und dadurch bedingter zunehmender Armut zu Beginn der 60er Jahre einen Grad erreichte, der die innere Ordnung
der USA ernsthaft bedrohte.

von Gütern und Leistungen eingeschränkt. Jene Menschen und Gruppen aber, die nicht mehr im Arbeitsprozeß stehen oder die nicht wenigstens eine indirekte Beziehung zum Arbeitsmarkt aufweisen können, hätten »nicht mehr als die dürftigste Sicherung ihres Überlebens vom ›Wohlfahrtsstaat‹ zu erwarten (und bisweilen nicht einmal das).«[9]

»Der Pauperismus des frühkapitalistischen Proletariats (wird) vom modernen Pauperismus der ›depressed areas‹ abgelöst: die *alle* Bürger betreffenden Bereiche von Bildung, Verkehr, Wohnung und Gesundheit liefern hierfür eine Reihe sinnfälliger Anhaltspunkte. Das gleiche gilt für die biographischen Marginalsituationen der vorschulischen Sozialisationsphase, der Arbeitslosigkeit, der Altersphase nach dem Austritt aus dem Berufsleben, der Geisteskranken und der Kriminellen; und es gilt für die gesellschaftlichen Ausnahmesituationen ethnischer Minderheiten, zukunftsloser Wirtschaftszweige, der Slums und der strukturellen Armutsgebiete.«[10]

Als allgemeinste Formel für die hier sichtbar werdenden strukturellen Asymmetrien ist der Begriff der »*Disparität von Lebensbereichen*« vorgeschlagen worden. Die Disparitätshypothese will besagen, »daß im staatlich regulierten Kapitalismus nicht mehr der globale Konflikt zwischen Klassen das dynamische Zentrum sozialen Wandels darstellt; es wird zunehmend überlagert von einem ›horizontalen‹ Schema der Ungleichheit, der Disparität von Lebensbereichen. Allerdings ist es wahrscheinlich, daß die in der klassischen Phase des Kapitalismus unterprivilegierten Gruppen und Schichten auch am ehesten die Leidtragenden jener Systemdefekte sein werden, die die gleichmäßige Entfaltung der Produktivkräfte und der Freiheitschancen in allen Bereichen des gesellschaftlichen Lebens unterbinden.«[11]

Die Disparitätshypothese ist *nicht unbestritten*. Gleichsam von ›links‹ wird bezweifelt, ob die Entwicklung tatsächlich bereits zu einer Stillegung des Klassenkonflikts oder gar Überwindung des strukturellen Klassenantagonismus geführt habe[12]. Von der ande-

9. C. *Offe:* Strukturprobleme, a. a. O. (Anm. 2) S. 158.
10. C. *Offe:* Politische Herrschaft und Klassenstrukturen. Zur Analyse spätkapitalistischer Gesellschaftssysteme, in: *G. Kress u. D. Senghaas (Hg.):* Politikwissenschaft, Frankfurt/M. 1969, S. 185. *Ders.:* Strukturprobleme ... S. 183 f.
11. C. *Offe:* Politische Herrschaft ..., a. a. O. S. 185.
12. *M. Tjaden-Steinhauer, K. H. Tjaden:* Klassenverhältnisse im Spät-

ren Seite her wird nicht die Preisgabe bestimmter marxistischer Grundannahmen, sondern umgekehrt das immer noch zu starke Festhalten an kapitalismuskritischen Voraussetzungen in Frage gestellt. Sind die gesellschaftlichen Disparitäten und das allgemeine Ungleichgewicht zwischen privaten und öffentlichen Leistungen im kapitalistischen Rahmen wirklich *prinzipiell* unüberwindbar?

»Für diese These spricht die bisherige politisch-ökonomische Entwicklung der Bundesrepublik, spricht das Mißverhältnis zwischen privatem Reichtum und öffentlicher Armut. Ob es sich hierbei tatsächlich um eine aus der kapitalistischen Struktur erwachsende und vor allem, ob es sich um eine auch in der Zukunft unverrückbare Notwendigkeit handelt, scheint allerdings weniger gewiß. Theoretisch denkbar, wenngleich gegenwärtig politisch kaum durchsetzbar, ist langfristig zumindest eine spürbare Verringerung des Ungleichgewichts zugunsten der öffentlichen Angebote durch Erhöhung des dem Staat zufließenden Anteils am Bruttosozialprodukt und eine entsprechende Verkleinerung der Gewinne von privaten Unternehmen.«[13]

Man könnte in diesem Zusammenhang auch einen Vergleich zwischen verschiedenen kapitalistischen Gesellschaften ziehen und gegen die Disparitätshypothese einen *empirischen Gegenbeweis* anzutreten versuchen. Zwischen den einzelnen Ländern der westlichen Welt bestehen hinsichtlich der Überwindung der Armut, des Ausmaßes der sozialen Leistungen, der Höhe der Bildungsausgaben usw. zum Teil beträchtliche Unterschiede; der kapitalistische Rahmen gewährt *Spielräume*, die auch größere Reformen zulassen.

Schwierigkeiten bereitet nach wie vor auch das Problem der *Messung der Armut*[14]. Da mit der Disparitätshypothese nicht nur der Mangel als solcher, sondern in eins damit immer auch die Ungleichheit zur Diskussion steht, sollte allerdings Armut stets als »relative Benachteiligung« aufgefaßt werden. Auch bei absoluten Verbesserungen der Lage der ärmeren Bevölkerungsschichten ist zu

kapitalismus. Beiträge zur Analyse der Sozialstruktur unter besonderer Berücksichtigung der BRD, Stuttgart 1973, bes. S. 36 ff.
13. *H. Pross:* Kapitalismus und Demokratie. Studien über westdeutsche Sozialstrukturen, Frankfurt/M. 1972, S. 117.
14. *P. Townsend:* Measures and Explanations of Poverty in High Income and Low Income Countries: The Problems of Operationalising the Concepts of Development, Class and Poverty in: *P. Townsend (ed.):* The Concept of Poverty, London 1970, S. 1–45.

fragen, ob sich ihre Situation relativ, im Verhältnis zu den anderen
Klassen bzw. Schichten verbessert hat[15].

Es ist nicht verwunderlich, wenn aus den bereits eingangs (S. 26)
angedeuteten und den jetzt hinzugefügten Gründen eine schlüssige
gesellschaftstheoretische Erklärung schwierig ist. Es ist überdies
verständlich, daß eine Gesellschaft immer wieder versucht, die Existenz von Armut und Ungerechtigkeit in ihrer Mitte durch »Ratio-
nalisierungen« zu verleugnen, sei es durch die einseitige Hervorhebung von Persönlichkeitsmerkmalen, durch die Erfolg auf individuelle Fähigkeiten und Mißerfolg auf individuelles Versagen zu-
rückgeführt werden, oder durch die Neigung zur Abstempelung der
›unteren‹ Bevölkerungsschichten als abweichend[16]. Diese Rationalisierungskonzepte machen aus den sozialen Mißständen scheinbar
unvermeidliche Eigenschaften von »Subkulturen«, die nun einmal
so seien wie sie seien. Hierdurch aber wird der Blick auf die zugrundeliegenden Strukturen, vor allem die ökonomischen Bedingungen, verstellt. Weder am Tatbestand der Disparitäten selbst
noch an seinem ökonomischen Hintergrund kann man vorbei-
kommen.

Nicht nur in den USA[17] oder in England[18], wo die Erforschung der

15. *U. Christiansen:* Obdachlos weil arm. Gesellschaftliche Reaktionen
    auf die Armut, Gießen 1973, S. 11.
16. *U. Christiansen:* a. a. O. S. 97 f.; S. 61 ff. u. S. 75 ff.; *G. Iben:* Rand-
    gruppen der Gesellschaft. Untersuchungen über Sozialstatus und Er-
    ziehungsverhalten obdachloser Familien, München 1971, S. 13 ff.
    Auf die Angst der Angepaßten als Motor, Abweichende auszuschlie-
    ßen und damit auf die Stabilisatorfunktion der Randgruppen als
    Kontrastwelt für die gesellschaftlich Integrierten verweist *H. E. Rich-
    ter.* Man projiziert in andere und meidet, ja, verachtet an jenen ande-
    ren das, was man als eigene Möglichkeit am meisten fürchtet: das
    Leistungsversagen in einer Leistungsgesellschaft, das Krank- und Be-
    hindertwerden, das Altwerden, das Delinquent-Werden usw. (Lern-
    ziel Solidarität, Reinbek b. Hamburg 1974, S. 222 ff.).
17. Vgl. hinsichtlich der statistischen Daten für die USA besonders *L.
    Keyserling:* Poverty and Deprivation in the U.S.-The Plight of Two-
    Fifths of a Nation, Washington 1962; und *H. P. Miller:* Rich Man,
    Poor Man, New York 1964. Vgl. auch: *D. P. Moynihan, C. S. Schel-
    ling (eds.):* On Understanding Poverty, New York und London 1968.
18. *B. Abel-Smith, P. Townsend:* The Poor and the Poorest: A New
    Analysis of the Ministry of Labour's Family Expenditure Surveys
    of 1953–1954 and 1960, London 1965; einen kurzen geschichtlichen
    Rückblick geben *K. Coates* and *R. Silburn:* Poverty: The Forgotten
    Englishmen, Penguin, Harmondsworth 1970, S. 13 ff.

Armut und Ungleichheit seit Mitte der 50er Jahre großen Umfang angenommen hat, auch in der Bundesrepublik, in einem Land mit Vollbeschäftigung und in der Regel bislang geringen Arbeitslosenziffern (siehe jedoch 1974/75), wird allmählich bekannt, welch großer Personenkreis entweder »trotz steigenden Wohlstandes der Armut ausgeliefert ist und am Rande des Existenzminimums lebt« oder aus anderen Gründen sozial deklassiert ist[19].

»Soziale Benachteiligung entsteht überall dort, wo bestimmten Gruppen der Zugang zu gesellschaftlich anerkannten Werten (Prestige, höheres Einkommen, soziale Sicherheit, Bildung) durch Schichtgrenzen und Diskriminierung verwehrt oder erschwert ist und Macht, Einfluß und Besitz bei wenigen privilegierten Gruppen konzentriert sind.«[20]

Unter dem Blickwinkel dieser Definition ist nach wie vor auch die Ungleichheit der Bildungschancen, die Unterprivilegierung der Kinder aus Unterschichtfamilien, ein Ausdruck gesellschaftlicher Disparität. Trotz erheblicher bildungspolitischer und pädagogischer Anstrengungen gelangen weit weniger Kinder aus Unterschichtfamilien auf das Gymnasium als Kinder aus Mittel- und Oberschichtfamilien; noch geringer ist die Zahl derjenigen, die das Gymnasium erfolgreich abschließen. Die Anteile sind jeweils völlig disproportional zum Anteil der Gruppen an der Gesamtbevölkerung. Die Zahl der Arbeiterkinder unter Studierenden ist in den letzten Jahren zwar gestiegen, aber ebenfalls immer noch unverhältnismä-

19. Y. Spiegel: Jesus und die Minoritäten, in: O. Seeber, Y. Spiegel (Hg.): Behindert, süchtig, obdachlos. Projektarbeit mit Randgruppen, München und Mainz 1973, S. 15 – Zählt man die verschiedenen Gruppen zusammen, die Menschen in ländlichen Gebieten, die wie die Familien der Kleinbauern und Altenteiler mit 100–400 DM pro Monat auskommen müssen, die Erwerbstätigen und Familien mit einem monatlichen Einkommen unter 600 DM, die Rentenabhängigen mit einer monatlichen Rente bis zu 350 DM, die Bewohner der Armenanstalten, die Nicht-Seßhaften, die Heimkinder, die Jugendlichen in Fürsorgeerziehung bzw. freiwilliger Erziehungshilfe, die in ihrer Entwicklung sozial benachteiligten Kinder, die Geisteskranken und andere, kommen überschlägige Zusammenstellungen – genauere Untersuchungen liegen nicht vor – auf die Zahl von mehr als 14 Millionen Menschen, einschließlich der benachteiligten Kinder. So J. Roth: Armut in der Bundesrepublik. Beschreibungen, Familiengeschichten, Analysen, Dokumentationen, Frankfurt/M. 1971, zit. n. Y. Spiegel, a. a. O. S. 15 f.
20. G. Iben u. a.: Kompensatorische Erziehung. Analysen amerikanischer Programme, München 1971, S. 13.

ßig niedrig[21]. – Man kann der Bemessung der Zahlen andere Kriterien zugrundelegen, man mag auch bestimmte Gruppen von der Berechnung ausklammern, man muß schließlich auf die schnelle Überholbarkeit der Daten verweisen (siehe beispielsweise die inzwischen erfolgten neuen Maßnahmen zur Rentenreform); der Tatbestand der Ungleichheit und relativen Deprivation erheblicher Gruppen unserer Bevölkerung bleibt dennoch bestehen.

Für »das Elend der *alten Leute*« sind die unsere Gesellschaft beschwerenden sozialen Asymmetrien besonders sorgfältig untersucht worden, insbesondere auch der Zusammenhang von *sozialer Deklassierung* und *ökonomischer Situation*. »Wie hier immer wieder gezeigt werden kann«, so faßt *Rudolf Schenda* zusammen, hängen die »körperlichen, geistigen, seelischen und gesellschaftlichen Bedingungen« der alten Leute von ihren »wirtschaftlichen Ressourcen« ab.

»Das Elend der alten Leute ist primär eine Folge ihres ökonomischen Paria-Daseins. Dieses freilich hängt wieder davon ab, daß die Mehrzahl von ihnen in ihrem Arbeitsleben einer untergebildeten und daher unterprivilegierten, überanspruchten und überforderten Klasse angehörten. Eine humanere Altersversorgung beruht also auf einer sozialeren Einkommensverteilung und auf einer humaneren Einrichtung der gesamten Arbeitsverhältnisse.«[22]

Zweifellos sind die Ursachen für jede soziale Diskriminierung vielfältig, zumeist ökonomischer *und* sozialpsychologischer Natur. Die Bedeutung des sozialen Kontakts, der Möglichkeit und Fähigkeit, mit anderen zu kommunizieren, kann gar nicht hoch genug eingeschätzt werden. Wenn befriedigende soziale Beziehungen festgehalten oder im Alter neu geknüpft werden können, entsteht ein subjektives Wohlbefinden, das materielle Not relativieren kann. Die »Ideologie der Zufriedenheit«, »der Ruhe, Ordnung, Anpassung und Hinnahme des Gegebenen« – oft religiös verbrämt – hat nach *Schenda* allerdings ein übriges getan, um alte Menschen relativ leicht zufriedenzustellen. Objektiv gesehen ist ihre Lage keineswegs zufriedenstellend; »auf jeden Fall haben die Jüngeren das Recht, mit dem angeblich ›zufriedenen‹, in Wirklichkeit aber we-

21. Der Anteil der Arbeiterkinder an den Studienanfängern wissenschaftlicher Hochschulen einschließlich Pädagogischer Hochschulen betrug 1971/72 12,5 %, so laut: Bevölkerung und Kultur, Reihe 10, Bildungswesen, V. Hochschulen, Mainz 1972.
22. *R. Schenda:* Das Elend der alten Leute, Düsseldorf 1972, S. 90.

nig menschenwürdigen Zustand vieler alter Menschen äußerst unzufrieden zu sein.«[23] Diese objektiv unbefriedigende Gesamtsituation nun ist zu einem beträchtlichen Teil das negative Spiegelbild unserer wirtschaftlichen Produktions- und Kapitalverwertungsprinzipien: Die Alten erscheinen darum als körperlich und geistig defizient, weil sie unproduktiv geworden sind:

»Das Schlüsselwort der von Arbeitgeberseite vorgebrachten Auffassungen heißt also nicht Leistung, auch nicht Erfahrung, sondern Produktivität oder Produktionseffektivität. Arbeiter, so sagt man dort, mit irgendwie (hauptsächlich aber wegen fehlender Anpassungsfähigkeit) vermindertem Leistungsvermögen verschlechtern die Produktivitätsbilanz, da sie für den Unternehmer, den Produktionsmittelbesitzer, ebenso teure Produktionsfaktoren sind wie ›gute Kräfte‹. Das Arbeitsleben ist für die Unternehmer nicht eine Gesamtlebensleistung (»40 Jahre als Dreher treu gedient«), sondern eine Aufeinanderfolge verschiedenartiger ökonomischer Verwendbarkeit, Ausnutzbarkeit der Arbeitskräfte.«[24]

Zur Linderung der Notlage dieser und anderer gesellschaftlicher Gruppen versucht der Staat durch *soziale Maßnahmen* zu tun, was er kann. Das Bundessozialhilfegesetz in seiner Fassung von 1969 sieht für die alten Menschen großzügige Hilfen vor. Die Notwendigkeit von Investitionen in diesem sozialen Feld betrifft jedoch nur einen Bereich der Sozial- und Infrastrukturpolitik neben vielen anderen. Um noch einmal auf die alten Menschen zurückzublicken: Bereits eine systematische Betreuung ihres Gesundheitszustandes durch ärztliche Reihenuntersuchungen würde »die medizinischen und sozialen Institutionen aller Art hoffnungslos überlasten.«[25] Dies gilt ebenso für zahlreiche andere Lebensbereiche. Wo Gutachterkommissionen, wie etwa im Auftrag des Deutschen Städtetages – die Kommunen tragen in der Bundesrepublik immer noch die Hauptlast der öffentlichen Investitionen –, den Bedarf an Sachinvestitionen vorausschätzen und ihn daran messen, was wirklich getan werden sollte, ergeben sich astronomische Summen. Selbst wenn man den hohen Utopiegehalt solcher Vorausschätzungen abrechnet, müßten diese Bedarfsanmeldungen die Staatsquote

23. A. a. O. S. 24 f.
24. *R. Schenda*, a. a. O. S. 79; neben den nach *Schenda* unberechtigten Vorwurf der Unproduktivität – schließlich hat der alte Mensch seinen Lebensabend gleichsam durch seine frühere Arbeit »vorausbezahlt« – tritt der ebenso diskriminierende Vorwurf der Unbrauchbarkeit und Unausnutzbarkeit der Alten als Konsumenten (siehe S. 94 ff.).
25. *R. Schenda*, a. a. O. S. 74.

am nominalen Bruttosozialprodukt beträchtlich ansteigen lassen[26].
Wie immer man diese Staatsquote aber auch messen mag, »sie
stagniert in den beiden letzten Dekaden und ist – mit Ausnahme
der Sonderentwicklung 1967 (geringe Steigerung des Bruttosozialprodukts; staatliche Konjunkturprogramme) – seit 1966 rückläu-
fig. Seit 1964 zeigt sich die Tendenz zu einer unterproportionalen
Steigerung der Staatsausgaben, gemessen am nominalen Sozial-
produkt; nur 1971 wird diese Tendenz durch inflationäre Einflüsse
durchbrochen.«[27]

Georg Picht veranschlagt den *Investitionsrückstand* für die Infrastruktur unserer Gesellschaft auf 400–500 Milliarden; »auf 100
Milliarden mehr oder weniger kommt es in diesem Fall nicht an«,
fügt er hinzu, »weil das Geld ohnehin nicht vorhanden ist.«[28] Sollten selbst so mächtige Industriestaaten wie die Bundesrepublik den
wachsenden gesamtgesellschaftlichen Bedürfnissen im Grunde von
Jahr zu Jahr immer *weniger* genügen können? Schwindet oder fehlt
bereits die politische Kraft zur durchgreifenden Steuerung der öffentlichen Angelegenheiten? Zeichnet sich hier der erste Horizont
eines Verlusts an Handlungsvermögen und damit Freiheit ab?

2. Generelle und bereichsspezifische Restriktionen
im Bildungswesen

*a) Zum Mißverhältnis von Bildungsplanung und Bildungsfinanzie-
rung.* Die gesonderte Betrachtung des Finanzierungsspielraums für
Investitionen im Bildungswesen muß leider bestätigen, daß der
Staat trotz großer anerkennenswerter Anstrengungen die nationa-
len Gemeinschaftsaufgaben einschließlich der Reform des Bildungswesens nach wie vor nur unzureichend in Angriff nehmen kann.
Genau besehen, bleiben die inzwischen erfolgten Steigerungen der
öffentlichen Bildungsetats an oder deutlich unterhalb der Grenze
des gerade Notwendigen.

In unserem Land stagnierte nach dem letzten Krieg das Bildungswesen nahezu zwei Jahrzehnte hindurch, so daß noch 1971 eine
OECD-Prüferkommission zu dem Urteil kam, die Bundesrepublik

26. *V. Ronge, G. Schmieg,* a. a. O. (Anm. 7) S. 170 ff., mit Bezug auf das
    Gutachten von Krumsiek, Lenz, Wimmer: Kommunaler Investitions-
    bedarf, Köln 1972.
27. *V. Ronge, G. Schmieg,* a. a. O. S. 181.
28. In: *E. v. Weizsäcker (Hg.):* Humanökologie und Umweltschutz,
    a. a. O. (Anm. 6) S. 92.

als eine der kapitalstärksten Industrienationen der Welt habe eins der am schlechtesten entwickelten Schulsysteme[29]. Seit etwa Mitte der 60er Jahre setzte aus gesellschaftspolitischen und ökonomischen Gründen schrittweise eine expansive Bildungspolitik ein[30]. 1969 proklamierte die sozialliberale Koalition in ihrer Regierungserklärung eindeutig die »Priorität der Bildungspolitik«. In ihrem darauf folgenden »Bildungsbericht« vom Oktober 1970 forderte die Bundesregierung: »Der Anteil der Ausgaben für Bildung und Forschung am Bruttosozialprodukt, der heute – einschließlich der Aufwendungen der Wirtschaft – zwischen 4 und 5 % liegt, wird nach heutigen Schätzungen auf mindestens 8 % ansteigen müssen.«[31] Im selben Jahr war zuvor der Strukturplan der Bildungskommission des Deutschen Bildungsrats verabschiedet worden (Februar 1970). Er betont besonders nachdrücklich die gesellschaftspolitische (Grundrechte) und pädagogische Notwendigkeit der Reform (Gedanke der Förderung). Vier Jahre später kann die Bundesregierung bei der Einbringung des Bildungsgesamtplans in den Bundestag am 15. 3. 1974 mit Befriedigung darauf verweisen, daß seit 1969 die Investitionen im Schulbereich um jährlich 19 % ge-

29. *K. Hüfner (Hg.):* Bildungswesen: mangelhaft. BRD-Bildungspolitik im OECD-Länderexamen, Frankfurt/M. 1973. – Vgl. dazu: *H. H. Lührig (Hg):* »Wirtschaftsriese – Bildungszwerg«. Der Diskussionshintergrund zum Bildungsgesamtplan 1973: Analyse des OECD-Reports, Reinbek b. Hamburg 1973. – Auch ein Jahr später noch (1972) läßt sich an Veröffentlichungen des Statistischen Amts der Europäischen Gemeinschaft ablesen, daß die Bundesrepublik eine unterdurchschnittliche Entwicklung aufweist. Für die unter pädagogischen Gesichtspunkten besonders wichtige Schüler-Lehrer-Relation zählte man in der Bundesrepublik einen Volksschullehrer auf 37 Schüler. Bis 1970 wurde dieses Verhältnis auf 33,9 Schüler je Lehrer verbessert. Während der gleichen Zeit ging die Quote in Frankreich von 27,8 auf 21,1 zurück, in Italien von 22,2 auf 21,3, in Luxemburg von 27,1 auf 22,2, in den Niederlanden von 33,2 auf 30,3, in Belgien (hier liegen Zahlen nur von 1962–1968 vor) von 23,4 auf 21,2 (zit. n. Erziehung und Wissenschaft, 1972, 1, S. 3). Mit den Niederlanden liegt die Bundesrepublik am Ende der Skala.
30. Vgl. die Anstöße durch *G. Picht*, Die deutsche Bildungskatastrophe, Freiburg/B. 1964, ferner aus demselben Jahr die unter dem Einfluß der Entwicklung in der OECD erfolgten Beschlüsse der Ständigen Konferenz der Kultusminister auf ihrer 100. Sitzung in Berlin.
31. Bildungsbericht '70. Bericht der Bundesregierung zur Bildungspolitik. Bonn 1970, S. 10.

stiegen sind. Auch die Zahl der Kindergartenplätze konnte in diesen Jahren um ein Viertel erhöht werden. Die Zahl der Hochschulplätze stieg jährlich um 12 %[32]. Für sich genommen sind diese Zahlen beeindruckend. Meist werden sie allerdings der Öffentlichkeit ohne Bezug auf den Gesamtumfang der auch von offiziellen Bildungsplanungskommissionen, zum Beispiel der Bund-Länder-Kommission, an sich als unabdingbar angesehenen Aufwendungen mitgeteilt. Erst durch diese Relation aber, die sich am deutlichsten am Verhältnis von Bildungs*planung* und Bildungs*finanzierung* fassen läßt, wird, unbeschadet der genannten Steigerungen, der durchgängig restriktive Charakter der Entwicklung der Bildungsplanung in den vergangenen Jahren sichtbar.

Das bedeutendste offizielle Dokument der Bildungspolitik der Bundesrepublik ist der »*Bildungsgesamtplan*« der Bund-Länder-Kommission für Bildungsplanung. Er durchlief verschiedene Fassungen. Am 18. Oktober 1971 verabschiedete die Kommission den 5. Entwurf als sog. »Zwischenbericht«; am 15. Juni 1973 den Plan in seiner endgültigen Fassung. Es kann hier auch nicht annähernd auf den komplizierten Weg dieses Dokuments eingegangen werden; im ganzen ist dieser Weg, vom Ringen um die inhaltlichen Kompromisse zwischen den unterschiedlichen parteipolitischen Standpunkten ganz abgesehen, der Spiegel einer ständigen Diskrepanz zwischen Planungsanspruch und Finanzierungsrealität.

In besonders bezeichnender Weise hat der Finanzplanungsrat von Bund, Ländern und Gemeinden bisher zweimal durch seinen Einspruch gegen den Bildungsgesamtplan die Grenze der Bildungsplanung in der Bundesrepublik sichtbar gemacht. Bereits am 14. September 1972 stellte er fest, daß für die Zeit von 1975–1985 keine Eckwerte über die allgemeine wirtschaftliche Entwicklung und damit über den Anteil der Bildungskosten am Bruttosozialprodukt festgelegt werden könnten. Eine Steigerung der Bildungsausgaben von 4,5 auf rund 8 % des Sozialprodukts (s. o.) sei jedenfalls nicht zu verwirklichen. Auch ein Anteil von 6 % dürfe kaum erreichbar sein. Der Bund-Länder-Kommission wurde nahegelegt, statt des erforderlichen und angesetzten Finanzvolumens von 59,5 Milliarden DM für 1975 (= ca. 5,9 % des BSP) von höchstens 53,6 Milliarden auszugehen. Die Bund-Länder-Kommission protestierte; sie wies darauf hin, daß bei diesem verminderten Betrag nur solche Maßnahmen durchgeführt werden könnten, die eine Übertragung der heutigen Verhältnisse auf die dann gegebenen Schüler- und Studentenzahlen erlauben. In manchen Bereichen müßten sogar gegenüber 1972 Verschlechterungen hingenommen

32. Zit. n. Erziehung und Wissenschaft, 1974, 4, S. 9.

werden. Für zusätzliche Reformmaßnahmen bleibe faktisch kein finanzieller Raum. Für einzelne Länder werde das im Schulbereich im Verhältnis zu bereits getroffenen Entscheidungen einen Rückschritt bedeuten: keine realen Verbesserungen in den Schüler-Lehrer-Relationen, Reduzierung der Personalrelation Student zu wissenschaftlichem Personal, Stagnation im sachlichen Ausstattungsstand[33].

In der Folgezeit wurde der Bildungsgesamtplanentwurf überarbeitet. Neue Ausgangsdaten wurden zugrundegelegt, günstigere Ausgangszahlen gefunden. Auf diese Weise konnten bei den Personalkostenansätzen zum Teil beträchtliche Verbesserungen für die folgenden Jahre angesetzt werden. Im ganzen war die zur jetzt vorliegenden Endfassung führende Revision durchaus auf Einsparungen bedacht. Dies zeigen die Einschränkungen besonders im Bereich der Sachmittel und Sachinvestitionen. Hier sind die Ansätze stark verringert worden. Gleichwohl erhob der Finanzplanungsrat am 2. Mai 1974 auch gegen diese, von Bund und Ländern angenommene endgültige Fassung schwerste Bedenken. Die vorgesehene Steigerung der Bildungs- und Forschungsausgaben in Höhe von 4,5 % des Bruttosozialprodukts im Jahre 1970 auf 7,6 % im Jahre 1985 sei unter keinen Umständen tragbar, die termingerechte Finanzierung nicht möglich. Selbst im Falle von Steuererhöhungen würde die Verwirklichung des Bildungsgesamtplans bis 1985 dazu zwingen, daß die Hauptfunktionen im Etat (ohne Verteidigung) auf den Stand von 1970 eingefroren werden müßten. Dies bedeute, daß keine zusätzlichen Stellen für Polizei, Steuerverwaltung, den Auswärtigen Dienst usw. in den kommenden Jahren bereitgestellt werden könnten. Im Gegenteil müsse in den genannten Bereichen Personal abgebaut werden. – Inzwischen ist der ehemalige Finanzminister der Koalition neuer Bundeskanzler geworden. Seine Regierungserklärung und andere Verlautbarungen unmittelbar nach Regierungsantritt lassen erkennen, daß die sozialliberale Reformpolitik in Zukunft noch mehr gedrosselt werden wird, besonders die Bildungsreform.

Bildungsplanung wie Infrastrukturplanung überhaupt wird zur Verwaltung des Mangels. Der Staat kann nicht so planen, wie er will. Der gesellschaftspolitische Reformwille bricht sich an finanziellen Restriktionen. Das Bildungswesen ist hiervon zunächst *generell* mitbetroffen. Die asymmetrische, ungleiche Förderung kann darüber hinaus als *bereichsspezifische* Vernachlässigung auch im Blick auf einzelne Teilbereiche des Bildungswesens aufgezeigt werden. Wieder wird hierbei der maßgebliche Stellenwert ökonomischer Hintergrundsfaktoren deutlich.

Einen aufschlußreichen Einblick in die ökonomischen Zusammen-

---

33. Dokument der Bund-Länder-Kommission K 17/73, zit. n. Erziehung und Wissenschaft, 1973, 4, S. 3.

hänge gegenwärtiger Bildungsplanung gewähren die Überlegungen des Unterausschusses »Bildungsbudget« der Bund-Länder-Kommission. Sie gehen von der im folgenden Abschnitt noch zu erläuternden Hypothese aus, daß sich Investitionen im Bildungsbereich, *langfristig* gesehen, für eine wachstumsorientierte Wirtschaft bezahlt machen. »Zwar läßt sich die gesamtwirtschaftliche Rendite einer verbesserten Bildung nicht exakt ermitteln; Schätzungen in anderen Ländern haben jedoch ergeben, daß die Produktivitätsgewinne derartiger Maßnahmen beachtlich sein können.« Wenn die Reformen tatsächlich so durchgeführt werden sollen, wie sie pädagogisch notwendig sind und gesellschaftspolitisch gefordert werden, stellt sich allerdings bei der Berechnung der *kurzfristig* auftretenden Folgen heraus, daß bestimmte, im Grunde selbstverständlich erscheinende strukturelle Veränderungen erhebliche wirtschaftliche Nebenwirkungen haben. Die generelle Einführung des 10. Schuljahrs und die intensivierte, ständige Fort- und Weiterbildung der Berufstätigen entziehen dem Produktionsprozeß sehr viele potentielle Arbeitskräfte, »während sich die Produktivität zusätzlicher Bildungsmaßnahmen meßbar erst später niederschlägt« und sogar zu einer Überkompensation dieser Entzugswirkung führen kann.

Unter dem Druck dieser widersprüchlichen Situation könnte die staatliche Bildungspolitik dazu neigen, immer wieder in einer Richtung nachzugeben. Sie könnte versuchen, die »*Rendite*« einer »*verbesserten Bildung*« möglichst *schnell* einzubringen. Das genannte Arbeitspapier weist hierfür bereits einen bestimmten Ausweg: »Maßnahmen zur Intensivierung der beruflichen Bildung, insbesondere der beruflichen Weiterbildung, führen zu einer schnelleren Erhöhung der ökonomischen Leistungsfähigkeit der Erwerbstätigen; sie wirken sich daher auf das Wirtschaftswachstum früher aus.«[34]

Inzwischen ist in der offiziellen Bildungspolitik der Bundesrepublik genau diese Akzentuierung erfolgt. Zwar sollen verschiedene Bildungssektoren gleichzeitig nebeneinander gefördert werden (Vorschulerziehung, Berufsbildung, Lehrerbildung, Hochschulbau). In

34. Bund-Länder-Kommission für Bildungsplanung, Bildungsgesamtplan, Bd. 1, Stuttgart 1973, S. 117 f.; der letzte zitierte Satz folgt der Formulierung im »Zwischenbericht«. In der Endfassung heißt es, etwas modifiziert und weniger direkt: »Produktivitätsgewinne können schon mittelfristig durch Maßnahmen zur Intensivierung der beruflichen Bildung, auch der beruflichen Weiterbildung entstehen.«

der Prioritätenpolitik der Bundesregierung wie in den bildungspolitischen Programmen der Oppositionsparteien rückt jedoch die
berufliche Bildung augenfällig in den Vordergrund[35]. Es steht nicht
in Abrede, daß das berufliche Ausbildungswesen in der Bundesrepublik trotz seines relativ guten internationalen Rufes dringend
der Reform bedarf. Gegenüber dem allgemeinbildenden Schulwesen
ist das berufliche Ausbildungswesen (besonders die Berufsschule)
in den vergangenen Jahrzehnten sehr stark zurückgeblieben. Außerdem könnte es an sich gleichgültig sein, aus welchen Motiven
schließlich eine Veränderung erreicht wird, wenn nur überhaupt
ein bisher vernachlässigter Sektor des Bildungswesens Aufmerksamkeit findet. Trotzdem: Finanzielle Schwerpunktsetzungen in
einem Bereich machen offensichtlich sofort finanzielle Abstriche in
anderen erforderlich. Auf Kosten welcher anderer pädagogischer
Notstandsgebiete wird dies gehen?
Schon häufen sich die Warnungen vor einem Überschuß an ausge-
bildeten Akademikern insgesamt und an Lehrern im besonderen.
An stellungslosen Akademikern kann in der Tat niemand Interesse
haben. Genau betrachtet darf jedoch diese Frage wiederum nur unter Bezug auf die an sich notwendigen Zukunftsaufgaben behandelt
werden. Diese aber wachsen im Zusammenhang der ökologischen,
sozialen und psychischen Nebenfolgen unserer zivilisatorischen
Entwicklung überproportional an und reichen von der Agrartechnik
bis zur Genetik, von der Sozialplanung zur Meeresnutzung, von
der Freizeitökonomie zur Alterswissenschaft. – Auch die Frage des
Lehrerbedarfs ist entsprechend in Beziehung zu dem Erfordernis
nach kleineren Klassen zu setzen, von der völlig unzureichenden
Ausstattung der Schule mit Schulpsychologen ganz zu schweigen.
Nur angedeutet sei ferner der notwendige Ausbau des Sonderschul-
wesens wie überhaupt die Integration der Behinderten in unserer

35. Einerseits ist bei einer Reform der beruflichen Ausbildung, ökonomisch gesehen, die ›Gefahr‹ einer luxurierenden und daher wirtschaftlich überflüssigen Bildungsexpansion weniger groß und der
ökonomische Gewinn von Bildungsinvestitionen schneller einholbar.
Trotz dieser der Wirtschaft ›entgegenkommenden‹ Bildungspolitik
stemmen sich anderseits die Wirtschaftsverbände gegen die beabsich-
tigte Verstärkung der »öffentlichen Verantwortung« und damit des
staatlichen Einflusses in der Berufsausbildung. Zum bislang massiv-
sten Vorstoß gegen die von Bildungsminister Rohde geplante Reform der beruflichen Ausbildung vgl. den Brief der führenden Wirtschaftsverbände an Bundeskanzler Schmidt Mitte Januar 1975.

Gesellschaft. Hier weist die Empfehlung des Deutschen Bildungsrats vom 14. Dezember 1973 den Weg zu einem langfristigen Gesamtkonzept; sie spiegelt in eins damit freilich, welche schwer erträglichen Rückständigkeiten überwunden werden müssen[36].

b) *Die Aporie zwischen Gleichheitsforderungen und unterschiedlichem Bedarf.* Die Disparitätshypothese läßt sich abschließend noch ein Stück weiter, nämlich selbst noch in den an sich im ganzen favorisierten Bereich der beruflichen Bildung hinein verfolgen. Unter den Gesichtspunkten der optimalen Verwertung von Arbeitskraft und Kapitalinvestitionen ist jede von gesellschaftspolitischen Gleichheitsidealen getragene *allgemeine* Expansion der Bildungsmöglichkeiten sowie *gleichmäßige* Verbesserung der Bildungsqualifikationen unrentabel, weil sie nicht den *unterschiedlichen* wirtschaftlichen Bedürfnissen entspricht. Entgegen der landläufigen Annahme, in jeder Berufssparte seien auf Grund des gesellschaftlichen Wandels höhere Qualifikationen erforderlich, haben sich in manchen Produktionsbereichen und Arbeitssparten die Anforderungen an die Arbeitnehmer nicht nennenswert nach oben verändert. Der an dieser Stelle zumeist herangezogene Prozeß der steigenden Mechanisierung und Automatisierung führt eher auf eine »Polarisierung« hinaus. Die neuen Arbeitsanforderungen »verlangen von bestimmten Teilgruppen der Beschäftigten zunehmende Qualifizierung, während die Tätigkeiten von anderen Teilgruppen durch gleichbleibende oder abfallende Qualifikationsanforderungen gekennzeichnet sind«. Die Entwicklung ist mithin uneinheitlich und zum Teil sogar durch »entgegenwirkende Tendenzen gekennzeichnet«.

Nach den vorliegenden Untersuchungsergebnissen »entfallen noch immer große Teile der Industriearbeit auf jene Gruppen, die sich durch sehr geringe Qualifikationen auszeichnen: Es gehören dazu die ›einfache Handarbeit‹ und vor allem die ›repetitive Teilarbeit‹ (motorische und sensorische Bandarbeit) sowie die ›Maschinenbedienung‹ und, auf höheren Mechanisierungsstufen, auch die ›Apparatebedienung‹ und die ›Automa-

36. Deutscher Bildungsrat, Empfehlungen der Bildungskommission. Zur pädagogischen Förderung behinderter und von Behinderung bedrohter Kinder und Jugendlicher, Bonn 1973. Nach Schätzwerten kommt die Kultusministerkonferenz je nach den betreffenden Gruppen behinderter Kinder auf einen Fehlbestand an Sonderschulplätzen zwischen 61 und 81 % (Zur pädagogischen Förderung ..., a. a. O. S. 20). Zum Ganzen vgl. ferner E. *Klee:* Behinderten-Report, Reinbek 1974.

tenkontrolle‹. Dagegen scheint nach wie vor jene Gruppe eine Minderheit
darzustellen, die auf hohem technischen Niveau qualifizierte Verrichtun-
gen ausübt – vor allem die ›Automationsarbeit mit stark konventionellen
Zügen‹, die ›Anlagenkontrolle‹ und die ›Meßwartenarbeit‹.«[37]

Wenn es sich so verhält, wird verständlich, warum die Wirtschaft
nur an einer abgestimmten, bedarfsgerechten Berufsausbildungs-
reform interessiert ist; sie bedeutet partielle *Höher*qualifizierung
hier, partielle *De*qualifizierung dort[38]. Die Selektionsmechanismen
zeigen sich in der Großindustrie daran, daß es sich bei den betriebs-
internen Tests, beispielsweise der Firma F. Krupp in Essen, »jedes-
mal wie aus Zufall« ergibt, »daß von den getesteten Jugendlichen
ca. 25 % für die unterste Stufe als *Betriebswerker* geeignet sind,
von wo aus nach einer einjährigen Ausbildung nur in seltenen Fäl-
len ein Weiteraufstieg möglich ist. 45 % der Jugendlichen werden
als minderqualifizierte *Facharbeiter II* mit einer zweijährigen Aus-
bildungszeit ausgesucht; lediglich 20 % sind nach Krupps Meinung als qualifizierte *Facharbeiter I* mit einer dreijährigen Ausbil-
dungszeit geeignet und 10 % als *technische Angestellte*.«[39] »Allein

37. *M. Osterland u. a.*: Materialien zur Lebens- und Arbeitssituation der
Industriearbeiter in der BRD, Frankfurt/M. 3. Aufl., 1973, S. 50 f.,
unter Bezugnahme besonders auf *H. Kern u. M. Schumann*: Industriearbeit und Arbeiterbewußtsein, Frankfurt/M. 1970.
38. Man bedenke in diesem Zusammenhang die Situation der Gastarbeiter in der Bundesrepublik. Wie die erwachsenen ausländischen Arbeiter werden auch ihre Kinder benachteiligt. Die EKD hat auf ihrer
Synode 1971 in Frankfurt an staatliche und kirchliche Stellen appel-
liert, sich dieser Kinder anzunehmen. »Im Jahre 1969 besuchten
weniger als 100 000 Kinder ausländischer Arbeitnehmer deutsche
Schulen. Bei einer proportionalen Beteiligung hätten es jedoch mindestens 250 000 Kinder sein müssen. Demnach wären für ca. 150 000
Kinder Schulplätze bereitzustellen gewesen.« Die evangelische Kirche und die Bildungsplanung, hg. von der Kirchenkanzlei der EKD,
Gütersloh u. Heidelberg 1972, S. 102 f.
39. Nach *O. Seeber, D. Horstmann*: Lehrlinge, in: *O. Seeber, Y. Spiegel*,
a. a. O. (Anm. 19) S. 120. »Produktivität und Produktionsfähigkeit
können in zunehmendem Umfange nur noch erhalten und gesichert
werden, wenn durch personalpolitische Maßnahmen garantiert wird,
daß zu jedem Zeitpunkt die jeweilige Qualifikation der Mitarbeiter-
schaft dem jeweiligen technischen Stand der Produktionsanlagen
entspricht.« So die Kriterien der Fa. Krupp selbst, vgl. *K. O. Brun-
stedt*, Der Krupp-Rahmenplan zur Stufenausbildung, in: Der Arbeit-
geber 1965, Nr. 21–22, S. 630, zit. n. *Seeber* und *Horstmann*, a. a. O.
S. 120.

tätigkeitsunspezifische Fähigkeiten, die durch Merkmale wie ›Flexibilität‹, ›technische Intelligenz‹, ›Perzeption‹, ›technische Sensibilität‹ und ›Verantwortung‹ umrissen werden können, gewinnen durchgängig für zunehmend größere Beschäftigungsgruppen an Bedeutung, weil die hohe und weiter steigende Diffusionsgeschwindigkeit technischer Innovationen von immer mehr Industriearbeitern wie Angestellten ein hohes Maß an Arbeitsmobilität und Anpassungsfähigkeit erfordert, d. h. Eigenschaften, die unabhängig von den speziellen beruflichen Kenntnissen und Fertigkeiten sind.«[40]

II. Ökonomisch-politische Antagonismen und die Verkürzung der Bildungsreform

1. Gesellschafts- und Bildungsplanung im ökonomischen Widerspruch (Antagonismushypothese)

a) Zum Planungsdilemma auf dem Hintergrund der Wechselbeziehungen von Politik und Wirtschaft. Die westlichen Überflußgesellschaften werden mit den von ihnen selbst erzeugten Problemen nur unzureichend fertig. Dieser erste Aspekt eines Verlusts an Handlungsvermögen und damit Freiheit reicht augenscheinlich weiter, als wir merken. Zwar versuchen die politisch-administrativen Führungsinstanzen immer intensiver, den nichtgewollten, schwer kontrollierbaren Nebenwirkungen der Gesellschaftsentwicklung durch »Planung« zu begegnen. Zahl und Beschleunigung unserer Planungen verursachen jedoch ihrerseits ebenfalls Nebenfolgen und Veränderungen auf anderen Gebieten. Die Problematik weitet sich dadurch aus. »Zur Sicherung des gewünschten Erfolges müssen die einzelnen Planungen miteinander abgestimmt werden, wodurch sie schließlich auf das Ziel einer umfassenden Gesellschaftsplanung hingedrängt werden. Was einerseits als Notwendigkeit erscheint,

---

40. *M. Osterland* u. a., a. a. O. S. 50. Der »Strukturplan« für das Bildungswesen des Deutschen Bildungsrats (Frankfurt/M. 1970) führt in diesem Sinne als sog. »nicht-fachliche, allgemeine Lernziele« auf: »Selbständiges und kritisches Denken, intellektuelle Beweglichkeit, kulturelle Aufgeschlossenheit, Ausdauer, Leistungsfreude, Sachlichkeit, Kooperationsfähigkeit, soziale Sensibilität, Verantwortungsbewußtsein und Fähigkeit zur Selbstverantwortung« (S. 83 f.).

tritt aber gleichzeitig als Verlockung einer neuen Freiheit auf: die riesige Vermehrung der technischen und organisatorischen Mittel, die uns für Eingriffe zur Verfügung stehen, erregt die Hoffnung, daß nun die Zeit für eine umfassende Gesellschaftsplanung gekommen sei. So ist es die Furcht vor den unbedachten Folgen unserer laufenden Eingriffe ebensosehr wie die Hoffnung auf eine neue Gesellschaft, welche auf Konzepte einer umfassenden gesellschaftlichen Planung drängen.«[41]

Bildungs*gesamt*planung ist ein Schritt auf diesem Weg. Nun ist jedoch nicht nur mit Recht die Überbeanspruchung der »planenden Vernunft« *grundsätzlich* kritisiert und gefragt worden, ob menschliches »Glück« auf diese Weise dauerhaft gesellschaftlich herstellbar sei (*F. H. Tenbruck*). Es läßt sich auf Grund sorgfältiger Untersuchungen auch angeben, daß in unserem Gesellschaftssystem vornehmlich zwei Faktoren den Staat daran hindern, so zu planen, wie er möchte: Ihm fehlt einmal »das erforderliche Diagnose-, Prognose- und Steuerungswissen«; zu diesen hier nicht näher ausgeführten »*informationellen Restriktionen*«[42] treten zum anderen die »*monetären Restriktionen*«. Diese sind wenigstens andeutungsweise als Ursache der gesellschaftlichen Disparitäten aufzuzeigen versucht worden. *Volker Ronge* und *Gunter Schmieg* fassen zusammen:

»Das politische System stößt bei der Realisierung seiner Planungen auf finanzielle Grenzen, die es nicht oder nur um den Preis gravierender und wiederum kostenträchtiger Folgeprobleme zu überschreiten vermag. Der Teil des gesellschaftlichen Produkts, den der Staat zu absorbieren und anzuwenden vermag – diesen doppelten Prozeß bezeichnen wir als *staatliche Kapitalmobilisierung* –, ist chronisch unterproportional den finanziellen Anforderungen, die sich dem Staat stellen. Die chronischen Finanzprobleme werden durch zyklische Probleme verschärft.«[43]

Warum muß dies so sein? Ein wesentliches Moment der behandelten Disparitätshypothese war die Annahme, daß die gesellschaftlichen Asymmetrien und Planungsgrenzen auf die kapitalistischen Produktionsverhältnisse zurückzuführen seien. Wieweit trifft dies zu? Sind nicht allgemeine industriegesellschaftliche Systemzwänge am Werk, die von der spezifischen Wirtschaftsform einer Gesell-

41. *Fr. H. Tenbruck:* Zur Kritik der planenden Vernunft, Freiburg/München 1972, S. 11 f.
42. Ausführlich *V. Ronge, G. Schmieg*, a. a. O. (Anm. 7), S. 53 ff., S. 266.
43. A. a. O. S. 157.

schaft unabhängig sind? In der Tat verbietet sich in spätkapitalistischen Gesellschaften eine monokausale ökonomistische Erklärung schon darum, weil für diese Gesellschaften die ausgebreitete Tätigkeit des staatlich-politischen und staatlich-administrativen Apparats charakteristisch geworden ist. Es ist der *Staat*, der sich angeschickt hat, für die Bewältigung der großen gesellschaftlichen Überlebensprobleme die Verantwortung zu übernehmen, für die wirtschaftspolitische Aufgabe der Sicherung des Wachstums, der Geldwertstabilität und Vollbeschäftigung, für die außenpolitische Aufgabe der Sicherung der äußeren staatlichen Geschlossenheit und Durchsetzungskraft und für die innenpolitische Aufgabe der Sicherung des sozialen Friedens und der inneren Integration der Gesellschaft, der Gewährleistung von Verantwortungs- und Leistungsbereitschaft.

Auf allen diesen Aufgabenfeldern ist jedoch der Staat im Rahmen des ›gesamtgesellschaftlichen‹ Zusammenhangs mit dem wirtschaftlichen Subsystem verbunden. Innenpolitisch ist die täglich sich aufdrängende Verzahnung von wirtschaftlichen Konjunkturbewegungen einerseits und staatlichen Steuerungsmaßnahmen andererseits jedem gegenwärtig, seien diese Maßnahmen investitionspolitischer, kreditpolitischer oder steuerpolitischer Natur. Außenpolitisch ist der Zusammenhang von Außenpolitik und Wirtschaftspolitik im Verhältnis der Bundesrepublik zu den USA, zu den Ländern der Europäischen Gemeinschaft, zu Osteuropa und zu den ölproduzierenden Ländern ebenfalls augenfällig. Die Beziehungen der gegenwärtigen Bildungsreform zu Veränderungen in der Berufs- und Arbeitswelt sind schon oben berührt worden und werden noch einmal aufzugreifen sein. Kurz: Die erdrückend verdichtete *Interdependenz* aller gesellschaftlichen Teilbereiche läßt es zwar nicht mehr zu, lediglich nach ökonomischen Ursachefaktoren zu suchen. Sie verbietet es aber aus demselben Grund, die Ursachen für die skizzierten Zustände allein im vermeintlich autonomen politischen Handeln des Staates festzumachen.

Die Diskussion über die Rolle des Staates in den hochindustrialisierten kapitalistischen Demokratien ist *kontrovers*. Ist der Staat nahezu vollständig von wirtschaftlichen Interessen abhängig? Oder setzen sich seine Steuerungsimpulse und Planungsziele souverän mit Hilfe der in Dienst genommenen Wirtschaft und gegebenenfalls auch gegen partikulare Gruppeninteressen durch? Die erste Annahme ist naiv, wenn man bedenkt, wie stark der Staat allein schon durch seine Ausgabenpolitik hinsichtlich der planmäßigen

Förderung des wissenschaftlich-technischen Fortschritts[44] die Wirtschaftsprozesse und ihre wissenschaftlich-technologischen Voraussetzungen mitbestimmt. Die zweite Annahme ist zum Teil zutreffend: Allzu partikulare und abweichende Interessen einzelner Gruppen auf Unternehmerseite werden ähnlich wie bestimmte, das Gleichgewicht gefährdende Forderungen der Lohnempfänger mit Hilfe der bekannten Instrumente (»konzertierte Aktion«, »Orientierungsdaten«, »Stabilitätsgesetz« u. a.) zu kanalisieren versucht, freilich mehr schlecht als recht; denn unabhängig ist der Staatsapparat keineswegs. Er hat durchgängig auf die wirtschaftliche Leistungsfähigkeit Rücksicht zu nehmen; ihr konstitutives Prinzip aber ist das Wachstums- und Akkumulationsmodell.

In Erinnerung an das schon eingangs berührte Verhältnis von Kapitalismus und Industriegesellschaft ist prüfend zu fragen, ob *sozialistische Staaten* nicht *ähnliche* Rücksichten nehmen müssen. Offensichtlich verfallen sie jedenfalls verwandten Schwierigkeiten. Von der Sowjetunion werden zum Teil ähnliche Disparitäten festgestellt, wie sie in der westlichen Welt beobachtet werden können (vgl. oben):

Die »immer größere ›Schere‹ zwischen Stadt und Land, soziales Gefälle, Einschränkung der Bewegungsfreiheit für die landwirtschaftlich tätige Bevölkerung, kumulative Unterentwicklung schwacher, das heißt unterindustrialisierter Regionen, selektive Landflucht und entsprechendes Sinken des kulturellen Niveaus auf dem Dorf, mit einem Wort: Wiederherstellung eben jener strukturellen Disparitäten, die ein kapitalistisches Entwicklungsmodell notwendig hervorbringt.«[45]

Die Ursachen könnten einmal in den übergreifenden Merkmalen von Industriegesellschaften begründet sein. Die innermarxistische Kritik am »Sozialismus als Staatsmacht« versucht eine andere Erklärung. Sie macht darauf aufmerksam, daß die sozialistischen Staaten trotz ideologischer Veränderungen die Produktionsweise der bürgerlichen Gesellschaft beibehalten, nämlich das Akkumulationsmodell der anderen Industriestaaten übernommen bzw. fortgeführt haben, ein Modell, »das sein Dasein der industriellen Revolution verdankt und das, als historische Form der kapitalistischen Produktionsweise, unauflöslich an diese gebunden bleibt« (ebd.). »Die Akkumulation wird aus der Arbeitskraft des Proletariats ge-

44. *J. Hirsch:* Wissenschaftlich-technischer Fortschritt und politisches System, Frankfurt/M. 1970.
45. *R. Rossanda:* Die sozialistischen Länder: Ein Dilemma der westeuropäischen Linken, in: Kursbuch 30 (Dezember 1972), S. 28.

speist, dessen Lohn geringer sein muß als der Gesamtwert der Produkte, die es erzeugt.«[46] Bloße Eigentumsübertragungen verändern darum an diesem Grundmodell wenig; der privatwirtschaftliche Kapitalismus bleibt als Staatskapitalismus erhalten. Die Parallelität der Aporien ist übrigens auch für den Bildungsbereich nachweisbar; dies zeigen Vergleiche zwischen der Bildungspolitik der Bundesrepublik und der DDR[47].

Es ist außerordentlich schwierig, die hier nur am Rande berührte Problematik des Verhältnisses westlicher und östlicher Wirtschafts- und Gesellschaftsformen theoretisch stringent auf den Begriff zu bringen. Für unseren Gedankengang brauchen auch lediglich die ökonomischen Momente weiterverfolgt zu werden, die auf jeden Fall hierzulande wirksam sind, die folglich uns angehen und den Zusammenhang von Politik und Wirtschaft mit Bezug auf das Bildungswesen beleuchten können. Wir erweitern damit um einen neuen Schritt die Analyse der Rahmenbedingungen, unter denen Pädagogik und Religionspädagogik stehen und die auch von der Gesellschafts- und Bildungspolitik der Kirchen berücksichtigt werden müssen.

b) Gesellschafts- und Bildungsreform zwischen widersprüchlichen ökonomischen Erwartungen. Die Disparitätshypothese kann durch eine zweite Hypothese vorsichtig ergänzt werden: Die skizzierten Ungleichheiten bzw. Disparitäten sind nicht ausschließlich, aber in beträchtlichem Ausmaß von wirtschaftlich bedingten *Widersprüchen* abhängig, die für unser Gesellschaftssystem charakteristisch sind (Antagonismushypothese). Diese Widersprüche treten in verwandter Form auch in anderen Gesellschaftsformen auf (siehe oben). Angesichts der internationalen Verflechtungen, Abhängigkeiten und Konkurrenzbeziehungen sind sie vermutlich kaum aufzulösen, es sei denn, die hier zur Rede stehende übergreifende Orientierung an ständiger wirtschaftlicher Wachstumssteigerung stößt auf globale objektive Grenzen. Wirtschaftliches Wachstum ist einerseits die Quelle, die jedes Land braucht, um seine gesellschaftlichen Aufgaben zu meistern; sie ist andererseits in Verbindung mit der Idee

46. A. a. O. S. 27.
47. *A. Kell:* Die Abhängigkeit bildungsökonomischer Forschungen vom jeweiligen Wirtschaftssystem, in: ZfPäd. 18 (1972), 1, S. 1 ff. – Vgl. auch *A. Hearnden:* Bildungspolitik in der BRD und DDR, Düsseldorf 1973.

der kontinuierlichen Steigerung des Konsums ein weltumspannender Mythos, der unübersehbare Nebenfolgen hervorbringt und die Freiheit, in Alternativen zu denken, lähmt.

Die westlichen Demokratien stehen auf Grund ihrer Verfassungen unter einem hohen menschlichen Anspruch: unter der *gesellschaftspolitischen Verpflichtung* zu größerer sozialer Gerechtigkeit, Gleichheit der Bildungschancen, mehr Demokratie und Partizipation, ja, einer höheren »Qualität des Lebens« überhaupt. Dieser Selbstanspruch ist der *erste* starke Beweggrund gegenwärtiger Bildungsreform in der Bundesrepublik und in anderen westlichen Ländern. Die *Forderungen der Wirtschaft*, die Ausbildungsstrukturen den veränderten wirtschaftlichen Leistungsansprüchen anzupassen, nicht zuletzt um der internationalen Konkurrenzfähigkeit willen, bilden die *zweite* Quelle gegenwärtiger Bildungs- und Wissenschaftspolitik[48].

Schon seit längerem ist bekannt, daß das wirtschaftliche Wachstum nicht nur durch die Faktoren Kapital und Arbeit zu erklären ist. Es blieb bei den Berechnungen immer wieder ein ungeklärter Rest übrig, ein sog. »Residualfaktor« oder »dritter Faktor«, den man nach den Komponenten *Wissenschaft* (Grundlagenforschung und angewandte Forschung) sowie *Ausbildung* aufschlüsseln kann. M. a. W., der technologische Entwicklungsgrad der Produktionsmittel und das Qualifikationsniveau der Arbeitskräfte sind wachstumsrelevante Größen[49]. In allen OECD-Ländern hat dies Ergebnis seit den 50er Jahren in Verbindung mit dem Interesse an Wachstumssteigerung zu bildungsökonomischen Planungen geführt[50]. In

48. Selbst der stark von pädagogischen, weniger von ökonomischen Motiven bestimmte »Strukturplan« des Deutschen Bildungsrats formuliert lapidar als »Doppelzweck« der Reform, »jedem einzelnen die größtmögliche Chance des Lernens zu bieten, und die Bundesrepublik im Verhältnis zu vergleichbaren Industrienationen konkurrenzfähig zu halten« (S. 21).

49. Die Bedeutung des zweiten Moments, der Qualität der Arbeitskraft und damit indirekt des Ausbildungsniveaus, hat besonders *E. F. Denison* hervorgehoben; *ders.*: Measuring the Contribution of Education (and the Residual) to Economic Growth, in: OECD: The Residual Factor and Economic Growth, Paris 1964, dt. in: *K. Hüfner (Hg.)*: Bildungsinvestitionen und Wirtschaftswachstum, Stuttgart 1970, S. 310 ff.

50. Eine Übersicht über die verschiedenen Planungsansätze gibt *F. Scherer*: Ökonomische Beiträge zur wissenschaftlichen Begründung der Bildungspolitik, Institut für Bildungsforschung in der Max-Planck-

der ersten Phase nach dem Krieg stand das wirtschaftliche Motiv der Schulreform im Vergleich zu dem genannten gesellschaftspolitischen Motiv sogar klar im Vordergrund[51]. In der Bundesrepublik stellte sich die Wirtschaft erst seit Beginn der 60er Jahre auf eine kapitalintensive Produktion um. Die Steigerung der Arbeitsproduktivität, so zeigte sich immer deutlicher, konnte nicht ausreichend über eine Steigerung des Arbeitsvolumens erreicht werden, sondern verlangte die zunehmende technologische Verbesserung der Produktionsmethoden. Nicht nur die Menge der Arbeitskräfte – wir haben ein Millionenheer ausländischer Gastarbeiter –, sondern mehr noch die investierte wissenschaftlich-technische Intelligenz zahlt sich ökonomisch aus. Die gezogenen Folgerungen waren zum einen die bewußtere Planung des »wissenschaftlich-technischen Fortschritts«[52], zum anderen die stärkere Berücksichtigung des Zusammenhangs von Bildungsreform und wirtschaftlichen Bedarfsstrukturen.

Es besteht kein Zweifel, daß zentrale Aspekte der gegenwärtigen Bildungsplanung in diesem Sinne mit der »gesellschaftlichen Produktivität der Bildung«[53] zusammenhängen. Wichtige Momente der gegenwärtigen *Strukturreform* des Schulwesens sind wirtschaftlich zumindest mitbedingt. *Wolfgang Edelstein* führt aus, daß es sich unsere Gesellschaft und Wirtschaft einfach ökonomisch nicht

Gesellschaft, Studien und Berichte Bd. 16, Berlin 1969; vgl. auch: Perspektiven der Bildungsplanung. Bildung im Blickfeld von Wirtschaft und Gesellschaft. Eine Veröffentlichung der Unesco, dt. herausg. und eingeleitet von *H. v. Recum*, Frankfurt/M. 1967; *H. v. Recum:* Aspekte der Bildungsökonomie, Neuwied a. Rh. und Berlin 1969.

51. *D. C. Thomas:* Die Arbeit der OECD an der Curriculumentwicklung, in: *L. Huber u. a.:* Schulreform durch Curriculumrevision, Stuttgart 1972, S. 61.

52. *J. Hirsch:* Wissenschaftlich-technischer Fortschritt und politisches System, Frankfurt/M. 1970.

53. *W. Edelstein:* Gesellschaftliche Motive der Schulreform, in: *A. Rang und W. Schulz (Hg.):* Die differenzierte Gesamtschule, München 1970, S. 26. Die tatsächlichen komplizierten Verbindungen zwischen Bildung und Wirtschaft sind allerdings sehr schwer aufzuhellen. Die folgenden Bemerkungen können nur einige wenige generelle Beziehungen hypothesenhaft andeuten. Sie beschränken sich dabei auf die Umstände, von denen vermutet werden kann, daß sie eine funktionalistisch reduzierte Bildungsreform und ein pädagogisch verkürztes Lernverständnis mitverursachen.

leisten kann, Begabungsreserven aus bisher schulisch benachteiligten Schichten unausgeschöpft zu lassen.

Nicht zuletzt aus diesem Grund – und nicht nur aus dem gesellschaftspolitischen Motiv des »Bürgerrechts auf Bildung« (*Ralf Dahrendorf*) – entstehen in den großen Industriestaaten Gesamtschulen bzw. Einheitsschulsysteme, Systeme, die eine größere innere Durchlässigkeit und Flexibilität versprechen, weil sie gezieltere Förderung und ökonomischere Lenkung zu ermöglichen scheinen. Die Beschreibung der Funktionen der künftigen Schule spricht die Sprache ökonomisch orientierter Überlegungen: Die Schule soll »gleiche Chancen bieten, ein hohes Maß an Erfolg versprechen und Verluste minimieren, also optimale Organisationsformen entwickeln und dabei ihre Leistungen ... steigern ...«[54]

Was für die Strukturreform gilt, beschreibt *Saul B. Robinsohn* für die *Curriculumreform*, die Reform der Lernziele, Lerninhalte und Lernorganisation:

»Jedenfalls aber haben der rapide Wandel in den Produktionsmethoden und in der Berufsstruktur, die Erfordernisse beruflicher Mobilität und Disponibilität, die Forderung nach zunehmend gesteigerter Produktivität eine unabweisbare Bedeutung für das Programm einer Erziehung, die längst als primärer Produktionsfaktor anerkannt ist. Denken wir in diesem Zusammenhang noch an die Spannungen internationalen Wettbewerbs, an die Bildung beruflicher und wirtschaftlicher Pressionsgruppen und an die entsprechenden Auswirkungen auf die offizielle Bildungspolitik, dann haben wir hier eines der wirksamsten Motive der Curriculum-Revision in der jüngsten Vergangenheit.«[55]

Zwei mächtige Motive, das gesellschaftspolitische und das ökonomische, müßten somit an sich, so dürfte man erwarten, die Bildungsreform umfassend befördern – wenn nicht gleichzeitig auf Grund *ökonomischer Gegenerwartungen* und der damit verbundenen *Einengung des staatlichen Reformspielraums* die Bildungspolitik in ein widersprüchliches Dilemma geraten würde. Die einen ökonomischen Interessen werden durch andere ökonomische Interessen paralysiert.

– Erstens ist, wie schon ausgeführt, im Gegensatz zu dem gesell-

54. A. a. O. S. 33.
55. Ein Struktur-Konzept für Curriculum-Entwicklung, in: *F. Achtenhagen u. H. L. Meyer (Hg.):* Curriculumrevision – Möglichkeiten und Grenzen, München 1971, S. 60. – Auch in den USA zeigt die nach 1957 (Sputnik-Schock) einsetzende Curriculumreform – vor allem auf dem Gebiet der Naturwissenschaften – deutlich die Interdependenz von Bildung, Wirtschaft und Politik.

schaftspolitischen Programm der gleichmäßigen Förderung und Qualitätsanhebung aller[56] der wirtschaftliche Bedarf hinsichtlich der erforderlichen Berufsqualifikationen unterschiedlich. Die Bestrebungen zur Reduzierung der Bildungsreform (Warnung vor Überqualifizierung, akademischem Proletariat usw.) bzw. zu ihrer funktionsgerechten Abstimmung auf die ungleichmäßige Bedarfsstruktur werden von hier aus verständlich.

– Zweitens verteuern die in den Ausbau des Ausbildungssystems zu investierenden Gelder die Arbeitskraft; sie verteuern damit die Produktion und führen tendenziell zu einer Senkung der Gewinnrate.

– Steuererhöhungen zum Zwecke der Finanzierung der Bildungsreform schwächen drittens die Investitionskraft der Privatwirtschaft. Als Maxime gilt, »daß der öffentliche Mehrbedarf nicht zu Lasten der wachstumsrelevanten Investitionen gedeckt werden kann.«[57]

– Viertens führen Steuererhöhungen auch auf der Konsumseite zu Kapitalverwertungsschwierigkeiten, da sich infolge eines der Bevölkerung aufgenötigten Konsumverzichts die Absatzmöglichkeiten der Konsumgüterindustrie verschlechtern.

– Gesagt ist damit zugleich, daß fünftens selbstverständlich auch das Maß der Bereitschaft zu Konsumverzicht in der Bevölkerung die Grenze der möglichen gesellschafts- und bildungspolitischen Reformen mitbestimmt. Der letzte Gesichtspunkt ist ein wichtiger nichtökonomischer Faktor; auch er hängt freilich mit den Interessen der Wirtschaft zusammen, da diese auf eine möglichst expandierende Konsumbereitschaft angewiesen ist.

Wir müssen auf den Spielraum des *Staates* zurückkommen und fragen, ob nicht trotz dieser Widersprüche der Staat die Möglichkeit besitzt, Bildungsreformen durchzusetzen. Zu einem gewissen Grade zweifellos. Er wird jedoch daran gehindert, sie so intensiv und gleichmäßig zu verwirklichen, wie er selbst es als Sozialstaat für unbedingt geboten hält (siehe oben). Nicht nur hemmen ihn die informationellen Defizite, das mangelnde Diagnose- und Prognosewissen, sondern auch und vor allem die monetären Restriktionen, die, wie jetzt deutlicher sichtbar wird, zumindest zu einem erheb-

56. Vgl. hierzu die durchgängige Argumentation des »Strukturplans für das Bildungswesen«.
57. *Fischer-Menshausen:* Diskussionsbeitrag in: Bergedorfer Protokolle Nr. 38, 1971, S. 63, zit. n. *V. Ronge u. G. Schmieg,* a. a. O. S. 45.

lichen Teil mit den Strukturen eines kapitalistischen Wirtschaftssystems zusammenhängen. Die *allgemeinen,* nämlich gleichsam überdauernden finanziellen Restriktionen (Begrenzung der Staatsquote) werden dabei durch die wechselnden *aktuellen* konjunkturpolitischen Verpflichtungen des Staates verschärft. Aus konjunktur- und stabilitätspolitischen Gründen ist der Staat ständig genötigt, die zyklisch auftretenden Wirtschaftsschwankungen durch antizyklische Maßnahmen kurzfristig zu mildern, durch ›Gasgeben‹ in Zeiten der Rezession, durch ›Bremsen‹ in Zeiten der Hochkonjunktur. Da der Staat beträchtliche Gelder der öffentlichen Haushalte gemäß den Erfordernissen dieser kurzfristigen Steuerungs- und Krisenvermeidungsstrategie verwenden muß, wird einmal langfristige Bildungsfinanzierung überhaupt erschwert. Selbst in Zeiten der Rezession schlägt jedoch nicht unbedingt die Stunde verstärkter öffentlicher Bildungsausgaben, da um der nötigen Ankurbelung der Wirtschaft willen solche öffentlichen Aufträge vergeben werden müssen, die möglichst kurzfristig produktionswirksam sind. Bildungsausgaben gehören hierzu nur zum Teil (z. B. Bauaufträge). Gegenläufige Imperative ziehen damit den Staat in die widersprüchliche ökonomische Gesamtlage hinein, zwingen ihn, sich selbst zu widersprechen. Dies kann auf den Charakter seiner Bildungspolitik nicht ohne Auswirkungen bleiben.

2. *Funktionalistische Verkürzungen der Bildungsreform*

a) *Die Frage nach der Vernunft der Bildungsreform.* In den westlichen Gesellschaften sind alle politischen Parteien mit den gleichen Systemgrenzen und Widersprüchen konfrontiert. Zwar wirken sich die Schwierigkeiten auf sozialdemokratische Parteien und Regierungen besonders empfindlich aus, da diese unter einem besonders hohen sozialpolitischen Selbstanspruch stehen. Planungsanspruch und Planungsrealität klaffen hier zumeist am stärksten auseinander. Keine Regierung in der Nachkriegszeit ist so oft auf diese Diskrepanz hingewiesen und an ihre ursprünglichen Versprechen erinnert worden wie die sozialliberale Koalition in den Jahren nach 1969.
Im großen ganzen folgen die Parteien in der Bundesrepublik jedoch *denselben* politischen Leitvorstellungen. Die Ähnlichkeiten sind größer, als es bestimmte unterschiedliche Auffassungen im einzelnen erkennen lassen. Gemeint ist, daß jede Partei und jede Bundes- oder Landesregierung jene Ideale bejahen muß, die wie die Idee

des Bürgerrechts auf Bildung unauflöslich mit dem gesellschafts-politisch-pädagogischen Selbstverständnis eines freiheitlich-demo-kratischen, sozialstaatlichen Gemeinwesens verbunden sind. Ferner vermag ebenfalls keine Partei sich den wirtschaftlichen Rücksicht-nahmen zu entziehen. Der Zusammenklang gesellschaftspolitisch-pädagogischer und wirtschaftspolitischer Postulate ist der gemein-same Tenor der Bildungsprogramme aller Parteien.

Was resultiert hieraus als die *Vernunft* der Bildungsreform? Wel-che Rationalität setzt sich durch? Werden die Spannungen emp-funden, die zwischen dem einen und dem anderen Interessenhinter-grund bestehen? Nach den Verlautbarungen der Bundesregierung und den bildungspolitischen Programmen der Parteien, und zwar der Koalitions- wie der Oppositionsparteien, ist die Ratio der für die Zukunft notwendigen pädagogischen Aufgaben eindeutig, sind Spannungen nur scheinbar vorhanden, fügen sich das pädagogische Ideal der sogenannten freien Entfaltung der Persönlichkeit und die harten wirtschaftlichen Konkurrenznotwendigkeiten harmo-nisch zusammen.

In der Bundesrepublik soll »ein demokratisches und effizientes Bildungs-wesen« entstehen, so der Bildungsbericht der sozialliberalen Bundesregie-rung von 1970[58]. Die Deidesheimer Leitsätze der CDU/CSU empfinden ebenfalls kein Problem, wenn sie beides unvermittelt nebeneinanderstel-len: »Jeder muß die Möglichkeit haben, seine Persönlichkeit seinen Fä-higkeiten und Neigungen entsprechend frei zu entfalten ...«, dies das eine. »Die raschen Veränderungen in Wissenschaft, Wirtschaft und Ge-sellschaft verlangen vom einzelnen ein Höchstmaß an Ausbildung als Grundlage beruflicher Mobilität. Sie zwingen zu höchster wirtschaftlicher und geistiger Wettbewerbsfähigkeit, um die Aufgaben der Zukunft zu meistern.«[59] Dies das andere; beides in einem Atemzug; man beachte besonders die Superlative beim zweiten Aspekt.

»Demokratisch« und »effizient«, so die SPD; »humane Leistungs-gesellschaft« (Rainer Barzel), so die CDU/CSU. Die Frage nach der Vernunft der Bildungsreform führt in der Dimension, in der unse-re Gesellschaft ihr *Selbstverständnis* formuliert, auf diese Formeln.

58. Bildungsbericht '70. Bericht der Bundesregierung zur Bildungspolitik, hg. vom Bundesministerium für Bildung und Wissenschaft, Bonn 1970, S. 9.
59. Deidesheimer Leitsätze, Kulturpolitischer Kongreß der CDU/CSU 1969, Präambel. Vgl. auch das Berliner Programm der CDU, 2. Fas-sung (Abschn. II), verabschiedet auf dem 18. Bundesparteitag vom 25.–27. 1. 1971.

Tragen sie an die *tatsächlichen* Probleme heran? Die bisherigen Beobachtungen geben Grund zu zweifeln. Wer sich auf die Komplexität der Bildungsplanungsprozesse einläßt, den beschleicht und für den bestärkt sich zunehmend der Verdacht, daß das Selbstverständnis der Schulreformer und Bildungspolitiker die tatsächliche Bildungs- und Schulwirklichkeit nur zum Teil deckt. Die proklamierten Reformvorstellungen sind weitgehend Wunschgrößen, die wahren Einflußgrößen sind andere. Sein und Bewußtsein verzerren sich in ihrem Verhältnis zueinander. Die Folge ist, daß in der Dimension der schulreformerischen Ideale und pädagogischen Ideen allein die Diskussion gar nicht mehr geführt werden kann.

Die Entwürfe zur Bildungswelt von morgen sprechen von der Vergrößerung der Quantität und Steigerung der Qualität. Genau besehen geht es jedoch nur zu einem sehr geringen Teil um die Frage nach den menschlich bedeutsamen Lebensauslegungen, um die Frage nach Sinn und Substanz des Lebens, um das, was gerade für die Aufgaben der Religionspädagogik wichtig ist. Die vehementesten und ausgedehntesten Anstrengungen dienen der zweckrationalen Planung und Rationalisierung. Die Vernunft der Bildungsreform ist weitgehend die Vernunft *instrumenteller Rationalität.*

Auf der Ebene der *bildungs- und wissenschaftspolitischen Rahmenplanung* beobachteten wir bereits die Tendenz zur Zentralisierung (Bildungsgesamtplanung) und die Bemühungen um eine »umfassende und wirksame Koordination aller staatlichen Maßnahmen für den Gesamtbereich von Bildung und Wissenschaft.«[60] Gesellschaften in einem Entwicklungsstadium wie dem unseren sind im Begriff, sich in einem alles umgreifenden Sinne zu *Lerngesellschaften* zu transformieren. Das institutionalisierte Bildungswesen gewinnt hierbei ein Volumen, daß jede andere Dienstleistungsorganisation eines Landes weit hinter sich läßt. Ein sehr großer Teil der Menschen, die durch das Bildungswesen hindurchgehen, kehren hierbei zu dessen Selbstreproduktion in dasselbe zurück. Die Zahl derjenigen, die auf diese Weise lehrend und lernend einbezogen sind, wächst ständig. Zwar sei »keineswegs gemeint«, so der Strukturplan, »daß das Lernen zum beherrschenden Lebensinhalt werden« solle[61]. Der Weg zur Lerngesellschaft zeichnet sich trotzdem ab. Alle im Strukturplan vorgeschlagenen Maßnahmen – zeitliche, quantitative und qualitative – greifen in dieser Hinsicht ineinan-

60. Bildungsbericht '70, a. a. O. S. 12.
61. Strukturplan, a. a. O. S. 51.

der. Als unverdächtiger Zeuge konstatiert *Hellmut Becker*, lapidar und ohne jedes Pathos: »Immer mehr Menschen werden immer länger und intensiver an gelenkten Lernprozessen teilnehmen müssen.«[62]

Die Einbeziehung der Kinder, Jugendlichen und Erwachsenen in das geplante umfassende System von Lerngelegenheiten soll einmal durch die *zeitliche Ausdehnung der Lernzeit* realisiert werden: Durch die Vorverlegung des Beginns der Lernzeit (Vorschulerziehung) (Strukturplan, S. 40 ff.), die Verlängerung der allgemeinen Bildungspflicht bis zum 16. Lebensjahr (a. a. O. S. 21) und die Ausdehnung der Lernzeit über die gesamte Lebenszeit im Sinne »lebenslangen Lernens« (S. 51 ff.) (Ausbau eines Weiterbildungssystems, S. 208 ff., Weiterbildung als »Bildungsrecht« und »Bildungspflicht«[63]).

Der zweite Schritt ist die *Steigerung der Quantität*, die Vergrößerung der Zahl der an planmäßiger Vorschulerziehung teilnehmenden Kinder (S. 21), die Erweiterung der Zahl der an einer anspruchsvollen gemeinsamen Grundbildung partizipierenden Schüler (S. 28), ferner die Vergrößerung des Jahrgangsanteils von Schülern in der Sekundarstufe II (S. 21). Damit geschieht zugleich die Einbeziehung aller Heranwachsenden in die umfassende Qualifikationsaufgabe der weiterführenden Schulen. Auch die Hauptschule wird heute – theoretisch – als weiterführende Schule angesehen, die zu einem qualifizierenden Abschluß führen soll[64].

Der dritte Impuls zielt auf die *Verbesserung der Qualität*, verstanden als »allgemeine Anhebung« der Lernfähigkeit auf allen Schulstufen (S. 43, 124, 148), unterstützt durch eine gezielte Qualifika-

62. Bildungsforschung und Bildungsplanung, Frankfurt/M. 1971, S. 120.
63. *H. Becker*, a. a. O. S. 52 – »Weiterbildung kann weder als beliebige Privatsache noch als eine nur Gruppeninteressen dienende Maßnahme betrachtet und behandelt werden. Es kann vielmehr ein gesamtgesellschaftliches Interesse an einer allseitigen ständigen Weiterbildung einer möglichst großen Anzahl von Menschen unterstellt werden, das ähnlich stark ist wie das gesellschaftliche Interesse an der Schulbildung für alle« (Strukturplan, S. 199).
64. *H. Thomas* und *F. Thomas* heben die Ausdehnung der Qualifikations- und Selektionsfunktion auf alle Schularten (im Sinne der Ausrichtung auf formale Bildungsabschlüsse) als besonders typisch für die jüngste Phase der Schulentwicklung hervor (Funktionale Veränderungen der Schule und ihre Bedeutung für den Lehrer, in: *K. Betzen, K. E. Nipkow* [Hg.]: Der Lehrer in Schule und Gesellschaft, 3. Aufl., München 1973, S. 202 ff.).

tionsverbesserung für bestimmte Schülergruppen durch Individualisierung des Lernens mit Hilfe differenzierter Unterrichtsorganisation (S. 111, 129, 73 u. a.).

Die schon an anderer Stelle vorgenommene ausführliche Beschreibung der Reformtendenzen des Strukturplans und der ihm benachbarten Entwürfe (Bildungsbericht '70 u. a.) soll nicht in allen Einzelheiten wiederholt werden[65]. Festzuhalten ist zunächst nur die Beobachtung, daß sich auf der Ebene übergreifender bildungspolitischer Planung die Bildungskommissionen in neuerer Zeit immer mehr darauf beschränken, Bildungsbedarf und Bildungsnachfrage zu bedenken und strukturelle Rahmenkonsequenzen zu überlegen (»Strukturplan«!), während *inhaltliche* Probleme *ausgeklammert* oder so *formalisiert* werden, daß Kompromißformeln herauskommen, denen jeder zustimmen kann.

Schon der *Deutsche Ausschuß für das Erziehungs- und Bildungswesen* (1955–1965) sah sich nicht mehr imstande, eine inhaltlich qualifizierte, verbindliche Bildungsidee für das gesamte Schulwesen zu formulieren.

»In einer pluralistischen Gesellschaft ist der Versuch, die Erwachsenenbildung an einer bestimmten Bildungsidee oder an einem vorgegebenen Menschenbild zu orientieren, zum Scheitern verurteilt. Denn jeder ernstzunehmende Bildungsbegriff ruht auf Voraussetzungen, über die sich die Menschen in der heutigen religiös und weltanschaulich gespaltenen Gesellschaft nicht einigen können oder jedenfalls noch nicht geeinigt haben.«[66]

Allerdings meinte der Deutsche Ausschuß in unserem Volk immer noch »eine gemeinsame Basis der Gesittung und der Überzeugung« feststellen zu können, die sich in der gemeinsamen Sprache, der gemeinsamen Geschichte, in bestimmten gemeinsamen sittlichen Grundwerten und nicht zuletzt in der »Freiheit« als dem »gemeinsame(n) Medium aller europäischen Bildung« auffinden lasse[67]. Genau besehen wurden durch den Hinweis auf solche »Gemeinsamkeiten« die inhaltlichen pädagogischen Probleme und Kontro-

---

65. Vgl. v. Verf.: Die Kirche vor den Antagonismen der Bildungsplanung, in: Kirchenkanzlei der EKD (Hg.): Die evangelische Kirche und die Bildungsplanung. Eine Dokumentation, Gütersloh und Heidelberg 1972, S. 17 ff.

66. Gutachten »Zur Situation und Aufgabe der deutschen Erwachsenenbildung«, Stuttgart 1960, S. 19.

67. Ebd. S. 19; vgl. ferner bes. das Gutachten »Zur religiösen Erziehung und Bildung in den Schulen« (1962), Stuttgart 1963, S. 14 ff.

versen natürlich keineswegs gelöst – was auch der Deutsche Ausschuß selbst wußte –, es wurden nur *Rahmen*bedingungen für ihre Lösung genannt: der geschichtliche und sprachliche Interpretationsrahmen, dem sich niemand entziehen könne, sowie als allgemeinster normativer Orientierungsrahmen jenes neuzeitlich-bürgerliche Freiheitsverständnis, das auch im Streit noch zu berücksichtigen sei bzw. diesen Streit eben im Namen der Freiheit allererst ›frei‹gebe.

»Wenn es um Bildung geht, geht es um die Erhaltung dieser geistigen Freiheit. Das bedeutet aber, daß die europäische Bildung heute im Widerstreit von Christentum und Säkularisation, im Widerstreit von staatlichem und genossenschaftlichem Regiment, im Widerstreit verschiedener Bildungskonzeptionen sich zu verwirklichen hat; es geht nicht an, nur eine dieser Wirklichkeiten als die von allen anzuerkennende ›eigentliche‹ zu proklamieren und anderen Gruppen aufzunötigen.«[68]

Kurz, die entwickelten inhaltlichen Kategorien sind im Grunde Indikatoren der *verlorenen* Inhalte. Als Gemeinsames bleibt das Bewußtsein des Verlusts substantieller Gemeinsamkeiten und der Wunsch, diese Situation trotzdem gemeinsam auszuhalten. Für die »Freiheit« einzustehen bedeutet, »die Not unserer Zerrissenheit auszuhalten und eben in diesem Aushalten ein Band der europäischen Gemeinschaft zu erblicken« (ebd.).

Die Nachfolgeorganisation des Deutschen Ausschusses, der *Deutsche Bildungsrat*, hält sich heute in allen diesen Fragen noch mehr zurück. Schon ein flüchtiger Vergleich der Gutachten beider Gremien zeigt: Bildungsphilosophische Darlegungen, wie sie der Deutsche Ausschuß besonders in seinen Gutachten »Zur Situation und Aufgabe der deutschen Erwachsenenbildung« (1960) und »Zur religiösen Erziehung und Bildung in den Schulen« (1962) immerhin noch entfaltet hatte, fehlen in den Äußerungen des Bildungsrats. Ausgangspunkt ist für die Bildungskommission des Bildungsrats statt dessen einfach das Grundgesetz mit seinen Grundrechten und -pflichten. Ihre allgemeine gesellschaftspolitische Orientierungsfunktion ist nicht zu unterschätzen: »Aus den Grundrechten lassen sich allgemeine, für alle Bereiche des Bildungswesens gültige Ziele ableiten.« Für die uns bewegenden inhaltlichen pädagogischen Fragen und gesellschaftlichen Probleme geben sie allerdings kaum etwas her: »Das Grundgesetz und die Verfassungen der Länder ent-

68. Gutachten »Zur Situation und Aufgabe der deutschen Erwachsenenbildung«, a. a. O. S. 19.

halten jedoch keine inhaltlich bestimmten Bildungsprogramme; ebenso wenig läßt sich der Inhalt der Bildungsgänge aus ihnen ableiten.«[69]

Inzwischen gehört auch der »Strukturplan für das Bildungswesen« bereits der jüngeren Vergangenheit an. Verglichen mit dem *Bildungsgesamtplan*«, dem heute maßgeblichen offiziellen Dokument, wirkt er noch ausgesprochen pädagogisch gehaltvoll. Die dürre Sprache jenes Gesamtplans spiegelt demgegenüber eine noch weiterreichende Reduktion: Nun herrscht nur noch die ›entideologisierte‹ Rationalität der Bildungsverwaltung. Ist aber diese Rationalität tatsächlich entideologisiert? Gehorcht sie nicht ihrerseits jenen durchaus benennbaren, oben dargelegten gesellschaftlichen Systembedürfnissen, -zwängen und -widersprüchen? Muß sie nicht zwangsläufig diese Bedürfnisse in sich aufnehmen und die *Vernunft der Planung diesen Bedingungen anbequemen?* An die Stelle früherer Bildungsphilosophie – die auf *ihre* Weise ihren politischen und ökonomischen Interessenhintergrund verdeckte – treten heute mit den Bedarfsrechnungen und statistischen Zahlenkolumnen der Bildungsökonomen und Bildungsplaner »Wissenschaft und Technik als Ideologie« *(Jürgen Habermas)*: Die in die offizielle Bildungsplanung investierten wissenschaftlichen Ressourcen stehen eindeutig im Dienst bildungspolitischer Interessenkonstellationen, wo sie diesen Bedingungshintergrund verschweigen nicht weniger als wo sie ihn in knappen Formeln andeuten.

b) Schule zwischen ambivalenter Funktionalisierung und kritischer Veränderungsfähigkeit. Im Widerstreit zwischen der gesellschaftspolitischen Selbstverpflichtung unseres Staates (Chancengleichheit, Bildung als Bürgerrecht), den nicht abzuschüttelnden wirtschaftlichen Erwartungen (bedarfsgerechte Planung, Effizienzsteigerung) und den ökonomisch bedingten finanziellen Grenzen muß zur »Ideologie« der Bildungsverwaltung – und damit zu einem erheblichen Ausmaß zur Vernunft der Bildungsreform überhaupt – die Suche nach leistungssteigernden und zugleich kostensenkenden Reformmaßnahmen werden. Im Zeichen dieser Kompression[70], der

69. Strukturplan, a. a. O. S. 25.
70. Zu den sog. »Kompressionstendenzen« im Ausbildungssektor vgl. u. a. E. Altvater, F. Huisken (Hg.): Materialien zur politischen Ökonomie des Ausbildungssektors, Erlangen 1971, Einleitung, S. XXII f.; ferner F. Huisken: Zur Kritik bürgerlicher Didaktik und Bildungs-

Gleichzeitigkeit von Effizienzsteigerung und Kostenminimierung, erhalten die Reformmaßnahmen ein funktionalistisches Gefälle; sie erliegen einem rationellen Nutzungsdenken.

Sehr viele jener Maßnahmen und Vorschläge nehmen zumindest einen ausgesprochen doppelgesichtigen Charakter an; sie erscheinen *ambivalent*. Pädagogische Motive, die einerseits auf das Kind und sein Wohl bezogen sind oder zu sein scheinen, sind zugleich instrumentell verstehbar, als geeignete Instrumente im gesamtgesellschaftlich-ökonomischen Verwertungszusammenhang von Bildung[71].

Die zeitliche Ausdehnung der Lernzeit vollzieht sich, wie angedeutet, in verschiedenen Formen. In Form der Vorschulerziehung kann sie Bildungsversäumnisse verhindern, Benachteiligungen ausgleichen und durch frühe Förderung einer differenzierten Entfaltung des einzelnen den Weg bahnen. Sie ist ebenso aber ein sehr geeignetes Mittel zur frühen, auf ein plastisches Alter angewiesenen und darum schon hier einsetzenden Mobilisierung des Begabungsreservoirs, das noch in sozial und kulturell unterprivilegierten Schichten vorhanden sein mag und zur Verwirklichung einer auf Expansion angelegten Wirtschaft erforderlich ist.

Die Verlängerung der Pflichtschulzeit kann ebenfalls einerseits dazu beitragen, daß die von beruflichen Belastungen noch freie Zeit des Lernens, Sich-Orientierens und Probierens ausgedehnt und die Identitätsfindung der Jugendlichen vielleicht auch von den Möglichkeiten der Schule her – wenn auch begrenzt – erleichtert wird. Jede Verlängerung kann andererseits dazu dienen, künftige Arbeitskräfte um der Steigerung der Arbeitsproduktivität willen besser zu qualifizieren.

Der Ausbau der Weiterbildungseinrichtungen für Erwachsene kann wiederum auf der einen Seite die Verfügung des Menschen über sich selbst durch Steigerung seiner Kräfte erhöhen. Höhere oder neuerworbene Qualifikationen »erlauben es dem einzelnen, seine Wahl- und Entwicklungsmöglichkeiten in allen Lebensbereichen wahrzunehmen und sichern ihm eine größere Unabhängigkeit.«[72] Auf der anderen Seite dienen jene Konzepte »lebenslangen Ler-

ökonomie 1972; weniger sorgfältig *V. Briese, P. Büchner, P. Hage:* Grenzen kapitalistischer Bildungspolitik, Frankfurt/M. 1973.

71. Zum ausführlichen Aufweis dieser durchgängigen Ambivalenz vgl. vom Verf.: Die Kirche vor den Antagonismen der Bildungsplanung, a. a. O. (Anm. 65) S. 32 ff.

72. Strukturplan, a. a. O. S. 52.

nens« zweifellos der Absicht, die berufstätige Bevölkerung an die schnell fluktuierenden Arbeits- und Lebensbedingungen anzupassen.

Bis jetzt verblieb die Darstellung auf der Ebene der allgemeinen bildungspolitischen Struktur- und Rahmenplanung. Für die darunter liegenden Ebenen der Schulreform gilt dasselbe. Auf der *schulorganisatorischen Ebene* einschließlich der Organisation der Hochschule sollen die immer weniger effizienten, vertikal voneinander getrennten Schularten des Sekundarbereichs und die Institutionen des tertiären Bildungsbereichs (die verschiedenen Formen von Hochschulen) zu Verbundsystemen mit hoher Durchlässigkeit, besseren Steuerungsmöglichkeiten, wirksamerer Auslese und kostensparender Kapazitätsausnutzung integriert werden (Gesamtschulen und Gesamthochschulen). Wir heben mit dieser Formulierung den zweckrationalen Charakter der Reformmaßnahmen hervor, sofern sie im Dienst des Doppelzwecks von Leistungssteigerung und Kostensenkung stehen.

Völlig auf der Hand liegt dies bei den jüngeren Plänen zur *Hochschulreform*. Bereits seit 1967 werden Pläne vorgelegt – und schrittweise zu realisieren versucht –, die einen »rascheren Umschlag« von größeren Studentenzahlen bei gleichzeitiger Senkung der Kosten garantieren sollen (so schon der sog. Dahrendorf-Plan)[73]. Im einzelnen zeigen sich folgende Tendenzen, die zum Teil bereits bundeseinheitlich kodifiziert sind: Um die Verweildauer an den Universitäten zu verkürzen, sollen Regelstudienzeiten eingeführt werden; um die Lernzeit zu verlängern und zu intensivieren, ist an Studienjahre statt der üblichen Semestereinteilung gedacht. Studienordnungen sollen den Studienbetrieb straffen, Studienberatungseinrichtungen Zeitverschwendung durch überflüssiges ›Herumprobieren‹ vermeiden helfen. Schließlich sollen hochschuldidaktische Innovationen mit Hilfe eigens dafür eingerichteter »hochschuldidaktischer Zentren« die Effektivität der Lehrveranstaltungen steigern.

Im Sekundarbereich dienen ›comprehensive‹ Schulsysteme (Gesamtschulen, Einheitsschulen) ebenfalls auf der ganzen Welt der besseren Nutzung von Kapazitäten und der Ausschöpfung von la-

73. Hochschulgesamtplan Baden-Württemberg, hg. vom Kultusministerium Baden-Württemberg, Villingen 1967, S. 16 passim. Für Baden-Württemberg vgl. inzwischen den »Rahmenplan für einen differenzierten Hochschulbereich. Hochschulgesamtplan I«, Villingen 1969, und den »Hochschulgesamtplan II für Baden-Württemberg. Entwicklungsplan für einen in Gesamthochschulen gegliederten Hochschulbereich«, Villingen 1972.

tenten Begabungsreserven, nicht zuletzt unter wirtschaftlichen Bedarfsgesichtspunkten[74]. Ganz gewiß waren und sind diese Gesichtspunkte nicht die einzigen Motive. In der Bundesrepublik ist in den 60er Jahren der Gesamtschulgedanke mit größtem Nachdruck primär unter sozialpolitischen und pädagogischen Perspektiven in die Diskussion eingebracht worden[75]. Bildungsreformen sind mehrschichtige Prozesse, damit aber vieldeutig. Die schon oben erwähnten Ambivalenzen kehren überall wieder. Die für die Gesamtschule charakteristischen Differenzierungsformen (das System der »äußeren Differenzierung« durch homogen zusammengesetzte Fachleistungskurse neben den heterogen zusammengesetzten Kernkursen, daneben »Wahldifferenzierung« – Pflichtfächer, Wahlpflichtfächer, Wahlfächer – und die relativ wenig verbreitete »innere Differenzierung«) können einerseits im Sinne jenes pädagogisch-sozialpolitischen Motivkreises als Ausdruck sowohl eines liberalen Individualitätsdenkens verstanden werden, das die individuelle Bildung des einzelnen durch individualisierende Lernhilfen verwirklichen will, als auch als Ausdruck eines sozialen Gewissens, das zugleich damit den benachteiligten Kindern besondere Förderung zuteil werden lassen möchte (liberales und soziales Motiv). Die Maßnahmen zur Unterrichtsdifferenzierung sind gleich-

74. *W. Edelstein:* Gesellschaftliche Motive der Schulreform; in: *A. Rang,*
W. Schulz (Hg.): Die differenzierte Gesamtschule, a. a. O. S. 24 ff.
75. Ausgangspunkt ist u. a. die Kritik an der Ungerechtigkeit der herkömmlichen Ausleseverfahren beim Übergang auf die höhere Schule und die Revision des Begabungsverständnisses. Hauptgesichtspunkte in den schon aus dem Anfang der 60er Jahre stammenden programmatischen Äußerungen einzelner Pädagogen und Reformpolitiker (*C. L. Furck, C. H. Evers, H. Hamm-Brücher*) sind der pädagogische Gedanke der »optimalen Förderung jedes einzelnen« und die sozialpolitische Forderung der Beseitigung der Ungleichheit der Bildungschancen. Vgl. *H. Magdeburg* (Bearbeiter): Gesamtschule – Modell für die Schule von morgen? Weinheim u. Berlin 1967; *J. Lohmann:* Gesamtschule – Diskussion und Planung. Texte und Berichte, Weinheim u. Berlin 1968; zur Verbindung der beiden Hauptmotive (vgl. den bezeichnenden Buchtitel) siehe bes. *Th. Sander, H.-G. Rolff, G. Winkler:* Die demokratische Leistungsschule, Hannover 1967. – Für die gegenwärtige Diskussion vgl. vor allem die schulpolitische Linie der GEW; zur ideologiekritischen Überprüfung der Begründungsansätze siehe *H. Stubenrauch:* Die Gesamtschule im Widerspruch des Systems. Zur Erziehungstheorie der integrierten Gesamtschule, München 1971.

zeitig jedoch funktionsgerechte Mittel nicht nur zur Förderung, sondern auch zur Steuerung von Begabungs- und zukünftigen Beschäftigungspotentialen.

Auf dem Hintergrund der skizzierten Entwicklung wird im 3. Band ausführlich darauf einzugehen sein, welche Probleme sich heute auf der *didaktisch-curricularen und unterrichtstheoretischen Ebene* stellen. Schon jetzt sei angedeutet, daß der ambivalente Charakter der Curriculum-Revision mit der Gefahr eines zunehmenden funktionalistischen Gefälles im Zeichen zweckrationaler Vernunft besonders auffällig ist. Eine beherrschende Rolle spielt im Rahmen der Curriculumdiskussion die Lernzielorientierung in Form genauer Lernzielbeschreibungen (Operationalisierung). Die Lernziele sollen möglichst konkret gefaßt werden, damit gemäß diesen Zielen zweckentsprechende, eben zweckrationale Unterrichtsverläufe konstruiert werden können, wobei Lernziele und Lernschritte an den Lernergebnissen zu überprüfen und zu verbessern sind (Regelkreismodelle).

Das Regelkreisdenken stammt aus dem Bereich des programmierten Lernens. Aus diesem Feld erwachsen auch Definitionen von Unterricht, die ihn als Prozeß planmäßiger Verhaltenssteuerung verstehen. Die curricularen Instrumente treten in den Dienst dieser Steuerung. Wenn unter dem genannten Lernzieloperationalisierungspostulat die vom Schüler erwarteten Verhaltensweisen hinreichend genau umschrieben sind, kann der Unterricht einsetzen, die »Technik zur Steuerung einer Ereignisfolge, mit dem Zweck, durch Lernen erreichte meßbare Veränderungen des Schülerverhaltens hervorzurufen.«[76] »Als Hauptproblem erscheint dann nur noch die Operationalisierbarkeit der Unterrichtsziele, die erforderlich ist, um die Effektivität der organisierten Lernprozesse zu kalkulieren. *Was* da operationalisiert werden soll, ist in diesem Zusammenhang weniger wichtig, als *daß* es operationalisierbar, also planmäßig ansteuerbar ist.«[77]

Mit dem als »Technik« definierten Unterricht als Orientierungspunkt entwickelt die Unterrichtsforschung ein technologisches Verfügungswissen, das Sinnprobleme und Normenfragen vernachlässigt, ja, zum Teil ausdrücklich ausklammert. Die sich in diesem Verständnis von Erziehungswissenschaft ansiedelnde Schultheorie oder

---

76. So *A. A. Lumsdaines* Definition von Unterricht, zit. n. *H. Thomas u. F. Thomas*, a. a. O. (Anm. 64), S. 215.

77. *H. Thomas u. F. Thomas*, ebd.

Curriculumtheorie reduziert ihre Fragestellungen szientistisch auf die Verbesserung der Mittel (»instrumentelle Rationalität«). Die Diskussion der Zwecke selbst sieht sie erklärtermaßen nicht als ihre Sache an. »Positive Ziele zu setzen, ist aber eindeutig nicht ihre Aufgabe.«[78] Bildungsphilosophisch orientierte Didaktiken und Schultheorien werden verpönt[79]. Kritisiert wird, daß die Bildungspädagogik seit der Goethezeit mehr das Thema der idealistischen Menschen- und Lebensideale spekulativ und philosophisch variiert habe, also Anthropologie und Zielphilosophie gewesen sei, aber nicht Pädagogik und Schultheorie im genauen Wortsinn[80]. Nun kann zwar kaum Streit darüber bestehen, daß die deutsche Pädagogik und Religionspädagogik, also auch die kirchliche Erziehungsarbeit, empirische Analysen sehr nötig hat. Darüber wird noch viel zu sagen sein. Bevor auf empirische Forschung im Rahmen der Sozialisations- und Curriculumforschung einzugehen ist, muß jedoch der gesellschaftliche Interessen- und Verwertungsrahmen aufgewiesen werden, in den auch verdienstvolle und hilfreiche szientistisch-positivistische Forschung vorgängig eingebettet ist. Erkenntnisse, die aus experimentellen und ähnlichen Untersuchungen gewonnen sind, lassen sich allemal technologisch als Steuerungswissen für *unterschiedliche* Zwecke anwenden. Jede abgesicherte Einsicht über die Optimierung pädagogischer Mittel bei Ausklammerung der Zweckfragen aber kommt den Bildungsverwaltungen entgegen, die bestimmte gesellschaftliche Zielvorstellungen im Sinne der Leistungssteigerung bei Kostenminimierung durchsetzen möchten, ohne sich auf eine störende grundsätzliche Problematisierung der Zwecke selbst nennenswert einlassen zu wollen.

Um nicht falsch verstanden zu werden, seien zur Wahrung der Proportionen zwei diesen Abschnitt abschließende Feststellungen getroffen:

Erstens soll mit der Kritik an einer die Schulreform überwuchernden instrumentellen Rationalität nicht generell die Notwendigkeit *funktionsgerechter* pädagogischer Reformen verdächtigt werden. Wohl aber muß ein »*Funktionalismus*« abgewehrt werden, der meint, mit Hilfe technologisch reduzierter Reformen von den eige-

---

78. W. *Schulz:* Umriß einer didaktischen Theorie der Schule, in: P. *Fürstenau u. a.:* Zur Theorie der Schule, Weinheim u. a. 1969, S. 38.

79. W. *Schulz:* Schule als Gegenstand der Pädagogik, in: Die Deutsche Schule 56 (1964), S. 325 ff.

80. *Th. Wilhelm:* Theorie der Schule, 2. Aufl., Stuttgart 1969.

nen Hintergrundsproblemen und Widersprüchen ablenken und die großen gesellschaftlichen Zukunftsprobleme vornehmlich auf dem Wege eines strategischen Planungs- und Nutzungsdenkens bewältigen zu können.

Zweitens darf nicht der Eindruck entstehen, als schlügen sich die zuvor unter der Antagonismushypothese beschriebenen ökonomisch-politischen Widersprüche ohne weiteres *geradlinig* im Bildungswesen nieder, als völlige Funktionalisierung des pädagogischen Reformdenkens und der pädagogischen Reformmaßnahmen, begleitet von einer szientistischen Reduzierung der Erziehungswissenschaft selbst. Zweifellos bestehen Zusammenhänge: die Restriktionen der Bildungspolitik, die die gesellschaftlichen Antagonismen widerspiegeln, und das funktionalistische Gefälle gegenwärtiger Reformmaßnahmen im Ausbildungssektor sind über das Interesse an der Gleichzeitigkeit von Effizienzsteigerung und Kostensenkung miteinander verbunden. Dies mußte gesagt werden, allerdings nicht mehr; denn die Phänomene der pädagogischen Praxis und die Entwicklungen in der pädagogischen Wissenschaft folgen immer auch noch anderen Kräften.

Die Ergänzung und zum Teil Ablösung der geisteswissenschaftlichen Tradition der Pädagogik durch empirisch-analytisch orientierte erziehungswissenschaftliche Forschung verdankt sich auch eigenen wissenschaftsgeschichtlichen Entwicklungsfaktoren, die mit dem Abbruch bestimmter Ansätze empirischer Forschung der 20er und 30er Jahre durch die politische Entwicklung Deutschlands, mit der Emigration zahlreicher Sozialwissenschaftler in dieser Zeit, der ›restaurativen‹ pädagogischen Theoriebildung nach 1945 und folglich mit dem geschichtlich begründbaren Nachholbedarf der deutschen Pädagogik an empirischer Tatsachenforschung zusammenhängen.

Eine ähnliche »*bedingte Autonomie*« wie für den Theoriebereich gilt für den Bereich der pädagogischen Praxis und der praxisnahen pädagogischen Reflexion. Das pädagogische Praxisfeld stellt in einem Land wie der Bundesrepublik in Form des Bildungswesens eine gewaltige durchstrukturierte Institution dar. Ein System dieser Größenordnung mit eigenem Schwergewicht ist zum einen schon auf Grund seiner Ausmaße, zum anderen auf Grund seiner eigenen geschichtlichen Denktradition nicht schlechthin von ökonomischen Interessen abhängig.

Historische Untersuchungen zeigen, daß zwar einerseits »die Tatsache realer wie symbolischer Gewaltausübung und verschleiernder Legitimation von Ungleichheit, auch mit Hilfe des Bildungswesens«, nicht zu leugnen ist, daß aber andererseits »der Zuwachs an Autonomie, den das Bildungswesen in seiner Geschichte erfahren (und miterkämpft) hat und der mit einer Differenzierung und Methodisierung seiner Funktionen verbunden war und schließlich kaum unabhängig von dem allmählich erreichten ›quantitativen‹ Gewicht der Institutionen ist, nicht nur als Zuwachs des Potentials zu verstehen sein kann, die – einzig wesentliche – Funktion der Stabilisierung sozialer Ungleichheit besser zu erfüllen als je zuvor«, wie es heutige radikale Ideologiekritik an der Schule wahrhaben möchte. »Mit Expansion, Zuwachs und Ausdifferenzierung von Funktionen sowie relativer Autonomisierung erreicht das Bildungssystem nicht nur einen Grad von schierer Masse und Komplexität, der seine direkte Funktionalisierung zunehmend schwieriger werden läßt. Es entwickelt zugleich ein Maß an Reflexivität – das heißt systeminterner Kritik an seinen Strukturen und Funktionen ... –, das auch die eigenen verdeckten Funktionen und Verhältnisse, die es verschleiern soll, ans Licht bringt.«[81]

Die Situation des Bildungswesens und der Bildungsreform ist die *zwischen Funktionalisierung und Reflexivität*. Was das eigene Reaktionspotential des Bildungswesens in Zukunft tatsächlich auszutragen vermag, hängt freilich nicht nur von der substantiellen Überzeugungskraft jener »Reflexivität« ab, sondern auch von den politischen Bedingungen und Spielräumen, die dem Bildungswesen gewährt werden. Dies führt zum nächsten Abschnitt. Die beiden ersten Abschnitte dieses Kapitels haben außerdem bereits gezeigt, daß ohnehin die Kraft der pädagogischen Vernunft allein schwerlich ausreichen wird, größere gesellschaftliche Reformen einzuleiten. Die pädagogischen Aufgaben bilden nur einen Ausschnitt der sie umgreifenden gesellschaftspolitischen Aufgaben. Die vielfältigen Weisen menschlichen Lebens, der Mensch als Kind und als Erwachsener, in der Familie und in der Schule, am Arbeitsplatz und in der Freizeit, im politischen und privaten Bereich, müssen in einem »ganzheitlichen« Ansatz zusammen gesehen werden, nicht zuletzt von der Kirche (siehe 2. Bd., 2. Kap., bes. II, 2).

81. *A. Leschinsky u. P. M. Roeder:* Schule im historischen Prozeß. Zum Wechselverhältnis von institutioneller Erziehung und gesellschaftlicher Entwicklung, Stuttgart 1976, S. 477.

III. Das Legitimationsdilemma komplexer Demokratien und die Krise der Bildungsprozesse

1. Die überforderte Demokratie (Legitimations- und Motivationskrisen-Hypothese)

a) Zum Selbstanspruch demokratischer Gemeinwesen – drei Aspekte. Jedes Erziehungssystem hat *zwei Grundaufgaben:* Es muß unter einem funktionalen und technischen Aspekt helfen, die Gesellschaft *zu erhalten.* Zu diesem Zweck müssen Kompetenzen vermittelt und berufliche Qualifikationen erworben werden. Unter ethisch-politischem Aspekt soll die Erziehung dazu beitragen, daß die heranwachsende Generation die Gesellschaft *akzeptiert,* vor allem ihre Grundstrukturen und Grundwerte[82]. Hinsichtlich dieser zweiten Aufgabe sind freiheitlich-demokratische Staaten verpflichtet, die Loyalität ihrer Bürger nicht manipulativ herzustellen, sondern den Weg der Gesellschaft in die Zukunft von allen mittragen und mitentscheiden zu lassen, in einem Prozeß freier, öffentlicher Willensbildung. Hier erwächst heute das schwerwiegendste Problem.

Politische Führung und Verwaltung fühlen sich nicht nur finanziell, sondern auch ideell überfordert. Einerseits werden die Steuerungsprobleme (crisis management) immer komplexer; andererseits wird der Staat hinsichtlich seines *sozialen* und *demokratischen* Selbstverständnisses immer radikaler beim Wort genommen. Da der Staat heute beherrschende Gestaltungsfunktionen an sich gezogen hat, werden auftretende gesellschaftliche Mängel ausdrücklich der politischen Führung angelastet. Der Staat kann der Verantwortung nicht ausweichen, gibt er sich doch in seiner Eigenschaft als Interventions-, Wohlfahrts- und Sozialstaat als zuständige und hauptverantwortliche Instanz zu erkennen. Der Legitimationsdruck wird dadurch verstärkt, daß die westlichen Gemeinwesen nicht nur umfassende soziale Verpflichtungen eingegangen

---

82. »By education system are meant all the procedures and methods (with their instrumental apparatus) whereby a global society gives its members organized and controlled education in the various fields of human activity for the purpose of the maintenance (functional and technical aspect) and acceptance (ethical aspect) of the social structures and the values which justify them.« *H. Janne:* Permanent Education – An Agent of Change, in: Information Bulletin (Council of Europe), 3, 1969, p. 24, zit. n. *St. Jensen (Hg.):* Über die Zukunft des europäischen Bildungswesens, Frankfurt/M. 1971, S. 94.

sind, sondern sich zugleich als Demokratien verstehen. Es ist nicht nur die vollzogene Politik als solche, auf die man auf Grund des vergrößerten staatlichen Funktionszuwachses prüfend schaut; es ist die als demokratisch sich bezeichnende Politik im besonderen, die man an ihrem eigenen Selbstanspruch mißt. Insgesamt äußert sich die Herausforderung unserer politischen Ordnung an drei dieser Ordnung selbst innewohnenden Aspekten.

1. Zum einen wollen die westlichen Demokratien ihrem Selbstbild nach *freiheitliche und soziale Gemeinwesen* sein, mithin weit mehr als bloße Krisenvermeidungsagenturen, Interventionsstaaten und Wohlfahrtseinrichtungen. Sie tragen das Erbe der europäischen Aufklärung mit sich, die Tradition der Menschenrechte, die Verheißung eines freieren und sozial gerechteren Lebens. Demokratie ist eine umfassende »Lebensform« und in diesem Zusammenhang »ein Mittel kontrollierter gesellschaftlicher Veränderung«, nicht nur eine Übereinkunft über Verfahrens- und Spielregeln für das politische Geschäft im engeren Sinn[83]; dies ist das erste, wichtigste, das gleichsam *substantielle* Moment der Demokratie. Es dokumentiert sich in den Grundrechten der Verfassungen und in dem Wertekanon, der mit ihnen gegeben ist. Die Grundrechte und Grundfreiheiten dürfen um keinen Preis denunziert werden. Staaten, in denen sie diktatorisch beschnitten und zu Leerformeln geworden sind, unterscheiden sich immer noch deutlich von jenen, in denen Glaubens- und Gewissensfreiheit, Presse- und Versammlungsfreiheit, Meinungsfreiheit und Freizügigkeit der Berufswahl im großen und ganzen in relativ weiten Grenzen verwirklicht werden können.

Das liberale und das soziale Gedankenerbe enthalten jedoch einen beunruhigenden realutopischen Überschuß, der bei einer halbherzigen Freiheit und bei lediglich halbwegs sozial gerechten Verhältnissen nicht stehenbleiben will. In Fortinterpretation der klassischen bürgerlichen Freiheits- und Gleichheitspostulate sind es vor allem radikaldemokratische sowie sozialistisch-marxistische Bewegungen, die heute die bestehenden westlichen und selbstkritisch auch die verkrusteten östlichen Gesellschaften mit der Utopie einer »Neuen Kultur« konfrontieren und irritieren[84]. Auch im Munde je-

---

83. *H. v. Hentig:* Die Sache und die Demokratie, in: Neue Sammlung 9 (1969), 2, S. 105 f.

84. Bei der futurologisch orientierten Untersuchung der Trends in der Entwicklung des europäischen Sozialsystems und bei dem Versuch

ner Vertreter der Dritten Welt, die die Erste Welt abgeschrieben haben, ist der Ruf nach mehr Freiheit und mehr Gerechtigkeit immer noch Ausdruck des lebendig gebliebenen Potentials der Ersten Welt, nicht zuletzt auch Ausdruck der christlichen Verheißung der größeren Freiheit und Gerechtigkeit, die vor Gott gilt. Die christliche Botschaft hat die geschichtliche Dynamik der »europäischen Revolutionen« wesentlich mit hervorgebracht[85]. Christliches Denken und Handeln ist darum durchaus bei seiner eigenen Geschichte, wenn es um die Selbstkonfrontation der modernen westlichen politischen Gemeinschaften mit ihrem eigenen Erbe und Anspruch geht. Mit der Verkündigung, daß vor Gott alle Menschen gleich sind, daß in Christus die Kirche der Menschheit anhebt – nicht die begrenzte Gemeinschaft einzelner Stämme, Nationen, Rassen oder Kontinente, sondern die Gemeinschaft aller Menschen als der Söhne Gottes und Brüder Christi – hat die christliche Überlieferung die gegenwärtige Kritik an Ungleichheit und Unfreiheit selbst mit erzeugt.

2. Wie man sieht, schließt Demokratie eine normative, die Grundwerte menschlichen Zusammenlebens berührende Problematik in sich. Sie ist mehr als eine Methode, als ein Bündel von Verfahrensregeln zu politischer Willensbildung und geregelter Herrschaftsausübung[86]. Dies zeigt sich nicht nur in ihrer Zieldimension (siehe

der Vorhersage möglicher »Zukünfte« beschreibt die »Gruppe 2000« *(F. Edding, K. Hüfner, St. Jensen, J. Naumann u. a.)* die Perspektive der »Neuen Kultur« als »futurible 3« neben dem »neo-kapitalistischen System« (futurible 1) und dem »Wohlfahrtssystem« (futurible 2). Diese mögliche, wenn auch gegenwärtig (noch?) nicht wahrscheinliche Alternative ist nicht nur von inneren, ideologischen Faktoren abhängig, etwa von einem »veränderten Gesellschaftsbewußtsein einer wachsenden Anzahl von Menschen«, die nicht länger bereit sind, »die Spannungen zwischen armen und reichen Ländern und die offenkundigen Disparitäten im Spätkapitalismus hinzunehmen«; sie könnte auch durch äußere Faktoren objektiv erzwungen werden. »In nicht zu ferner Zukunft könnte der Fall eintreten, daß die technischen und sozialen Probleme der europäischen Gesellschaften einen solchen Grad der Dringlichkeit erreichen, daß nur radikale und drastische Maßnahmen eine Lösung finden können.« *St. Jensen (Hg.):* Über die Zukunft des europäischen Bildungswesens, a. a. O. S. 122 ff.

85. *E. Rosenstock-Huessy:* Die europäischen Revolutionen und der Charakter der Nationen (1931), 2. Aufl., Stuttgart 1951.
86. In vielen modernen Demokratietheorien wird Demokratie auf diesen Aspekt ›realistisch‹ reduziert und der oben berührte inhaltlich sub-

oben), sondern auch in ihrer Prozeßdimension: Welche »Futurible« in Zukunft auch verwirklicht werden mag, Demokratie bedeutet die Verpflichtung, möglichst alle Bürger an den Aufgaben zu beteiligen, die das gegenwärtige und zukünftige Gemeinwohl betreffen; Demokratie verlangt *Partizipation* und damit *Öffentlichkeit*. Dies ist das zweite, *prozessuale* Moment. Um der Ermöglichung aktiver Teilnahme willen ist die Demokratie verfassungsmäßig eingeführt. Aus der denkwürdigen Entwicklung »bürgerlicher Öffentlichkeit« in Westeuropa seit dem späten 17. und dem 18. Jahrhundert ist Demokratie entsprungen[87].

Unter den Verhältnissen von Massendemokratien mit kanalisierter und gefilterter politischer Meinungsbildung hat sich jedoch heute faktisch mehr oder weniger eine demokratische Eliteherrschaft gebildet. Die Bedürfnisse der Betroffenen können sich im allgemeinen nur dann Geltung verschaffen, wenn sie bestimmte vorgesehene Bahnen einhalten, d. h. organisierten Ausdruck in zugelassenen Parteien oder artikulations- und konfliktsfähigen Verbänden finden. Bei diesem Vorgang werden die Bedürfnisse der Bevölkerung weitgehend in die Richtung geleitet, die von meinungsbildenden Interessen- und Machtgruppen gewünscht wird. »Das mediatisierte Publikum ist zwar, innerhalb einer immens erweiterten Sphäre der Öffentlichkeit, unvergleichlich vielseitiger und häufiger zu Zwecken der öffentlichen Akklamation beansprucht, aber gleichzeitig steht es den Prozessen des Machtvollzugs und des Machtausgleichs so fern, daß deren Rationalisierung durch das Prinzip der Öffentlichkeit kaum noch gefordert, geschweige denn gewährleistet werden kann.«[88] Der »Strukturwandel der Öffentlichkeit« ist längst beschrieben worden. Durch die Umkehrung, die aus Bürgern als Subjekten der Öffentlichkeit Objekte der »Öffentlichkeitsarbeit« macht – »Öffentlichkeit muß ›gemacht‹ werden, es ›gibt‹ sie nicht mehr« –, bildet sich im modernen Wohlfahrts-

stantielle Gehalt entfernt. Demokratie wird formal gefaßt als »diejenige Ordnung zur Erreichung politischer Entscheidungen, bei welcher einzelne die Entscheidungsbefugnis vermittels eines Konkurrenzkampfes um die Stimmen des Volkes erwerben« (*Joseph Schumpeter:* Kapitalismus, Sozialismus und Demokratie, 2. Aufl., München 1950, S. 428).

87. *J. Habermas:* Strukturwandel der Öffentlichkeit. Untersuchungen zu einer Kategorie der bürgerlichen Gesellschaft, Neuwied a. Rh. u. Berlin 1962, 2. Aufl. 1965.

88. *J. Habermas,* a. a. O. S. 193.

und Sozialstaat als Zerfallsgestalt bürgerlicher Öffentlichkeit eine *demonstrative* und *manipulative* Publizität«. Die ursprüngliche Idee der Partizipation und Öffentlichkeit ist jedoch ebenfalls lebendig. Die Einschränkungen und Kanalisierungen der Meinungsbildung werden von vielen nicht hingenommen, sondern im Namen »*kritischer*« Publizität zurückgewiesen[89].

3. Die Selbstverpflichtung unseres Staates als Demokratie ist schließlich ›anstrengend‹, weil das Bedürfnis nach Partizipation nicht auf Politik im engeren Sinne begrenzt werden kann. Dies ist das dritte, das *ubiquitär-expansive* Moment der Demokratie. Politisch bedeutsam in dem Sinne, daß das Gemeinwohl berührt und das Interesse aller mitbetroffen ist, sind heute sehr viele gesellschaftliche Prozesse, nicht nur die politisch-parlamentarischen Vorgänge, für die die »Staatslehre« zuständig ist. Indem gefordert wird, diese *objektive Politisierung der Gesellschaft* auch *subjektiv* einzulösen, nämlich als von möglichst vielen mitzuverantwortende aktive politische Gestaltung der gesamtgesellschaftlichen Belange, gerät eine parlamentarische Demokratie, die einerseits notwendig Verantwortlichkeiten delegieren muß, andererseits das Prinzip der allseitigen Partizipation grundsätzlich nicht aufgeben kann, auch von dieser Seite in Bedrängnis.

Es ist zwar richtig, um ein naheliegendes Beispiel zu wählen, daß ein wissenschaftlicher Forschungsprozeß oder eine universitäre Lehrveranstaltung nicht auf einer Ebene mit der Wahl von Abgeordneten liegt. Damit die Sachgesetzlichkeit jener Aufgaben zum Zuge kommen kann, müssen Bereiche wie Forschung und Ausbildung von politischen Interventionen freigehalten werden. Diese notwendige relative Freisetzung darf allerdings nicht verdecken, daß Forschung und Ausbildung heute mehr denn je wichtige Faktoren für die Reproduktion der gesellschaftlichen Ressourcen und daher politisch bedeutsame Größen sind.

Es fällt immer schwerer, vermeintlich unpolitische Lebensbereiche von vermeintlich allein politisch zu nennenden zu isolieren und das Demokratiepostulat auf letztere zu begrenzen. Im Rahmen des Funktionszuwachses des Staates dringt staatliches Handeln – die sogenannte »öffentliche Verantwortung« – immer stärker unmittelbar oder mittelbar in bisher staatsfreie gesellschaftliche Bereiche ein; dies ist nicht zuletzt an den Entwicklungen im Bildungsbereich abzulesen[90]. Die klassischen Trennungslinien zwischen Staat und

89. A. a. O. S. 252, 220.
90. Zur Ausbreitung der staatlichen Kompetenzen im Namen der »öf-

Gesellschaft verwischen sich. In dieser Situation ist ein expansiv gefaßtes Demokratieverständnis ebenso sachgemäß wie unbequem. Man möchte die Demokratisierungsforderung auf Politik im engeren Sinne beschränken. Diese Beschränkung aber »erweist sich in unserer Welt als irreal und in hohem Maße gefährlich. Durch sie hat sich die Öffentlichkeit – mit gutem Gewissen obendrein – entpolitisiert ...«[91]

b) Ursachen wachsenden Legitimationsdrucks. In allen drei genannten Perspektiven äußert sich die Legitimationsverpflichtung des demokratischen Staates als wachsende *Legitimationsnot.* Damit ist nicht etwa gesagt, daß unsere politischen Instanzen (Parteien, Regierung) nicht mehr zu den geschichtlich überkommenen gesellschaftspolitischen Leitideen stehen. Nur ein Blick auf den Inhalt von Regierungserklärungen oder gesellschaftspolitischen Programmen beweist das Gegenteil. Das Dilemma entsteht, weil der ideologische Anspruch grundsätzlich aufrechterhalten werden muß, obwohl er faktisch immer schwieriger zu verwirklichen ist.

Erstens werden die Probleme der Systemsteuerung so *komplex,* daß Formen breiterer politischer Mitsprache als unrationell erscheinen: demokratische Meinungsbildungsprozesse sind zu langwierig und zeitraubend. Sie sind überdies zweischneidig, da eine größere politische Aktivierung die Entfesselung nicht mehr vorhersehbarer, abweichender Meinungstrends mit sich bringen kann. Alle sog. »Grundsatzdiskussionen« sind unter diesem Blickwinkel für die Parteien ausgesprochen belastend (s. bes. die durch Grundsatzdiskussionen der Jungsozialisten hervorgerufenen Spannungen in der Sozialdemokratischen Partei Deutschlands).

Eine zusätzliche Verunsicherung rührt zum zweiten von der *Erosion* bestimmter *Überlieferungen* her, z. B. jener bürgerlich-christlichen Selbstverständlichkeiten, die bisher als begleitende Stabilisierungsfaktoren die gesellschaftliche Integration mit unterstützt haben (siehe die Zweifel, die der Christlich-Demokratischen Union in ihren Grundsatzdiskussionen hinsichtlich des Sinns und der Überzeugungskraft des Adjektivs »christlich« gekommen sind). Die weitaus gefährlichste Herausforderung wird jedoch drittens

fentlichen Verantwortung«, bes. im Feld der Berufsausbildung, Erwachsenenbildung usw., vgl. Strukturplan für das Bildungswesen, a. a. O. S. 257 ff.

91. *H. v. Hentig,* a. a. O. (Anm. 83) S. 107.

dort empfunden, wo der ideologisch beim Wort genommene Staat nach seinem Weg in die Zukunft gefragt, nämlich danach ausgeforscht wird, was er seinen Bürgern als zukünftigen »Sinn« für ihr eigenes Leben und das ihrer Kinder anzubieten habe. Unsere bürgerlich-kapitalistischen Gesellschaften haben aus ihren ideellen Ursprüngen eine weit weniger dynamische, zukunftsgerichtete Gesellschafts- und Geschichtsphilosophie entwickelt als der geschichtsmächtige Marxismus, der hierin der Dynamik der christlichen Zukunftshoffnung, aus der er mitentsprungen ist, strukturell näher geblieben ist. In der sowjetrussischen Pädagogik ist der Begriff der »Perspektive« als Inbegriff zukunftseröffnender sozialistischer Ideale nicht zufällig zu einer zentralen pädagogischen Kategorie geworden (A. S. Makarenko). Die westlichen Gesellschaften, zum Teil auch bereits die stärker saturierten sozialistischen Staaten, ersetzen demgegenüber den »verknappten Sinn« weitgehend durch »konsumierbare Werte«, durch jene Werte, mit denen heute zumeist die Wahlen gewonnen werden: wachsender Konsum, Vollbeschäftigung, Aufstiegschancen, größere Sicherheit. Niemand, der an diesen Möglichkeiten und Sicherheiten einer entwickelten Gesellschaft teilhat, sollte sie überheblich geringachten. Wie aber, wenn sie das tiefere Sinn- und Freiheitsbedürfnis der Menschen nicht mehr befriedigen und die weiterreichenden Zukunftssorgen einer ökologisch gefährdeten Menschheit nicht mehr beschwichtigen können? Wie, wenn die angedeuteten politischen Legitimationsschwierigkeiten unserer Demokratie sich zu einer Motivationskrise ausweiten? »Die definitiven Schranken der Legitimationsbeschaffung sind unnachgiebige normative Strukturen, die das ökonomisch-politische System nicht länger mit ideologischen Ressourcen versorgen, sondern mit Überforderungen konfrontieren.«[92]

c) Formen und Grenzen traditioneller Loyalitätssicherung. Angesichts des wachsenden Legitimationsdrucks fragt Jürgen Habermas, ob die folgenden herkömmlichen Wege der Motivations- bzw. Loyalitätssicherung weiterhin erfolgreich sein werden (und er bezweifelt es): die bereits berührte Entpolitisierung der Bevölkerung durch eine demokratische Elite und der zuletzt genannte Ausgleich fehlender Legitimationen durch systemkonforme Entschädigungen. Habermas verfolgt beide Seiten unter den Gesichtspunkten des

---

92. J. Habermas: Legitimationsprobleme im Spätkapitalismus, Frankfurt/ M. 1973, S. 130.

»staatsbürgerlichen Privatismus« und des »familial-beruflichen Privatismus«[93]. Für die späteren religions- und kirchensoziologischen Analysen und die theologisch-pädagogische Einschätzung der Rolle einer »innengewendeten Religion« im Privatbereich (Bd. 2, 1. Kap.) sind diese Gesichtspunkte von besonderer Bedeutung.

Die Formel vom *staatsbürgerlichen Privatismus* will eine Haltung umschreiben, die sich damit zufrieden gibt, daß eine demokratische Elite von Berufspolitikern, Lobbyisten, Verbandssprechern, Verwaltungsbeamten u. a. für die Funktionstüchtigkeit des ganzen sorgt. Genau betrachtet sind unsere neuzeitlichen Demokratien weitgehend noch »gemischte« politische Kulturen (*G. A. Almond, S. Verba*). Sie enthalten und fördern beides: die Überzeugung von der Notwendigkeit aktiver politischer Mitverantwortung und Elemente der vorbürgerlichen, ständisch gegliederten politischen Kultur, d. h. die Bereitschaft zu nicht bezweifelter Ein- und Unterordnung, kurz: Untertanenmentalität. Der einzelne soll gleichsam zwei Rollen spielen.

»Die Kontrolle der Eliten verlangt, daß der ›Mann auf der Straße‹ gemäß dem Konzept des vernünftigen und aktiven Staatsbürgers handelt. Aber wenn das andere Ziel, die Herrschaft der Eliten erreicht werden soll, dann muß man vom normalen Bürger gerade entgegengesetzte Einstellungen und Verhaltensweisen erwarten. Wenn die Eliten mächtig sein und verbindliche Entscheidungen treffen sollen, dann müssen Engagement, Aktivität und Einfluß des normalen Bürgers eingeschränkt werden. Er muß seine Macht den Eliten überantworten und sie regieren lassen. Die Notwendigkeit einer Herrschaft durch Eliten verlangt also, daß der ›Mann auf der Straße‹ relativ passiv, desinteressiert und gegenüber den Eliten ehrerbietig ist. Somit muß der demokratische Bürger zwei konträre Ziele verfolgen: er muß aktiv sein, aber auch passiv; engagiert, aber nicht zu sehr engagiert; erfolgreich, aber auch ehrerbietig.«[94]

Viele Vertreter einer formalen Demokratietheorie im bereits oben definierten Sinne (siehe oben S. 70 f.) begrüßen die ›gemischte‹ Kultur; nur sie sichere die »Herrschaft der Eliten« und damit, so meint man, das »Gleichgewicht« des Systems. Auf dies Gleichgewicht ist das erkenntnisleitende Interesse gerichtet, nicht auf die Diskussion und Fortentwicklung des normativ-substantiellen Gehalts der De-

93. A. a. O. S. 106 ff.
94. *G. A. Almond, S. Verba:* The Civic Culture. Political attitudes and democracy in Five Nations, New York 1963 (zit. n. dem Textabdruck in: *G. Zimpel [Hg.]:* Der beschäftigte Mensch. Beiträge zur sozialen und politischen Partizipation, München 1970, S. 230).

mokratie und ihres ideellen Erbes. Gleichgewicht wird subjektiv als Balance zwischen »Teilnehmerrolle« und »Untertanenrolle« im einzelnen Bürger verstanden, objektiv als Gleichgewicht »auf der System-Ebene«.

»Die Teilnehmerrolle und die Untertanenrolle tendieren in entgegengesetzte Richtung, und es ist wichtig, sie im Gleichgewicht zu halten. Einem gehorsamen Untertanen fällt es schwer, gleichzeitig die Leistungen seiner Herrscher in Frage zu stellen und zu versuchen, ihre politischen Entscheidungen zu beeinflussen. Ähnlich ist es für einen sehr aktiven und leidenschaftlichen Teilnehmer an der Politik schwierig, sich bereitwillig jeder Entscheidung und jedem Gesetz der Regierung zu unterwerfen. Die meisten Bürger bilden in ihrem täglichen Leben zwischen den beiden Rollen ein Gleichgewicht heraus ... Der gemäßigt aktive Bürger wird eher als der sehr aktive die beiden Rollen im Gleichgewicht halten können. – Eine ähnliche Art des Gleichgewichts muß auch auf der System-Ebene gefunden werden ... Obgleich man einwenden könnte, daß Teilnahme an der Politik charakterbildend ist, bestehen Zweifel daran, daß die Gesellschaft als Ganzes einen Nutzen davon trüge, wenn intensives Interesse und aktives Engagement in der Politik sich in der gesamten Bevölkerung verbreiteten.« (!)[95]

Das mit dem Begriff des *familial-beruflichen Privatismus* bezeichnete zweite Einstellungssyndrom entspricht dem erstgenannten. Im Mittelpunkt des Alltagslebens der Bevölkerung stehen nicht die großen Zukunftsprobleme unserer Gesellschaft, sondern Erfolgs-, Status-, Sicherheits- und Konsumerwartungen. Diese werden durch die ökonomisch-administrativen Strukturen der Gesellschaft (wirtschaftlicher Konkurrenzkampf, Leistungswettbewerb, Laufbahnsysteme, Steigerung der Konsumbedürfnisse) erzeugt und zugleich befriedigt. Gelingt diese Befriedigung nicht, weil entweder die finanziellen Mittel des Staats erschöpft sind (siehe oben) oder weil einzelne und Gruppen die relative Dürftigkeit dieser Formen der Lebenserfüllung durchschauen, überzeugendere Identifikationsmöglichkeiten aber nicht bereitstehen, droht die Krise der Motivation: die Glieder der Gesellschaft versagen dem System ihre Gefolgschaft und Loyalität.

Es ist nicht zu bestreiten, daß es den westlichen Staaten in der Nachkriegszeit augenfällig gelungen ist, systemgefährdende Krisen dieser Art zu verhindern. Darum kann und soll im Zusammenhang der hier erörterten dritten gesellschaftstheoretischen Eingangshypo-

95. *L. W. Milbrath:* Political Participation, Chicago 1965, zit. n. *G. Zimpel*, a. a. O. S. 95 ff.

these nicht behauptet werden, daß unsere Gesellschaft von einer Legitimations- und Motivationskrise bereits voll erfaßt ist. Wohl aber darf man die Zeit seit der zweiten Hälfte der 60er Jahre (außerparlamentarische Opposition, Studentenbewegung, wachsende Auseinandersetzung der Parteien mit ihren Nachwuchsorganisationen etc.) im Vergleich zur voraufgegangenen Phase unserer Bundesrepublik als eine erheblich kritischere Epoche bezeichnen, die bei nicht wenigen einen Schwund der Fähigkeit offenbart hat, sich mit unserer gesellschaftlichen Ordnung voll zu identifizieren[96].

d) Technologische Systemregulierung statt politisch-ethischer Rechenschaftsabgabe? In dieser Lage gibt es, vereinfacht gesagt, *zwei Wege.* Wenn die systemtechnologischen Steuerungsprobleme der politischen, administrativen und ökonomischen Aufgaben immer komplizierter und damit aufwendige Mitsprachemöglichkeiten von Nichtexperten dysfunktional werden, erst recht aber wenn die grundsätzliche Problematisierung der bestehenden Verhältnisse, unter Berufung auf den im System selbst angelegten normativen Anspruch, den Legitimationsdruck weiter erhöhen sollte, ohne daß der Staat in der Lage ist, den normativen Verpflichtungen ausreichend nachzukommen, könnten sich die Tendenzen verstärken, den Legitimationszwang zu beseitigen. Dies ist dadurch möglich, daß die Suche nach dem demokratisch legitimen *Sinn* von den *Steuerungs*aufgaben gleichsam »abgekoppelt« wird (*J. Habermas*). Man könnte eine sich verschärfende Legitimations- und Motivationskrise dadurch neutralisieren wollen, daß man immer stärker die Rationalitätskriterien technologischer Systemregulierung und Gesellschaftsplanung gegen die politisch-ethischen Begründungsnotwendigkeiten ausspielt und an deren Stelle setzt.

Der andere Weg hält dem demokratischen, besonders dem hierin enthaltenen politisch-ethischen Legitimationszwang stand und gibt die Grundhaltung europäischer Tradition, das Bedürfnis, von sich und anderen Rechenschaft zu verlangen, nicht preis. Zu diesem Weg gehört es, das Medium demokratischer Öffentlichkeit, mithin die Notwendigkeit möglichst allseitiger Partizipation an den Belangen des gemeinsamen Lebens, mit allen Mitteln zu fördern, anstatt es einzudämmen.

96. Vgl. *K. Preuß-Lausitz:* Vom Schwinden der »Fähigkeit«, sich mit dem politischen System zu identifizieren, in: betrifft: erziehung 6 (1973), 2, S. 19 ff.

Es ist in unserer gegenwärtigen europäischen Situation nicht wahrscheinlich, daß dieser zweite Weg in Form einer revolutionären Umwälzung beschritten wird. Wohl aber könnte eine allmähliche allgemeine Zunahme des Gewichts sozialistischer Ideen sowie die Ausbreitung gemäßigt links orientierter Regierungen in Europa das Bewußtsein der Diskrepanz zwischen Verfassungsnorm und Verfassungswirklichkeit, zwischen Selbstanspruch und Realität zumindest weiter wachhalten, wenn nicht gar verschärfen, auf jeden Fall aber damit die inneren Spannungen in unseren Gesellschaften steigern. Viel Wahrscheinlichkeit hat freilich auch die Fortsetzung einer lediglich reaktiven Politik für sich, der es hauptsächlich um eine möglichst störungsfreie Fortschreibung des Status quo geht[97].

Wenn es den bürgerlichen Gesellschaften gelingen sollte, sich von der Zumutung konflikthaltiger, im funktionalistisch-technokratischen Sinne störender Meinungsbildungsprozesse und ideologischer Auseinandersetzungen zu entlasten, würde diese Entlastung auf längere Sicht allerdings *das Ende von »Freiheit« und »Gemeinschaft«* bedeuten. Dies sei zunächst als Urteil aus der Sicht der Tradition praktischer Philosophie behauptet (zur theologischen Sicht vgl. die späteren Kapitel und Band 2). Der Vorgang der Wahrheitssuche und vernünftigen Rechenschaftsabgabe kann nämlich nur als ein von Zwang und Unterdrückung freier Vorgang der Konsensusbildung begriffen werden. Damit aber ist er als Vorgang zwischen potentiell gleichberechtigten Personen zu verstehen, die in diesem Sinne eine *»Kommunikationsgemeinschaft« freier Subjekte* konstituieren und nicht ein gesellschaftliches Unterdrückungsverhältnis spiegeln[98].

Erneut erweist sich die Ausgangsthematik unserer Darlegungen – das Thema der ökumenischen Christenheit von Nairobi in Sachen Pädagogik – unmittelbar oder mittelbar als Schlüsselthema zur

97. Vgl. hierzu noch einmal die in Anmerkung 84 genannte Schrift über die Untersuchung der »Gruppe 2000«.
98. Vgl. *K.-O. Apel:* Das Apriori der Kommunikationsgemeinschaft und die Ethik, in: Transformation der Philosophie, Frankfurt/M. 1973, Bd. II, S. 405 ff., ferner *J. Habermas:* Vorbereitende Bemerkungen zu einer Theorie der kommunikativen Kompetenz, in: *J. Habermas u. N. Luhmann:* Theorie der Gesellschaft oder Sozialtechnologie? Frankfurt/M. 1971, S. 118 f.; *Ders.:* Legitimationsprobleme im Spätkapitalismus, a. a. O. S. 140 ff.; dort weitere Verweise auf die neueren Bestrebungen der praktischen Philosophie und »kommunikativen Ethik«.

Entschlüsselung unserer politischen und pädagogischen Situation. Denn es hängt wesentlich vom Erziehungswesen einer Gesellschaft mit ab, ob jene kritische Entwicklung sich fortsetzt oder nicht; genauer: mit der Möglichkeit der Beseitigung des Legitimationszwangs stehen *Grundstrukturen des Bildungsprozesses* in Frage: *die Bereitschaft zu Begründung und Reflexivität*[99]. Diese Bildungsmomente aber sind auch für eine rechtverstandene religiöse (christliche) Erziehung unaufgebbar.

2. Zur Krise grundlegender Bildungsstrukturen

Aus den erläuterten drei gesellschaftlichen Systemproblemen lassen sich drei korrespondierende[100] pädagogische Problemfelder verständlich machen; sie beziehen sich auf das Bildungssystem insgesamt, die Bildungsreform und den Charakter der Bildungsprozesse. Erstens spiegeln sich die mit der Disparitätshypothese angedeuteten horizontalen Ungleichheiten in der relativen finanziellen und strukturellen Vernachlässigung des Bildungswesens im ganzen und in der unterschiedlichen Förderung bestimmter pädagogischer Teilbereiche oder Teilgruppen im einzelnen (1. Kap. I). In Verbindung mit der Misere der Bildungsfinanzierung machen zweitens die aufgewiesenen, in sich widersprüchlichen ökonomisch-politischen Imperative (Antagonismushypothese) die technologischen Verkürzungen der eingeleiteten Planungen und Reformen verständlich (1. Kap. II). Schließlich könnte die Hypothese zur Legitimations- und Motivationskrise bedeuten, daß die politisch-ethische Auseinandersetzung um die menschlich bedeutsamen Lebensauslegungen und den zukünftigen Weg unserer Gesellschaft nicht nur in der Öffentlichkeit kanalisiert, sondern schon innerhalb des Erziehungsfeldes in konfliktvermeidende Bahnen abgelenkt wird, indem die Strukturen *reflexiv-kritischen Lernens* durch Formen *adaptiven Lernens* abgelöst werden (1. Kap. III). Grundmomente von »Bildung« stehen damit auf dem Spiel: Bildung im Kontext politisch-

99. Vgl. hierzu auch den Schluß des vorausgehenden Abschnittes (Kap. 1, II) über die »Reflexivität« des Bildungssystems im ganzen.
100. Es ist angemessener, von *korrespondierenden* pädagogischen Problemen als von pädagogischen *Folge*problemen zu sprechen, da kein einseitiges Abhängigkeitsverhältnis vorliegt; das Bildungswesen ist nicht nur eine bedingte, sondern auch eine die übrigen gesellschaftlichen Phänomene seinerseits mitbedingende Größe. Dies gilt besonders für den hier zu entfaltenden dritten Krisenaspekt.

ethischer Sinnvergewisserung und freier, kritischer Rechenschaftsabgabe. Erst alle drei genannten Aspekte zusammengenommen
rechtfertigen übrigens den Begriff »Bildungskrise«. Ein Begriff der
»Weltbildungskrise«, der diese nur als Dilemma der Wissensexplo-
sion, als Planungsschwierigkeit im Blick auf die quantitative Unter-
und Überproduktion von Auszubildenden oder als mangelhafte
Input-output-Effizienz auffaßt, ist mit seiner Verharmlosung sowohl der gesellschaftlichen Strukturprobleme wie der tieferreichen-
den Motivations- bzw. Sinnkrise selbst bereits ein Ausdruck dieser
Krise[101].

Der Weg der komplexen modernen Gesellschaften in West und Ost
– und zunehmend auch in der Dritten Welt – ist über das system-
spezifische Krisenmanagement der einzelnen kapitalistischen oder
sozialistischen Gesellschaftssysteme hinaus durch die allgemein
notwendige »Reduktion von Komplexität« (*Niklas Luhmann*) gekennzeichnet. Entscheidungsprozesse müssen rationalisiert, un-
übersichtliche Zusammenhänge durch Entwicklung überschaubarer
Handlungsalternativen handhabbar gemacht, Interessengegensätze
ausbalanciert werden. Diese (scheinbar) entideologisierten, »systemtechnologischen« Aufgaben – nicht weltanschauliche Auseinandersetzungen – drängen sich den politischen, administrativen
und wirtschaftlichen Instanzen als die für sie immer gewichtigeren
Herausforderungen auf. In der Weltpolitik, besonders im Verhältnis zwischen den USA und der UdSSR, ist ein entideologisiertes
Großmachtarrangement mit pragmatischen Globalabsprachen an
die Stelle der ideologischen Auseinandersetzungen der 50er Jahre
gerückt. Ähnliches gilt für die politische Landschaft in Europa. Der
Gewinn dieser Entwicklung ist die Entschärfung früherer Konflikte
und damit politische Entspannung. Die Kehrseite könnte die Sus-
pendierung politischer und moralischer Auseinandersetzungen sein,
selbst wo diese unbedingt nötig wären.

»Wenn wir am Anfang einer Epoche stehen, die man vorläufig ›die ent-
spannte der Koexistenz‹ nennen mag, ja, wenn sich die Systeme durch
schrittweise Annäherung tatsächlich wandeln sollten, dann gilt es, recht-

---

101. Zur Kritik an diesem reduzierten Verständnis von »Weltbildungskrise«, wie es sich u. a. bei *Philip Coombs* findet (The World Educa-
tional Crisis, New York 1969, dt.: Die Weltbildungskrise, Stuttgart
1969) vgl. auch: Büro für Erziehungsfragen des Ökumenischen Rates
der Kirchen (Hg.): Bildung – Ganz! Stuttgart u. Berlin 1971, S. 25,
29 ff.

zeitig auf jene Gefahr hinzuweisen, die in der staatsautoritären und primär ökonomischen Anpassung beider Systeme liegen könnte; sie ginge allseits auf Kosten der Meinungsfreiheit; sie würde die *Kultur*, also *den notwendigerweise sperrigen Ausdruck unserer Epoche*, einebnen und so verflacht praktikabel machen: nicht nur die Kunst und die Künstler, auch die Angepaßten hätten den Schaden.«[102]

»Sperrig« wird für ein pragmatisch-technologisches Denken auch eine Form von »*Bildung*«, die ihre Kontinuität mit den folgenden grundlegenden Bildungsmomenten nicht preisgeben will, Momente, die den pädagogischen Horizont sichtbar machen, an den sich eine an »Freiheit« und »Gemeinschaft« interessierte Pädagogik und Religionspädagogik nach wie vor verwiesen sieht.

a) Fünf Merkmale von Bildung – ein bildungsgeschichtlicher Exkurs.
1. Abendländisch-europäische Bildung war an ihrem griechischen Ursprung in der vorklassischen und klassischen Periode Griechenlands keineswegs lebensabgehoben und ein in depraviertem Sinne ›bloß theoretisches‹ oder, wie dann im Hellenismus, ein vorwiegend literarisch-ästhetisches und privates Phänomen. Wohl haben die Griechen als erste im Abendland bewußt geredet und bewußt gedacht und so in Sprache und Gedanken die Wirklichkeit des Geistes entdeckt[103]. Rhetorik und Philosophie, rhetorisch-literarische und philosophisch-wissenschaftliche Studien werden die beiden Säulen der griechischen Bildung und Grundbestandteile des Lehrplans[104], aber zunächst nicht als Attribute selbstzweckhafter individueller, privater Kultur. Sie waren für den Bürger Athens auf das Mitreden und Mitentscheiden in der Polis bezogen. Die ›ganzheitliche‹ Bildung (Paideia) des Griechen bedeutete die *Integration der persönlichen und der öffentlichen, gemeinsamen Kultur*[105]. Ermög-

102. *Günter Grass* in einem offenen Brief (Sept. 1973) anläßlich der Rückgängigmachung seiner Einladung nach Moskau durch den dortigen Botschafter der Bundesrepublik.
103. *B. Snell:* Die Entdeckung des Geistes. Studien zur Entstehung des europäischen Denkens bei den Griechen, 3. Aufl., Hamburg 1955.
104. Vgl. *J. Dolch:* Lehrplan des Abendlandes, 2. Aufl., Ratingen 1965.
105. Es sei daran erinnert, daß zu dieser »Ganzheitlichkeit« besonders in der Adelskultur der frühen Zeit auch »der Kult des Körpers« gehört. Vgl. *H.-I. Marrou:* Geschichte der Erziehung im klassischen Altertum, hg. von *R. Harder*, Freiburg u. München 1957, S. 72, 171 ff. Marrous Hauptthese in seinem umfassenden Werk ist die, daß über die Jahrhunderte von Homers Zeiten (800 v. Chr.) bis zur Spätantike,

licht war diese Verbindung durch die überschaubaren, noch wenig differenzierten, eine amateurhafte politische Beteiligung aller erlaubenden Verhältnisse von Stadtstaaten, die das weltgeschichtliche Glück hatten, in einer geschichtlichen Stunde sich heranbilden zu können, als kein übermächtiger Druck von großen, zentral regierten Reichen bestimmend war[106]. Bildung bewirkt Freiheit im Sinne geistiger Überlegenheit und Distanz; sie bedarf aber offensichtlich selbst ebenso freier Lebensbedingungen.

Die sokratisch-platonischen Lehren sind bereits der Versuch einer Antwort auf die Erschütterung dieser ursprünglichen Verhältnisse; sie verlagern im Bildungskonzept zugleich das Schwergewicht auf die rationale Seite, auf den Erkenntnisprozeß. Nach wie vor ist jedoch auch jetzt dieser strenge und lange Prozeß der ›Bildung durch Wissenschaft‹ (Mathematik, Dialektik, d. h. Philosophie), d. h. der Weg von der Meinung (doxa) zum wahren Wissen (episteme) auf die Praxis des gemeinsamen politischen Lebens gerichtet. Er ist in seinem Kern geradezu identisch mit der Erkenntnis der rechten menschlichen Lebens- und damit Staatsordnung, identisch mit politischer Erkenntnis[107]. Neben der Erfahrung der Naturordnung als Kosmos war die zweite, der ersten sich verbindende Grunderfahrung der Griechen die Erfahrung der Polis als Inbegriff einer auf Recht, Sitte und Verständigungsbereitschaft gegründeten Gemeinschaft. *Platon* will nichts anderes, als diesen immer schon um ihn herum sich vollziehenden Verständigungsprozeß über die gerechteste, weiseste und klügste politische Lebensführung vor die letzte Wahrheitsfrage stellen.

Der im weiten und zugleich engen Sinne *politische, d. h. die Gesamtheit der gesellschaftlichen Lebensverhältnisse umfassende Bezug von Bildung*, einschließlich der ›Staatsgeschäfte‹, ist schon bald im Hellenismus verlorengegangen. Er hat sich jedoch in der Neuzeit in den Anfängen der gesellschafts- und herrschaftskritischen bürgerlichen Aufklärung erneuert (*Mirabeau, Condorcet, Lepeletier, Rousseau* u. a.), wenn er auch bald utilitaristisch verkürzt

d. h. bis zu den ersten vier nachchristlichen Jahrhunderten, die Entwicklung »vom adligen Krieger zum Schreiber« führte, von der mehr körperlich-ästhetischen, weltmännisch-ethischen Kultur zu einer mehr literarisch-geistigen, philosophisch-wissenschaftlichen.

106. *H. D. F. Kitto:* Die Griechen. Von der Wirklichkeit eines geschichtlichen Vorbildes, Stuttgart 1957 (Frankfurt/M. 1960). .

107. *J. Stenzel:* Platon der Erzieher (1928), Darmstadt 1961, S. 237.

wurde (Philanthropen). Der ›ganzheitliche‹ Charakter von Bildung, der nicht nur die gleichmäßige Entfaltung aller »Kräfte« des einzelnen Individuums umfaßt, sondern auf alle sozialen Lebensbereiche zu beziehen ist, einschließlich des ökonomisch-politischen Bereichs im engeren Sinne, ist schließlich von *Karl Marx* wieder gesehen worden. In der gegenwärtigen Pädagogik kann der Zusammenhang von Bildung und Gesellschaft, damit auch der Zusammenhang von *Bildung* und *Herrschaft*, nicht mehr ausgeklammert werden[108].

2. Von Anfang an hat Bildung in ihrer Geschichte zweitens ein *utopisches Potential* mit sich geführt, erwachsen aus griechischen und christlichen Wurzeln. Im Gegensatz zu den Sophisten ist für *Platon* nicht der Mensch in seiner Subjektivität das Maß aller Dinge, sondern die überindividuelle rationale Ordnung des Seins. In Wissenschaft (Philosophie), Pädagogik und Politik geht es um die Erinnerung und Verwirklichung der als kosmische und als politisch-ethische Ordnung sich äußernden Wahrheit des objektiven Logos. Sie ist verborgen und gleichwohl wißbar, da der erkennende Mensch, der subjektive Logos, an ihr immer schon teilhat. Bildung erhält so einen *transzendenten* Sinn: Die Idee der »gerechten« staatlichen Ordnung und die korrespondierende Idee der »gerechten« Ordnung der Seele übersteigen prinzipiell alle ihre Erscheinungsformen und weisen utopisch über das Gegebene hinaus. Der Staat, den Platon in der Politeia beschreibt, »ist auf Erden nicht zu finden« (592a).

Die *christliche* Botschaft verkündet nun, daß das gesuchte gerechte und gute Leben durch die Gerechtigkeit und Liebe des geschichtlich in Jesus Christus sich offenbarenden Gottes gegenwärtig geworden sei und die künftige volle Verwirklichung verbürge, nicht nur im Rahmen bestimmter kultureller, religiöser oder nationaler Grenzen, sondern als Verheißung für die ganze zukünftige Menschheit. Die sich hierdurch vollziehende Dynamisierung und – im Anschluß an das Geschichtsverständnis des Alten Testaments – Vergeschichtlichung der Wahrheitssuche mit ihrem Überschuß an eschatologischem Hoffnungsglauben lebt heute in den christlichen

---

108. Vgl. u. a. *P.-M. Roeder:* Bildung und Bildungsbegriff: Sozialwissenschaftliche Ansätze der Kritik, in: *D. Goldschmidt* u. a.: Erziehungswissenschaft als Gesellschaftswissenschaft, 2. Aufl. Heidelberg 1973, S. 45 ff.; ferner *Th. W. Adorno:* Erziehung nach Auschwitz, in: Stichworte – Kritische Modelle 2, Frankfurt/M. 1969.

Kirchen und in den säkularisierten Heilsutopien marxistischer Prägung weiter.

Gespeist aus beiden Wurzeln, aus Antike und Christentum, hat auch der Bildungsgedanke fortan einen Charakter angenommen, der die Alltagswirklichkeit transzendiert. Bildungsphilosophisch gesehen, ist dies an der Entstehung und vielschichtigen Entwicklung des aus der Mystik stammenden deutschen Begriffs »Bildung« ablesbar, eine Entwicklung, die von *Meister Eckhart* bis zu *Hegel* ins Zentrum der (bildungs)philosophischen Schöpfungen des deutschen Idealismus reicht, wobei der Bildungsbegriff durch *Hegel* gerade auch in seiner »absoluten« Dimension radikal historisiert worden ist[109]. Schulgeschichtlich gesehen, spiegelt sich die transzendierende Zielrichtung darin, daß in der pädagogischen Ausformulierung des Bildungsgedankens Ende des 18. Jahrhunderts Bildung nicht bloß Schulung und Zurichtung für die Wirklichkeit, wie sie *ist*, sein sollte, sondern wie sie sein *könnte*[110]. Daß dies utopisch-transzendente Moment unter dem Begriff der Ausbildung des »Ideals« oder des »Idealischen«, vor allem in der deutschen Bildungsgeschichte des 19. Jahrhunderts, zu einer ästhetischen Absonderung von der Wirklichkeit geführt hat, die noch heute den Bildungsbegriff belastet, ist bekannt. Aber diese Absonderung ist nicht notwendig und gehört schon gar nicht zu den ursprünglichen Intentionen (siehe oben).

3. Erst die Reflexionsphilosophie der Neuzeit hat auf der Grundlage der ihrer selbst mächtig werdenden, sich emanzipierenden bürgerlichen Gruppen das dritte Moment von Bildung entfaltet: Die Frage nach dem wahren, guten und gerechten Leben, die Leitfrage jeder »Praktischen Philosophie«, kann nicht gestellt und zu beantworten gesucht werden, ohne sich dabei klarzumachen, daß es das sprach- und denkfähige *Subjekt* ist, welches so fragt und antwortet und die Wirklichkeit seinen Auffassungs- und Bewußtseinsformen gemäß wahrnimmt (*Kant*). Es ist das die Außenwelt auf sich zurückwendende und seine eigene innere Natur hierbei erschließende

109. *E. Lichtenstein:* Zur Entwicklung des Bildungsbegriffs von Meister Eckhart bis Hegel, Heidelberg 1966, S. 33.

110. Die schulgeschichtliche Bedeutung des entsprechenden pädagogischen Bildungsbegriffs beschreibt *G. Dohmen* im 2. Bd. seiner Arbeit »Bildung und Schule« (Bd. 1: Der religiöse und der organologische Bildungsbegriff, Weinheim 1964, Bd. 2: Die Entstehung des pädagogischen Bildungsbegriffs und seines Bezuges zum Schulunterricht, Weinheim 1965).

Individuum[111], es ist der *reflektierende* und *fühlende*[112], zugleich seine Umwelt selbsttätig *gestaltende* und *handelnde* Mensch, der durch den Prozeß der Bildung hervorgebracht werden soll, genauer: sich selbst hervorbringt (*Fichte*). Bildung muß fortan *reflexiv* verstanden werden; sie hebt ab auf *selbstverantwortliches* Denken und Handeln.

Der Durchbruch der neuzeitlichen Subjektivität hat selbstverständlich nicht nur ideengeschichtliche, sondern im Zusammenhang der Entstehung der bürgerlichen Klasse auch konkrete sozialgeschichtliche Ursachen[113]. Ihre Untersuchung zeigt, daß das neue Selbst-, Welt- und Erziehungsverständnis an die Erfahrungen und Interessen bestimmter *bürgerlicher* Gruppen gebunden war, allerdings von diesen als Ideal der »*Menschen*bildung«, als allgemeinmenschliche Möglichkeit verallgemeinert worden ist, ohne daß jedoch im darauffolgenden 19. Jahrhundert tatsächlich alle Glieder der Gesellschaft an dieser Möglichkeit freier Selbstbestimmung und Selbstentfaltung ideell und materiell, d. h. ökonomisch, teilnehmen konnten. Heute kann Bildung nur als reale Eröffnung der Lebens- und Bildungschancen für alle verstanden werden, nicht als Privileg bestimmter Gesellschaftsschichten. Nichtsdestoweniger verdankt sich diese oft kritisch gegen die bürgerliche Bildungstradition gewendete Grundforderung der Chancengleichheit u. a. den Freiheits- und Emanzipationsbestrebungen sowie dem neuen Subjektivitätsbewußtsein der bürgerlichen Klasse.

4. Man muß sich vor Augen halten, daß der neuzeitliche Reflexionsstandpunkt in Philosophie und Pädagogik die Erschütterung der Autorität der tradierten Weltbilder und moralischen Verhaltensmuster zum Hintergrund und zugleich zur Folge hat. Seit der Aufklärung und zumal seit der »Entstehung des Historismus« (*F. Meinecke*) ändert sich daher das Verhältnis von *Bildung und Überlie-*

---

111. Seine Natur drängt den Menschen, »beständig von sich aus zu den Gegenständen außer ihm überzugehen, und hier kommt es nun darauf an, daß er in dieser Entfremdung nicht sich selbst verliere, sondern vielmehr von allem, was er außer sich vornimmt, immer das erhellende Licht und die wohltätige Wärme in sein Inneres zurückstrahle« (*W. v. Humboldt:* Werke, hg. von *A. Flitner* u. *K. Giel*, Bd. 1, Darmstadt 1960, S. 237).

112. Vgl. bereits für den frühen Fichte *R. Preul:* Reflexion und Gefühl. Die Theologie Fichtes in seiner vorkantischen Zeit, Berlin 1969.

113. *W. Roessler:* Die Entstehung des modernen Erziehungswesens in Deutschland, Stuttgart 1961.

ferung, ohne daß jedoch die Dimension der Überlieferung als solche preisgegeben werden könnte. Wir greifen hier das vierte Merkmal von Bildung[114].

Von Anfang an hat sich der Bildungsprozeß im Medium der Tradition vollzogen. Man kennt die Rolle der mündlich erzählten Schöpfungsmythen und ätiologischen Legenden in den Erziehungsformen aller archaischen Völker, bekannt ist die Bedeutung Homers für die klassische griechische Bildung, die Rolle der Bibel für die christliche Erziehung, überhaupt die Bedeutung religiöser und nationaler Traditionen bis in die Gegenwart. Tradition begründete, bekräftigte und überhöhte die eigenen Lebensverhältnisse. Heute sind für ein kritisches historisches Bewußtsein die Bezüge zur Vergangenheit weder eindeutig noch selbstverständlich gültig. Durch künstliche Anstrengungen der Interpretation muß das Verständnis für Überlieferung immer wieder neu hergestellt werden. Hermeneutik, die Kunstlehre des Verstehens, entsteht erst, als die Traditionsbestände nicht mehr die natürlich geltende Grundlage bilden und sich von selbst verstehen; Hermeneutik ist somit in eins Ausdruck des Traditionsbruchs und des Versuchs zur Erhaltung der Traditionskontinuität. Trotz dieser völlig veränderten Situation in unserem Verhältnis zur Vergangenheit drückt sich selbst noch in der kritisch-ablehnenden Auseinandersetzung mit der Tradition das Bedürfnis aus, sich vor den gewesenen Generationen zu rechtfertigen. Prinzipiell jedenfalls ist für das reflektierende Subjekt der Überlieferungsbezug nicht aufzuheben; denn wenn die Sinn- und Wahrheitsvergewisserung als re-flexiver Vorgang verstanden werden muß, gehört zu ihm die logische *und* genetische Rückfrage, von woher der einzelne und die Gruppe die Grundlagen für jene Vergewisserung beziehen. Wir werden auf diesen für die Religionspädagogik besonders relevanten Sachverhalt noch ausführlicher zurückkommen (s. nächster Abschnitt).

5. Die prüfend-fragende Rückwendung zu dem, was in früheren Zeiten menschliches Leben motivierte und integrierte, weil es ›Sinn‹ vermittelte, ist eine Form des Gesprächs, das wir sind.

114. Vgl. vom Verf.: Bildung und Überlieferung, in: ZfPäd. 11 (1965), 4, S. 307 ff. (wiederabgedruckt in: *Ders.:* Schule und Religionsunterricht im Wandel, Heidelberg u. Düsseldorf 1971).

»Viel hat erfahren der Mensch,
der Himmlischen viele gekannt,
seit ein Gespräch wir sind
und hören können voneinander.« (*Friedrich Hölderlin*)

Es ist falsch, die reflexiven Prozesse als Prozesse eines isolierten
Individuums zu verstehen. Anthropologisch konstitutiv ist für den
Menschen nicht ein monologischer Zustand des Für-sich-Seins, son-
dern das Mit-anderen-Sein. Die persönliche Identität war Jahrhun-
derte hindurch Ergebnis der sozialen Identität der Gruppe; heute
muß sie reflexiv gewonnen werden, ist sie auf persönliche Überzeugung gegründet; gleichwohl ist sie nach wie vor von sozialer
Interaktion abhängig und auf sie bezogen. Innerhalb des sozialen
Gefüges miteinander agierend, in der sprachlichen symbolischen
Interpretation der wechselseitigen Erwartungen, definiert sich das
Ich jedes Partners (*G. H. Mead*). Ich zu sagen, selbstverantwortlich
zu werden, lernen wir, weil andere uns zuvor als Du angeredet
haben (*E. Rosenstock-Huessy*).
Menschliche Sprache existiert nur gesellschaftlich; sie ist ein soziales Phänomen. Das Vorhandensein der Sprache ist ein nicht zu
übersehender Hinweis auf die grundsätzliche Verständigungsmög-
lichkeit der Menschen, mehr noch, auf die bereits vorhandene Verständigungsgemeinschaft, die sich in der Sprachgemeinschaft äußert.
Sprache erweist eine vorhandene gemeinsame Welt. Alle reflexiven
Prozesse sind daher als *sprachlich* vermittelte Prozesse (auch wo
wir scheinbar nur mit uns selbst reden) zugleich *kommunikative
Vorgänge* im sozialen Raum. Dies ist das fünfte Moment von Bildung. – Die Bedeutung der sprachlichen und kommunikativ-sozia-
len Faktoren ist in den 20er Jahren bereits durch die Vertreter des
»Neuen Denkens« (*Eugen Rosenstock-Huessy, Martin Buber, Franz
Rosenzweig* u. a.) sichtbar gemacht worden. Pädagogisch einfluß-
reicher in dieser Hinsicht sind freilich heute die interaktionistische
Rollentheorie (*G. H. Mead* u. a.) und Formen einer »kommunikativen Ethik« und Sprachtheorie (*J. Habermas*). Auch hierauf wird
ausführlicher einzugehen sein (siehe unten 2. Kap.).
In gewisser, verallgemeinernder Weise schlägt dies letzte Grundmoment von Bildung den Kreis zurück zu dem ersten Moment, dem
politisch-gesellschaftlichen Bezug, und zwar auch gerade in der
Form, wie *Platon* diesen Bezug faßte. Es verbindet sich darum mit
Platons Auffassung politischer Bildung durch Wissenschaft, weil
dieser am Beispiel des *Sokrates* prototypisch erfahren hatte, daß der

Erkenntnisfortschritt auf den Dialog der Menschen untereinander angewiesen ist. Nach *Julius Stenzels* Deutung ist die Wissenschaft, wie Platon sie versteht, nichts anderes als die organische Fortsetzung und Steigerung dieses immer schon vorhandenen natürlichen Verständigungsprozesses in der Sprache[115].

Schon der knappe Versuch, Elemente des überkommenen europäischen Bildungsverständnisses zu umschreiben, läßt spüren, wie sehr wir im Begriff sind, uns von ihnen zu entfernen. Dabei haben wir nicht auf die landläufig bekannten Sonderentwicklungen wie das Harmonieideal der deutschen Klassik oder auf die fragwürdige Entwicklung eines verdinglichten, enzyklopädischen Verständnisses schulischer »Allgemeinbildung« im 19. Jahrhundert abgehoben. Daß diese Formen nicht mehr in unsere Zeit passen, versteht sich. Einschneidender wäre jedoch, wenn jene anderen Momente abgetan, wenn Bildung entpolitisiert und privatisiert (1), ihres die Wirklichkeit transzendierenden, utopischen Gehalts beraubt (2), in ihrer kritischen Reflexivität immer mehr eingeschränkt (3), ihres Bezuges zur Überlieferung immer mehr verlustig gehen (4) und nicht zuletzt aus ihrem Zusammenhang mit der Idee einer freien Kommunikationsgemeinschaft herausgelöst werden sollte (5).

Die These dieses III. Abschnittes des 1. Kapitels ist, daß eine solche Erosion ernsthaft droht, weil erstens bereits die allen jenen genannten Bildungsmomenten gemeinsame Spannung, die Suche nach Sinn, zunehmend durch gebrauchswertorientierte Erfüllungen ersetzt wird. Wenn in diesem Prozeß die Ansprüche auf systemkonforme Entschädigungen schneller steigen sollten als die zur Verfügung stehende Wertmasse, muß darüber hinaus, so war die Annahme im Anschluß an *Habermas*, mit Legitimationsentzug gerechnet und die Krise der Loyalitätssicherung befürchtet werden. Das überforderte Gesellschaftssystem könnte sie dadurch abzuwenden suchen, daß es schon durch die Erziehungsformen die Bedürfnisse nach kritischer Sinnsuche und uneingeschränkter Rechenschaftsabgabe austrocknen läßt, Bedürfnisse, die die subjektive Bedingung der Legitimationsforderung darstellen. Was heute in der Pädagogik und durch sie vermittelt auch in der Religionspädagogik auf dem Spiel steht, ist die Entscheidung darüber, *welchem pädagogischen Grundmuster (Bildungsmuster) der Sozialisationsvorgang folgen wird*. Wird er einem Muster folgen, das zum normativen Streit um das gerechte und gute Leben ermutigt, oder einem Sozia-

115. *J. Stenzel*, a. a. O. S. 283.

lisations- und Erziehungsmodus, der vom Ringen um die rechtfertigungsbedürftigen Normen suspendiert und der heranwachsenden Generation kritisches Fragen und Denken abgewöhnt?
Die Antwort hierauf kann nicht theoretisch ausgemacht werden, weil sie von uns selbst und unserem praktischen Handeln mit abhängt. Theoretisch abklärbar sind jedoch die Bedingungen, die jenen Erosionsprozeß aller Wahrscheinlichkeit nach begünstigen; sie sind mit den Beobachtungen zur Situation unserer Schulen zu verbinden, die sich bereits jetzt zeigen. Wir heben drei Komplexe exemplarisch heraus.

b) Die Gefährdung des Zusammenhangs von Kritik und Überlieferung. Der erste zu behandelnde Aspekt betrifft den gerade auch religionspädagogisch wichtigen Zusammenhang von Kritik und Tradition, von Reflexion und Verstehen. In den Schulsystemen der technisierten Industriestaaten tritt an die Stelle der überkommenen Bildungseinrichtungen ein *neuer Funktionstyp von Institutionen,* ein vielfältig in sich differenziertes Gebilde mit größerer Elastizität und Anpassungsfähigkeit an den gesellschaftlichen Wandel. Charakteristisch wird der Typ der Gesamtschule (comprehensive school). »Die Gesamtschule, bis auf die ›gewachsene‹ amerikanische High School das Ergebnis bewußter Innovation, fügt sich besser in die dynamische Struktur der heutigen Gesellschaft: mobil, pragmatisch, zukunftsorientiert«[116] – *nicht mehr vergangenheitsorientiert.*
Die Kraft der Lehrer wird an diesen Schulen von anderen Aufgaben in Anspruch genommen als in dem früheren Institutionstypus. Schon dem Umfang nach entstehen Systeme, die im Extremfall jeweils bis zu 10 und mehr Parallelklassen in jedem Altersjahrgang aufweisen und mehrere tausend Schüler umfassen. In sich sind diese Systeme vielfältig aufgegliedert, nach begabungsmäßig heterogen zusammengesetzten Kernkursen und mehr oder weniger homogen zusammengesetzten Fachleistungs- bzw. Niveaukursen, nach Pflichtfächern und Wahlfächern, ergänzt durch Förder- bzw. Liftkurse, um den Aufstieg zwischen den Lernniveaus zu erleichtern. Dies alles vervielfältigt erstens die *Organisations- und Verwaltungsfunktionen.*
Die mit der genannten Organisationsstruktur verbundenen Aufga-

116. *W. Edelstein:* Gesellschaftliche Motive der Schulreform, in: *A. Rang u. W. Schulz (Hg.):* Die differenzierte Gesamtschule, München 1969, S. 34.

ben lenken zweitens auch die inhaltlichen Anstrengungen in eine tendenziell andere Richtung als früher. Die Lehrer müssen sich der Individualisierung des Lernens zuwenden, den Methoden individueller Förderung, gerechterer Lenkung und Auslese, vor allem auch den neuen Problemen, die dadurch entstehen, daß Schüler aus unterschiedlichen sozio-kulturellen Herkunftsgruppen zusammen unterrichtet und Lehrer aus unterschiedlichen Ausbildungs- und Lehrtraditionen zusammenarbeiten müssen. Vom modernen Lehrer einer solchen modernen Schule werden neue Qualifikationen verlangt. Sie betreffen weniger die Sachen selbst als deren methodische Zubereitung und Vermittlung für unterschiedliche Lerngruppen. Die pädagogisierende Transformation der Sachgehalte in bestimmte Lernsequenzen mit klar definierten Lernergebnissen (Lernzieloperationalisierung) sei außerdem notwendig, so heißt es, damit im Sinne einer »rollenden Reform« auf der Grundlage der Messung des Erreichten am Erwarteten eine ständige Revision möglich werde. Zu diesem zweiten, zwar nicht völlig neuen, aber doch heute ganz anders die Aufmerksamkeit und Kapazität der Lehrer absorbierenden Bündel unterrichtlicher *Planungs- und Kontrollfunktionen* gehören auch die Überlegungen über die funktionsgerechte mediale Repräsentation, den Einsatz der verschiedenen Unterrichtsmedien, möglichst im Rahmen eines optimal wirksamen Medienverbundsystems.

Die dritte Verschiebung betrifft die Unterrichtsinhalte selbst. Schon die didaktische Entwicklung in der Bundesrepublik von den 50er zu den 60er Jahren (*Wolfgang Klafki*) hat mit der Aufstellung ausgesprochen gegenwarts- und zukunftsorientierter didaktischer Auswahlkriterien den Blick von der Vergangenheit abgelenkt[117]. Die seit Ende der 60er Jahre auch hierzulande anlaufende sog. Curriculumdiskussion sollte auf Grund des beherrschend werdenden Übergewichts zweckrationaler Strategien diesen Trend verstärken. Den Lehrern wachsen hierbei vornehmlich *Rationalisierungsfunktionen* zu. Deren »ratio« betrifft weniger die kritische Überprüfung von Lernzielen am Maßstab der gesellschaftlichen Erwartungen, individuellen Bedürfnisse und wissenschaftlichen Erfordernisse (den sog. Curriculumdeterminanten): Hier fallen die Entscheidungen

117. Vgl. bes. die Studien von *W. Klafki: Bildung und Erziehung im Spannungsfeld von Vergangenheit, Gegenwart und Zukunft* (1958) und *Didaktische Analyse als Kern der Unterrichtsvorbereitung* (1958), beide wiederabgedruckt in: *Ders.: Studien zur Bildungstheorie und Didaktik*, Weinheim 1963.

meist, bevor die Curricula an den Lehrer geraten. Wohl aber werden vom Lehrer die Fähigkeit der Lernzieloperationalisierung und taxonomischen Klassifikation, der Umgang mit lernzielorientierten Tests und ähnliche Fertigkeiten erwartet[118].

Die neuen Funktionen sind einerseits notwendig. Andererseits übertragen die Verwaltungs-, Planungs-, Kontroll- und Rationalisierungsaufgaben mit ihrer ›instrumentellen Vernunft‹ auf ihre Träger eine neue Mentalität. Sie verdrängt das Bewußtsein von der Bedeutung der Überlieferung. Angesichts der Gewalt der zeitgeschichtlichen Ereignisse und der vermeintlichen Geschichtsunbedürftigkeit der technischen Zivilisation scheint dieser Vorgang unausweichlich zu sein. Selbst für den bewußt lebenden Zeitgenossen macht die Gewalt der »selbsterlebten« Geschichte und das »Übermächtige ihrer Veränderungen« alles Frühere und Vergangene schnell vergessen, so daß »seit geraumer Zeit für uns ›Geschichte als Vollzug‹ eine Mächtigkeit hat, die ›Geschichte als Tradition‹ weit übertrifft«[119]. Außerdem ist die technische Welt von heute prinzipiell geschichtsfremd. »Turbine, Eisschrank, Radioapparat haben keine Geschichte, aber sie absorbieren die Aufmerksamkeit

118. Die Literatur zu den hier angeschnittenen Veränderungen ist unübersehbar. Zu den strukturell-organisatorischen Problemen der Gesamtschulsysteme einschließlich der Differenzierungs- und Gruppierungsfragen bieten einschlägige Textbände erste Informationen, u. a. *W. P. Teschner (Hg.):* Differenzierung und Individualisierung im Unterricht, Göttingen u. Zürich 1971; Zur neueren Gesamtschuldiskussion vgl. *W. Keim (Hg.):* Gesamtschule. Bilanz ihrer Praxis, Hamburg 1973.
Zur wachsenden Bedeutung analytischer Denkkategorien und Rationalisierungskonzepte im Rahmen einer immer stärker an empirischer Unterrichts- und Curriculumforschung orientierten Didaktik vgl. *P. Heimann, G. Otto, W. Schulz:* Unterricht – Analyse und Planung, Hannover 1965 ff., *R. Messner u. H. Rumpf (Hg.):* Didaktische Impulse. Studientexte zur Analyse von Unterricht, Wien 1971.
Kritische Untersuchungen zum Vordringen lernökonomischer Kriterien und zweckrationaler Unterrichtsmuster auf dem Hintergrund bürgerlicher Bildungsökonomie und »systemkonformer Qualifikationsplanung« liegen vor von *F. Huisken:* Zur Kritik bürgerlicher Didaktik und Bildungsökonomie, München 1972, und *E. Becker u. G. Jungblut:* Strategien der Bildungsproduktion, Frankfurt/M. 1972.
– Ausführlicher zu den didaktischen Problemen Bd. 3, Kap. 4.

119. *R. Wittram:* Das Interesse an der Geschichte, 2. Aufl., Göttingen 1963, S. 96, 110

der Menschen, die durchaus Geschichte haben, in Produktion und Benützung«[120].

Die letzte Wendung *Alexander Mitscherlichs* zeigt freilich, daß man es sich mit dem Hinweis auf vermeintliche Unabänderlichkeiten zu leicht machen würde. Zum einen sind die psychischen und sozialen Folgen des Traditionsschwundes noch nicht abzuschätzen[121]. Zum anderen bleibt der grundsätzliche *anthropologische* Sachverhalt bestehen, daß *Menschen »Geschichte haben«*. Auch die Technik ist ein geschichtliches Phänomen, nicht gleichsam ein Naturereignis[122]. Mit dem Hinweis auf menschliche Geschichte sollen darum nicht irgendwelche bereichernden Funktionen der Überlieferung museal gerettet werden. Es geht vielmehr um die *spezifisch humane* Weise, *Welt* zu haben, *»Gemeinschaft«* zu haben[123]. Was heißt das?

Beide, die »technische Praxis« des Menschen und die »soziale, moralisch relevante Praxis« sind auf *Verständigung* angewiesen; beide bleiben somit zugleich an *Überlieferung* gebunden.

»Der Mensch hat ... von Haus aus zwei gleichgewichtige, aber nicht identische, sondern komplementäre Erkenntnisinteressen: 1. ein solches, das durch die Notwendigkeit einer technischen Praxis auf Grund der Einsicht in Naturgesetze bestimmt ist, 2. ein solches, das durch die Notwendigkeit sozialer, moralisch relevanter Praxis bestimmt wird.

Das letztere ist auf die – auch von der technischen Praxis schon vorausgesetzte – Verständigung über Möglichkeit und Normen eines sinnvollen menschlichen In-der-Welt-seins gerichtet. Dieses Interesse an Sinn-Verständigung bezieht sich nicht nur auf Kommunikation unter den Zeitgenossen, sondern zugleich auf Kommunikation der Lebenden mit den vergangenen Geschlechtern in der Weise der Traditionsvermittlung. Erst durch diese Traditionsvermittlung erreicht ja der Mensch jene Akkumu-

120. *A. Mitscherlich:* Auf dem Wege zur vaterlosen Gesellschaft, München 1963, S. 180.
121. »Wir wissen heute noch keineswegs die psychischen und sozialen Folgen jenes Traditionsverzichts einzuschätzen, der gleichwohl unerbittlich ist, wenn die aus statischen Weltverhältnissen überkommenen Traditionen eine im Wandel begriffene Welt nicht um ihr geistiges Entfaltungspotential bringen sollen« (*W. Edelstein*, a. a. O. (Anm. 116) S. 34 f.); ferner *A. Mitscherlich:* Pubertät und Tradition, in: *L. v. Friedeburg (Hg.):* Die Jugend in der modernen Gesellschaft, Köln u. Berlin 1965, S. 288 ff.
122. *G. Picht:* Technik und Überlieferung, Hamburg 1959.
123. Zum folgenden vgl. auch die oben bereits skizzierten Grundmomente von »Bildung«, bes. das dritte, vierte und fünfte Moment.

lation von technischem Wissen und jene Vertiefung und Bereicherung seines Wissens um mögliche Sinn-Motivation, die ihm seine Überlegenheit über die Tiere verleiht.«[124]

Nicht nur die soziale und politische Praxis – dies ist selbstverständlich –, auch die technische Praxis setzt Verständigung voraus. Technische Regeln, konstruiert nach der Denkfigur von Wenn-Dann-Aussagen, mögen als solche sich selbst genügen; daß sie und nicht andere Regeln *gelten* sollen, bedarf jedoch einer vorgängigen Verständigung. Oder anders gesagt: Technische Regeln, die neben dem Produktionsbereich heute auch im Reproduktionsbereich, nämlich wie gezeigt im Bildungswesen das Feld besetzen und die Denkformen ›ökonomisieren‹ und ›rationalisieren‹ (siehe oben S. 60 ff. und S. 89 f.), »verkörpern empirische Annahmen, die Wahrheitsansprüche, d. h. diskursiv einlösbare und grundsätzlich kritisierbare Geltungsansprüche implizieren«[125]. Im Unterschied zu tierischen Intelligenzleistungen sieht ähnlich wie *Karl-Otto Apel* auch *Jürgen Habermas* »eine spezifische Leistung gesellschaftlicher Systeme darin, daß diese ihre Kontrolle über die äußere Natur durch des Medium *wahrheitsfähiger Äußerungen* erweitern«, ebenso wie sich die Vergesellschaftung der inneren Natur in sozialen Systemen mit Hilfe normativer Strukturen, nämlich »durch das Medium *rechtfertigungsbedürftiger* Normen« vollzieht[126].
Zwar kann die soziale Integration des Menschen innerhalb der gesellschaftlichen Verbände über so stark unterdrückende Sozialisationsmechanismen ablaufen, daß dem einzelnen die Rechtfertigungsbedürftigkeit der geltend gemachten sozialen und politischen Normen nicht bewußt wird, damit auch nicht die Notwendigkeit, die Geltungsansprüche diskursiv durch Verständigung einzulösen. Diese faktische Unterdrückung ändert jedoch weder etwas an dem grundsätzlichen anthropologischen Sachverhalt, daß der Mensch in anderer Weise »sozial« ist als das Tier, nämlich einem sprachlich-symbolischen Verständigungszusammenhang angehört (siehe oben), noch an dem historischen Recht der mit den Begriffen der Rechtfertigung (Legitimation) und Verständigung gesetzten kritischen Forderung. Der schon für das antike Bewußtsein und damit für die älteste Schicht des Bildungsgedankens zentrale sokratisch-

124. *K.-O. Apel*: Szientistik, Hermeneutik, Ideologiekritik, in: *K.-O. Apel u. a.*: Hermeneutik und Ideologiekritik, Frankfurt/M. 1971, S. 26 f.
125. *J. Habermas*: Legitimationsprobleme im Spätkapitalismus, Frankfurt/M. 1973, S. 20 f.
126. A. a. O. S. 21.

platonische Gedanke, sich über die Gründe seines Denkens und Handelns Rechenschaft abzugeben, erst recht der nachaufklärerische Reflexionszwang des neuzeitlichen Subjekts, eines der wesentlichen Momente der Bildungsphilosophie in der Epoche des Idealismus (zu beiden Aspekten vergleiche den bildungsgeschichtlichen Exkurs), können nicht mehr beliebig abgeschüttelt werden, jedenfalls so lange nicht, bis neue Generationen es systematisch verlernt haben, zurückzufragen und sich re-flexiv zu verhalten.

Was hat nun die Rechtfertigung der Handlungsnormen mit der Tradition zu tun? Hat sich nicht gerade kraft der kritischen Reflexion des nachaufklärerischen Vernunftmenschen der entscheidende Traditionsbruch vollzogen? Die Diskussion, die sich in den letzten Jahren an dem Buch von *Hans-Georg Gadamer* über »Wahrheit und Methode« entzündet hat, hat beides erhellt: zum einen die Zerstörbarkeit von ›objektiv‹ gültigen Traditionen durch reflexive, d. h. jene Ordnungen auf ›subjektive‹ Setzungen zurückführende Kritik (gegen den universalhermeneutischen Optimismus Gadamers), zum anderen jedoch ebenso den Umstand (Gadamer zustimmend), daß »Kritik an den Überlieferungszusammenhang, den sie reflektiert, gebunden« bleibt[127].

Damit ist keine volle Zustimmung zu der von Gadamer vertretenen Einschätzung der Überlieferung ausgesprochen. Da sich für Gadamer das Sein als Sprache offenbart, mithin auch die Wahrheit des Seins als Sprache auf uns zukommt, wird für ihn das Verstehen, die hermeneutische Bemühung, zum Zugang zur Wahrheit schlechthin. Das Einbezogensein des Menschen in den sprachlichen Überlieferungszusammenhang hat folglich den Primat vor aufklärerischer Kritik und überhaupt jeder »Methode«, die sich erst nachträglich der ursprünglichen »Begegnung« von »Wahrheit« im Überlieferungsgeschehen zuwendet. »Wir sind als Verstehende in ein Wahrheitsgeschehen einbezogen und kommen gleichsam zu spät, wenn wir wissen wollen, was wir glauben sollen.«[128] Dies hermeneutische Vertrauen ist jedoch schwer haltbar; es übersieht »die Zweideutigkeit der hermeneutischen Erfahrung« (*Claus v. Bormann*); »denn die Sprache wird wohl gebildet von Vernunft, aber auch von Irrtum, bewußter und unbewußter Verstellung«[129].

127. *J. Habermas*: Der Universalitätsanspruch der Hermeneutik, in: *K.-O. Apel u. a.*, a. a. O. S. 158.
128. *H.-G. Gadamer*: Wahrheit und Methode, 2. Aufl., Tübingen 1965, S. 465, zit. n. *C. v. Bormann*: Die Zweideutigkeit der hermeneutischen Erfahrung, in: *K.-O. Apel u. a.*, a. a. O. S. 112.
129. *C. v. Bormann*, a. a. O. S. 115.

Die angedeutete Einschränkung ist folgenreich, da die Analyse der Gründe für die Verzerrung sprachlicher Kommunikation auf konkrete politische und geistige Unterdrückungsstrukturen verweist, mithin erneut an den in diesem Kapitel zur Rede stehenden Zusammenhang bildungstheoretischer und gesellschaftlicher Faktoren erinnert. Jede auch nur im Ansatz ästhetisierende Verselbständigung des sprachlich-kulturellen Lebensbereichs ist damit bedenklich. Folglich verbietet sich auch die Verselbständigung und Verklärung der Vergangenheit. Längst ist auch die Interdependenz des kulturellen Bereichs einer Gesellschaft mit den sozialen, wirtschaftlichen und politischen Strukturen dieser Gesellschaft bewußt geworden. Die Traditionen – auch die des Christentums – müssen sich daher die Prüfung durch die historisch-kritische und durch die praktische Vernunft gefallen lassen (vgl. Bd. 2, 2. Kap., bes. II 3). Der elementare Grundsachverhalt bleibt dennoch gültig: Die konstituierenden Bedingungen für menschliche Verständigung sind sowohl *Reflexivität und kritischer Diskurs*, die aufklärerischen Momente im Bildungsverständnis, als auch *Interpretation und Verstehen*, die ursprünglich humanistischen Momente, die aber über einen engen Begriff von humanistischer Philologie und Bildung weit hinausreichen. Jede Verständigung setzt Verstehen voraus und bleibt damit an den geschichtlichen Überlieferungsprozeß gebunden, der – unbeschadet aller Traditionserschütterungen und noch durch alle Umbildungen hindurch – von einer Generation zur anderen die Verstehenskategorien und Verständigungsmuster weiterreicht und so der Reflexion nicht zuletzt den Rückbezug auf den utopischen Gehalt der Geschichte offenhält (siehe oben das utopisch-transzendente Grundmoment von Bildung).

Das »Vertrauen in die angebliche Autonomie der geschichtslosen Vernunft« ist geschwunden. Gerade Vertreter der praktischen Philosophie der Gegenwart, die den Prozeß der Aufklärung fortsetzen wollen, heben hervor, daß die Begründung von Handlungszielen und Entscheidungskriterien »ohne kritische Erinnerung an bestimmte Überlieferungen der Menschheit immer schwieriger wird«. Hierzu zählt für sie wesentlich auch die »kritische Erinnerung an die ›fundamentalen Schichten der Identitätssicherung‹, die durch die Bibel und die jüdisch-christliche Überlieferung gegeben sind«[129a].

129a. W. *Oelmüller:* Praktische Philosophie im Prozeß der Aufklärung, in: *Ders.,* Fortschritt wohin? Zum Problem der Normenfindung in

Kritische Reflexivität kann nicht gegen den Überlieferungsbezug ausgespielt werden. Traditionsbindung kann umgekehrt kein Vorbehalt gegen kritische Prüfung sein. Beides gehört zusammen für eine pädagogische und religionspädagogische Konzeption, der es zugleich an der befreienden, emanzipatorischen Kraft von Erziehung und Bildung und an den Voraussetzungen einer auf Verständigung beruhenden gemeinsamen öffentlichen Kultur gelegen ist. Die Ausführungen dieses und des folgenden Teilbandes, die der pädagogischen und religionspädagogischen Kriterienproblematik gelten, werden jenen *Zusammenhang* von »Freiheit« und »Gemeinschaft« schrittweise immer deutlicher zu Bewußtsein zu bringen versuchen.

c) Schulisches Rollenritual und Unterdrückung lebensgeschichtlicher Erfahrung. Die Schwächung des allgemeinen Geschichtsbewußtseins und folglich ebenso die Schwächung der Rückbindung der Reflexion an den Überlieferungsraum und utopischen Gehalt der Tradition findet im *Verlust der lebensgeschichtlichen Reflexion* ihre Entsprechung. Der Mensch könnte nicht nur den Rückbezug auf vergangene Zeiten, er könnte auch die Rückwendung auf seine eigene Lebenszeit verlernen. Bricht dort das Gespräch mit den früheren Generationen ab, so hier das Gespräch mit sich selbst. Im stets neuen Prozeß der Erinnerung, Auseinandersetzung und veränderten Annahme der eigenen Lebensgeschichte aber bildet und erneuert sich die Identität des einzelnen.

Ohne hier bereits auf die Identitätsproblematik näher einzugehen (vgl. Bd. 2, 2. Kap. II 1) sei schon angedeutet, daß sich der Vorgang der Identitätsfindung und -sicherung in zwei Dimensionen vollzieht. Er hat eine *soziale Dimension*, die das Verhältnis des Ich zu seinen sozialen Bezugsgruppen und die Ausbildung der »personalen Identität« im Zusammenhang der Ausbildung der »sozialen Identität« betrifft, und *in* dieser sozialen zugleich eine *zeitliche Dimension*: Das Ich vergewissert sich durch *Erinnerung* und *Antizipation.* Besonders für den Jugendlichen wird es wärend der Adoleszenz wichtig, die früheren Kindheitsidentifikationen mit Hilfe

der pluralen Gesellschaft, Düsseldorf 1972, S. 121 f., 127. Vgl. ferner die einschlägigen Abhandlungen in *P. Biehl u. H.-B. Kaufmann (Hg.): Zum Verhältnis von Emanzipation und Tradition. Elemente einer religionspädagogischen Theorie,* Frankfurt/M. 1975 (dieser Band erschien nach Abschluß des Mskr.).

neuer Identifikationsmuster einzugliedern und so sich selbst gleichsam ›einzuholen‹. Diese Rückwendung ist in eins ein Blick nach
vorn, Erinnerung und Antizipation sind verbunden; denn es kommt
darauf an, im Übergang zum Erwachsenenalter eine dauerhafte,
Befriedigung versprechende Berufs- und Lebensperspektive zu finden. »Der Jugendliche oder doch mancher Jugendliche braucht vielleicht um jeden Preis eine Zukunftsaussicht mit einer Perspektive,
die seinen Energieeinsatz lohnt.«[130] Ideologien (Religionen, Weltanschauungen), die Lebenserfüllung verheißende Zeitperspektiven
und Zukunftserwartungen enthalten, sind nach *E. H. Erikson* geradezu »eine Notwendigkeit für das heranwachsende Ich, das in der
Kette der Generationen steht und in der Adoleszenz eine neue Synthese von Vergangenheit und Zukunft finden muß, eine Synthese,
die die Vergangenheit einschließt, aber sie auch transzendiert –
ebenso wie es die Identität tut.«[131]
Lebensgeschichtliche Reflexion hat somit in ihrer zeitlichen Er-
streckung einen doppelten Aspekt, sie ist *erinnernd-reflexiv* bezogen auf die zurückliegenden Erfahrungen, *antizipatorisch-reflexiv*
auf die vorausliegenden. Auch dies Zweite ist ein reflexiver Akt,
denn wie auf eine bereits vollzogene Handlung kann sich das Ich
auf eine noch ausstehende, aber in Gedanken vorweggenommene,
›zurückbeziehen‹. Die in diesem III. Abschnitt des 1. Kapitels be-
handelte reflexive Grundstruktur des Bildungsprozesses und ihre
Krise wird damit von einer neuen Seite her deutlich: Der bereits
beschriebene allgemeine Zusammenhang von Reflexivität und Überlieferung kehrt als besonderer lebensgeschichtlicher Zusammenhang wieder, auch hinsichtlich der Bedeutung des utopisch-transzendenten Moments von Bildung.
Fragt man von hier aus, wie unsere Schulen die soziale und die
zeitliche Dimension berücksichtigen, darf man sagen, daß das ge-
wöhnliche schulische Lernen wenig darauf angelegt ist, daß der
Heranwachsende die anderen und sich selbst kennenlernt. Die individuellen (und immer zugleich sozialen) lebensgeschichtlichen
Erfahrungen der Kinder werden vor allem in den weiterführenden
Schulen kaum in den Unterricht eingebracht (zeitliche Dimension).
Der kollektive und kompetitive Charakter schulischen Lernens un-
terdrückt ferner die Erfahrung solidarischer Beziehung, da alles
Lernen nahezu vollständig durch das Prinzip der Konkurrenz regu-

130. *E. H. Erikson:* Identität und Lebenszyklus, Frankfurt/M. 1973, S. 181.
131. A. a. O. S. 181 f.

liert wird (soziale Dimension). Zu beiden Aspekten einige Verdeutlichungen.

1. Alle Schulen sind heute gehalten, das Lernen zu *individualisieren*. Bildungsreformprogramme verlangen außerdem, mehr Gelegenheiten zu *»lebenslangem Lernen«* (permanent education) zu schaffen[132]. Beides könnte den Prozeß der Entdeckung der eigenen Möglichkeiten und die lebensgeschichtliche Integration der eigenen Erfahrungen fördern. Zur reflektierten Verarbeitung der eigenen Lebens- und Berufserfahrungen wie umgekehrt zur lebens- und berufsbezogenen Aneignung theoretischen Wissens könnten außerdem jene Vorschläge dienen, die für die Zeit nach Ableistung der Schulpflicht einen *periodischen Wechsel von Ausbildung* (bzw. Fortbildung) *und Praxis vorsehen* (recurrent education)[133]. Zweifellos liegen hier wichtige Ansätze vor, Bildung als reflexiven, praxisbezogenen und lebensgeschichtlich bedeutsamen Prozeß zu ermöglichen. Im Schulalltag der normalen Schule sind jedoch bislang nahezu alle Maßnahmen der Individualisierung – sofern es sie überhaupt gibt – unerbittlich an das *System überindividueller Leistungsmessung* und *Pensenerfüllung* gebunden. Für die berufliche Ausbildung, Fort- und Weiterbildung und selbst auch für die Erwachsenenbildung im engeren Sinne (Volkshochschulen usw.) gilt dies mehr oder weniger ebenfalls. Hinzu tritt der beherrschende Einfluß der beruflichen Statusfragen. Hierdurch werden jene Reformen, auch im Bereich der Erwachsenenbildung, zumindest ambivalent.

2. Noch ist die Schule in erster Linie eine Unterrichtsanstalt der Wissensvermittlung, kein »Erfahrungsraum«[134]. Im Zeichen der umfassenden Wissenschaftsorientierung dominieren in allen Schulformen stärker als früher *objektivierende Wissenschaftsmethoden* unter Vernachlässigung der *vorwissenschaftlichen Erfahrungen der Kinder*, obwohl selbst in den Naturwissenschaften und in der Mathematik die Kinder ihren eigenen, lebensgeschichtlich bedeutsa-

---

132. Zu beidem: Deutscher Bildungsrat. Empfehlungen der Bildungskommission, Strukturplan für das Bildungswesen, Stuttgart 1970.

133. Zentrum für Bildungsforschung und Innovation (CERI) der OECD: Recurrent Education: A Strategy for Lifelong learning. A Clarifying Report (Paris 23. 1. 73), (dt. Ausbildung und Praxis im periodischen Wechsel, hg. vom Sekretariat der Ständigen Konferenz der Kultusminister, Bonn-Bad Godesberg).

134. *H. v. Hentig:* Schule als Erfahrungsraum? Einübung im Konkretisieren einer pädagogischen Idee, Stuttgart 1973.

men, vorwissenschaftlichen Weg zur Physik, zur Astronomie, Chemie, Biologie usw. gehen[135].

Noch wichtiger als die naturwissenschaftlichen Vorerfahrungen sind die vor- und außerschulischen *sozialen* Erfahrungen des Kindes, einschließlich der *religiösen*. Das Kind und der Jugendliche brauchen Hilfe, um die eigene Lebensgeschichte zu begreifen und bedrückende Erfahrungen aussprechen und klären zu können. In Band 2 wird die erste religionspädagogische Grundaufgabe im Sinne einer lebensbegleitenden erfahrungsnahen Identitätshilfe hieran anknüpfen (2. Kap. II 1). In ihrer gegenwärtigen Struktur und inneren Ausrichtung sind die Schulen jedoch ziemlich weit davon entfernt, die Kinder so lernen zu lassen, daß diese das Lernen als persönlich relevant erfahren. Als Orte institutionalisierten, kollektiven, auf Leistungsabschlüsse bezogenen Lernens dominiert in unseren Schulen die *Vorbereitung für die Übernahme gesellschaftlicher Grundrollen* (leistungs- und statusorientierte Berufsrollen, Konsumrollen, Rolle des politisch verantwortungsbereiten, loyalen Bürgers). Es sind generelle Rollen, die den einzelnen übergreifen und trotz bzw. gerade wegen ihrer abstrakten Allgemeinheit das Subjekt nicht in seiner Ganzheit, sondern nur partikular betreffen.

3. *Ivan Illich* und andere haben den ›rituellen‹ Charakter der Vorbereitung auf diese Rollen beschrieben[136]. Über die Wirkung ihrer Unterrichts*inhalte* hinaus wirkt die Schule als *Institution* durch ihre ritualisierte *Form*. »Die Einweisung in dieses spielerische Ritual ist wesentlich wichtiger als das, was gelehrt wird oder wie es gelehrt wird. Es ist das Spiel selbst, das schult, das einem ins Blut geht und eine Gewohnheit wird.« Daß persönlicher Fortschritt, daß menschliches Wachstum von der Teilhabe an genau geregeltem und geplantem institutionalisiertem Lernen abhängt, ist die erste Gewohnheit, die in Fleisch und Blut übergeht. Weltweit setzen die entwickelten und – ihnen nachfolgend – die unterentwickelten Na-

---

135. Hierfür sind vor allem die zahlreichen Beobachtungen *Martin Wagenscheins* ein beredtes Zeugnis, vgl. zuletzt *M. Wagenschein, A. Banholzer, S. Thiel:* Kinder auf dem Wege zur Physik, Stuttgart 1973.

136. *I. Illich:* Entschulung der Gesellschaft, München 1971; *ders.:* Schule – Ritual des Fortschritts, in: betrifft: erziehung 4 (1971), 3, S. 19 ff.; die folgenden Illich-Zitate sind dem Aufsatz aus dieser Zeitschrift entnommen. Vgl. ferner *F. Wellendorf:* Schulische Sozialisation und Identität, Weinheim u. Basel 1973.

tionen ihre Hoffnungen auf Schulen. Illich hält dies für verhängnisvoll; denn »das meiste Lernen resultiert nicht aus dem Unterricht. Es ist vielmehr das Resultat der ungehinderten Teilnahme an relevanter Umgebung. Die meisten Leute lernen am besten dadurch, daß sie ›dabei sind‹. Nun bringt sie die Schule dazu, ihr persönliches und kognitives Wachstum mit der sorgfältigen Planung und Manipulation zu identifizieren.«

Der Glaube an die Fruchtbarkeit institutionalisierten schulischen Lernens ist so stark wie ein »Mythos«. Als erstes vermittelt die Schule darum nach Illich den Glauben an sich selbst, den »*Mythos der institutionalisierten Werte*«. Eng mit ihm verbunden überträgt die Schule zweitens den »*Mythos der Messung der Werte*«. Die Schule führt junge Menschen in eine Welt ein, in der alles abgewogen werden kann einschließlich ihrer Vorstellungen und tatsächlich selbst der Mensch. Sie »gibt vor, das Lernen in verschiedene Lehrstoffe zu unterteilen, um in den Schüler ein Pensum vorgefertigter Blöcke einbauen und das Resultat an einer internationalen Skala ablesen zu können.« Der dritte rituell übermittelte Mythos, der »*Mythos der Verpackung der Werte*«, wird eingespielt, indem sich der Schüler daran gewöhnt, daß alle Lerninhalte und Lernmaterialien künstlich präpariert an ihn zum Konsum verteilt werden.

Die Brücke zu der gesellschaftstheoretischen Hypothese dieses dritten Abschnitts schlägt die Einsicht, daß die schulischen Sozialisationsvorgänge Denk- und Verhaltensformen vorbereiten, die in der Gesellschaft erwünscht sein könnten. Dies gilt nach Illich für alle drei genannten Grundrituale.

Erstens für die Erfahrung, Objekt von Planung zu sein. »Wenn junge Menschen ihre Vorstellungen durch Lehrplanunterweisung haben prägen lassen, sind sie für jedwede institutionelle Planung konditioniert.« — Es betrifft zweitens die Erfahrung, Objekt von ständigen Prüfungen und Messungen zu sein, bei denen nicht selbstgesetzte, sondern von außen herangetragene Maßstäbe angewendet werden. »Männer und Frauen, die das Maß ihres persönlichen Wachstums den Standards anderer unterwerfen, wenden bald diesen Maßstab auf sich selbst an. Sie brauchen nicht länger an ihren Platz gestellt zu werden, denn sie stellen sich selbst an den zugewiesenen Flecken, quetschen sich in das Loch, das zu suchen ihnen beigebracht wurde und in eben diesem Prozeß stellen sie auch ihre werten Mitmenschen an ihren Platz, bis alles und jeder paßt.« — Drittens prägt die Schule der jungen Generation die Überzeugung ein, daß es auf Einfügung in ein vorgegebenes Wettbewerbssystem ankomme, für das bereits die erbrachte schulische Leistung der wichtigste Regulator sei.

Die Jugendlichen machen über einen Zeitraum von 8–13 Jahren die ständige Erfahrung, Objekte zu sein. Kurz: Stets wird die Lernsituation einseitig oder zumindest überwiegend vom Lehrer allein ›definiert‹. Was ist das Ergebnis? Die Schüler lernen nach einem *amtlichen* und einem »*heimlichen Lehrplan*« (hidden curriculum)[137]. Nach dem ersten lernen sie Lesen, Schreiben, Rechnen und anderes. Nach dem zweiten lernen sie ›wichtige‹ soziale Haltungen; sie lernen:

- widerspruchslos zufrieden zu sein, obwohl ihre sozialen Erwartungen und emotionalen Bedürfnisse unterdrückt werden,
- ohne viel zu fragen, Informationen, Werte und Handlungsmuster anzunehmen,
- zu akzeptieren, daß es eine hierarchische Unterordnung gibt,
- Masken zu tragen und Techniken der Verschleierung zu erfinden (z. B.: »Interessiert zum Lehrer zu blicken, und bei passender Gelegenheit die Stirn gedankenvoll in Falten zu legen – auch wenn man mit seinen Gedanken kilometerweit weg ist« *(Ph. W. Jackson)*,
- geduldig zu sein (was eine Tugend sein mag) und zu resignieren (was sicherlich verhängnisvoll ist),
- sich erfolgreich an die Macht anzupassen, damit man später selbst Machtpositionen übernehmen kann usw.

Die Schüler lernen, »die Schule zu überleben« *(James Herndon)*[138], d. h. *entfremdetes Lernen zu überleben.* Man ist wiederum versucht, ironisch zu fragen, ob nicht einige dieser Lernergebnisse sehr gut in ein gesellschaftliches System (möglicherweise auch in ein kirchliches System) passen, das anpassungsfähige und wenig störende Mitglieder wünscht. Im Grunde wird jedoch hierdurch wahres Lernen pervertiert. Weder Schüler noch Lehrer, beide sind Gefangene der Institution, erfahren, was *befreiendes* Lernen, und das ist *gemeinsames* Lernen, sein könnte, Lernen in der Perspektive der Thematik von Nairobi. An diesem Lernverständnis wird sich unser Entwurf fundamental orientieren. In diesem Lernen wird die Lernsituation durch beide definiert, durch Lehrer und Schüler. In diesem Lernen werden normativ orientierte Fragen, die auf persönliche Probleme und auf den Sinn gesellschaftlicher Werte gerichtet sind, nicht verschüttet. Weniger als bisher werden jetzt auch die oft

137. Vgl. hierzu die Auszüge aus den Arbeiten von *Ph. W. Jackson, J. Henry, N. Postman / Ch. Weingartner* und *F. Wellendorf,* in: betrifft: erziehung 6 (1973), 5, S. 16 ff.
138. *J. Herndon:* Die Schule überleben, Stuttgart 1972.

unbewußten emotionalen und sozialen Bedürfnisse verdrängt werden können. Demgegenüber verraten im gegenwärtigen Schulalltag die Abwehrreaktionen der Schüler (siehe das Hidden Curriculum und die symptomatische Bedeutung der Disziplinkonflikte), daß die rational planende schulische Verfügung über das persönliche Wachstum und über das Bedürfnis nach sozialen Beziehungen nicht gelingt.

d) *Demokratisierungskonzepte zwischen depolitisiertem Rückzug und politisiertem Aktionismus.* Die Steuerungsprobleme komplexer Industriestaaten und die Widersprüche, in die sich hierbei kapitalistisch organisierte Demokratien verwickeln, können verschiedene Formen gesellschaftlicher Krisen hervorrufen. Die folgenreichste ist die Legitimations- und Motivationskrise: Die Glieder der Gesellschaft verweigern dem Staat ihre Loyalität. Diese Krise droht bereits, wenn der Staat im Rahmen seiner finanziellen Verfügungsmittel die materiellen Bedürfnisse nicht mehr hinreichend befriedigen kann. Sie greift noch tiefer, wenn sich das ideelle Potential erschöpft, das bis dahin die Sinnbedürfnisse der Glieder der Gesellschaft abdecken konnte, es sei denn, die Sinnbedürftigkeit stirbt ihrerseits ab und es werden Lebensgewohnheiten selbstverständlich, die nicht mehr durch das Verlangen nach Legitimation der Handlungsnormen produktiv beunruhigt werden.

Neben der Schwächung der »kritischen Reflexivität«, einmal in ihrem Zusammenhang zur »Überlieferung« und zum utopisch-transzendenten Gehalt der »Geschichte«, zum anderen in ihrem Zusammenhang zur eigenen »Lebensgeschichte« (siehe oben die Abschnitte b und c), ist *Depolitisierung* die dritte Bedingung, unter der der Legitimationsdruck entfallen und sich die Rücksichtnahme auf demokratische Teilhabe erledigen würde. Es sei daran erinnert, daß der politische Verantwortungs- und Handlungshorizont im obigen bildungsgeschichtlichen Rückblick (vgl. S. 81 ff.) das erste Grundmoment des Bildungsverständnisses darstellte. Alles bisher Gesagte wäre mißverstanden, wenn man es auf den kulturellen Bereich beschränkt und nicht in seiner politischen Bedeutung sehen wollte.

Wie ist unsere pädagogische Situation in dieser Hinsicht zu charakterisieren? Beispiele können zeigen, daß einerseits langwierige demokratische Meinungsbildungsprozesse und Entscheidungsprozeduren für eine rationelle Schulreform zu risikoreich, zu aufwendig und im ganzen folglich dysfunktional sind[139]. Andererseits verstärkt sich der Druck, Bildungs*planung* als *Gesellschafts*aufgabe zu verstehen: Der Wille zur Teilhabe an Entscheidungen ist stärker geworden, parallel mit ihm aber auch der Widerstand dagegen[140]. Seit längerem gibt es eine Linie in der schulrechtlichen Diskussion, die die Schule nicht primär als staatliche Institution, sondern als »Veranstaltung der Gesellschaft« versteht[141]. Aber auch wenn man dieser Orientierung nicht folgen sollte, so verdienen doch die gründlichen juristischen und pädagogischen Überlegungen alle Aufmerksamkeit, die der Frage gewidmet worden sind, wie der Schule – unbeschadet der staatlichen Aufsicht – eine größere pädagogische Freiheit verschafft werden könnte[142]. In zwei Gutachten hat jüngst auch die Bildungskommission des Deutschen Bildungsrats das Problem der »verstärkten Selbständigkeit der Schule und Partizipation der Lehrer, Schüler und Eltern« sowie die Reform der

139. Ein gut belegtes Beispiel ist der Weg der Revision der Lehrpläne für die Sekundarstufe I in Hessen. Er illustriert die Schwierigkeiten, eine größere Zahl von Praktikern (Lehrern, Fachdidaktikern u. a.) an den curricularen Planungs- und Entscheidungsprozessen zu beteiligen (vgl. bes. das Schicksal der sog. »Großen Kommission«); hierzu: *H. Becker, P. Bonn, N. Groddeck:* Demokratisierung als Ideologie, in: betrifft: erziehung 5 (1972), 8, S. 19 ff.

140. Vgl. vom Verf.: Bildungsplanung als Gesellschaftsaufgabe, in: Tutzinger Texte, Nr. 11, München 1973, S. 117 ff. – Im öffentlichen Leben einschließlich des Bildungsbereichs zeigt sich der verstärkte Wille zu politischer Mitverantwortung u. a. in der bemerkenswerten Zunahme sog. »Bürgerinitiativen«, wie unterschiedlich man sie auch bewerten mag: »Bürgerinitiativen sind *Bürger*initiativen«, stellt *M. Baethge* im Blick auf die ober- und mittelschichtspezifischen Voraussetzungen und Interessenlagen der bekanntgewordenen Initiativen fest (vgl. betrifft: erziehung 5 (1972), 12, S. 24 f.). Einen Erfahrungsbericht geben ferner: *P. Büchner, U. Scheffer, B. Schrey:* Bürgerinitiativen im Ausbildungssektor, ebd. S. 19 ff.; siehe auch *H. Grossmann (Hg.):* Bürgerinitiativen – Schritte zur Veränderung? Frankfurt/M. u. Hamburg 1971; *P. Büchner:* Schulreform durch Bürgerinitiativen, München 1972.

141. *R. P. Callies:* Schule als Veranstaltung der Gesellschaft, in: EvKomm. 2 (1969), 7, S. 378 ff.

142. *M. Stock:* Pädagogische Freiheit und politischer Auftrag der Schule. Rechtsfragen emanzipatorischer Schulverfassung, Heidelberg 1971 (Pädagogische Forschungen, Veröffentlichungen des Comenius-Instituts Bd. 48).

Schul- und Bildungsverwaltung überhaupt in Angriff genommen[143]. Kühn ist auch der hierher gehörige Gedanke der »Projektgruppe Organisation der Curriculumentwicklung«, die Bundesrepublik mit einem Netz von sog. »Regionalen Pädagogischen Zentren« zu überziehen. In ihnen soll unter stärkerer Beteiligung von Lehrern in Zusammenarbeit von Praktikern, Wissenschaftlern und Schulverwaltungsbeamten das Verhältnis von Praxis, Wissenschaft und Verwaltung neu strukturiert werden[144]. Gleichwohl ist vor jedem Optimismus zu warnen. Im ganzen überwiegen in der Bildungsreform der Bundesrepublik depolitisierte und resignative Haltungen: das Gefühl der Überforderung, der Gestus des Sich-Abfindens und resignativer Rückzug bei den Lehrern, die Beschränkung auf das mehr oder weniger private Interesse am schulischen Fortkommen des eigenen Kindes bei den Eltern.

Einseitige politisierte Reaktionen – bei Studentengruppen, auch Lehrern – bilden hierzu zum Teil nur das Gegenstück. Politisierung überwindet nicht Depolitisierung, wenn damit agitatorische Überredung und Manipulation der Schüler gemeint ist. Ein depolitisiertes Bewußtsein, das unfrei ist, weil ihm nicht mehr ermöglicht wird, in Alternativen zu denken, darf nicht durch ein politisiertes Bewußtsein »befreit« werden, das nur eine Alternative zu denken erlaubt. Beide, *allgemeine Depolitisierung* und *einseitige Politisierung*, sind vielmehr Symptome der politischen Regenerierungsschwäche und mangelnden gesellschafts- und bildungspolitischen Öffentlichkeit im ganzen: Sie sind *Ausdruck der Entmutigung* und das Gegenteil konstruktiver demokratischer Teilhabe.

Die zurückgelegte Strecke des Eröffnungskapitels hat jeweils von

143. Deutscher Bildungsrat. Empfehlungen der Bildungskommission: »Zur Reform von Organisation und Verwaltung im Bildungswesen. Teil I: Verstärkte Selbständigkeit der Schule und Partizipation der Lehrer, Schüler und Eltern« vom 4. 3. 1973 (als Buch: Stuttgart 1973); siehe ferner den Bericht der Bildungskommission zur Reform von Organisation und Verwaltung: Fragen einer ziel- und programmorientierten Schulverwaltung unter besonderer Berücksichtigung des Ministerialbereichs, vom 13./14. Februar 1974 (Manuskriptdruck). – Ferner: *D. Goldschmidt (Hg.)*: Demokratisierung und Mitwirkung in Schule und Hochschule, Braunschweig 1973.

144. *S. Gerbaulet u. a.*: Schulnahe Curriculumentwicklung. Ein Vorschlag zur Errichtung regionaler pädagogischer Zentren mit Analysen über Innovationsprobleme in den USA, England und Schweden, Stuttgart 1972.

gesellschaftstheoretischen Vorerwägungen zu bildungspolitischen bzw. pädagogischen Begleitproblemen geführt. Die Rückfragen, die im Gefolge der dritten Eingangshypothese zu stellen waren, sind besonders bedrückend. Wie man spürt, haben sie zugleich eine *hohe Affinität zu den zentralen Fragen der religiösen Erziehung.* In dieser Religionspädagogik soll ein Weg beschritten werden, der nach einer selbstkritischen Rückfrage nach dem bisher verfolgten und weiterzuverfolgenden Freiheits- und Emanzipationsverständnis (2. Kapitel) im Sinne eines doppelseitigen korrespondierenden Verfahrens zwischen nichttheologischen und theologischen Fragestellungen (3. Kapitel) erkennbar machen wird, wie stark die angerissene bedrängende Problematik auch die religiöse bzw. christliche Erziehung und damit die Bildungsverantwortung der Kirche betrifft. Gesellschaft, Erziehung, Religion und Kirche sind eng miteinander verflochten. Die allgemeinen Probleme kehren in der Kirche als ihre eigenen wieder (2. Bd., 1. Kap.). Die soeben skizzierten allgemeinpädagogischen Krisenaspekte geben allerdings zugleich bereits zu erkennen, in welchen Richtungen die Antworten zu suchen sind. Sie werden als Ensemble von vier übergreifenden pädagogischen Grundaufgaben der Kirche entwickelt werden (2. Bd., 2. Kap.):

– Die Unterdrückung lebensgeschichtlicher Erfahrung und die Identitätsfrage machen schon jetzt auf die Bedeutung lebensbegleitender erfahrungsnaher Identitätshilfe aufmerksam (1. Grundaufgabe).

– Die Entmutigung in einer Gesellschaft, die dringend einer erweiterten Verantwortung bedarf, verweist schon jetzt auf die Erziehung zu gesellschaftsdiakonischem und politischem Handeln und auf die grundlegende Ermutigung, die der christliche Glaube hierzu eröffnen kann (2. Grundaufgabe).

– Die Gefährdung des Zusammenhangs von kritischer Reflexivität und Überlieferung wird religionspädagogisch als Frage nach dem Wagnis kritischer Religiosität, besonders im sachgerechten Umgang mit der eigenen christlichen Tradition wiederkehren (3. Grundaufgabe).

– Das Demokratieproblem und die Tatsache der gesellschaftlichen Spannungen und Widersprüche wird sich als Frage nach der Partizipation aller und nach dem Austrag von Konflikten im christlichen ökumenischen Bereich selbst widerspiegeln (4. Grundaufgabe).

Zweites Kapitel

Die anthropologische Verschränkung von Freiheit und gemeinsamem Leben (Gemeinschaft) – Zur Problematik von Emanzipation

Pädagogik und Religionspädagogik der Gegenwart zeigen ein starkes Interesse an Aufklärung, Mündigkeit, Selbstbestimmung, Kritikfähigkeit, kurz, an Emanzipation im Sinne der Aufhebung von Fremdbestimmung. Sie folgen damit freilich einem Verständnis von Befreiung und Freiheit, das sich über sich selbst nicht genug aufgeklärt hat. Das pädagogische Teilthema der Vollversammlung von Nairobi konzentriert sich ebenfalls auf die Perspektive der Befreiung, allerdings verschränkt mit dem Aspekt der Gemeinschaft – eine bedeutsame Verschränkung.

Das 1. Kapitel hat bereits mehrfach diesen Zusammenhang angedeutet (S. 78, 81 f., 87 f., 96, 101), aber noch nicht ausdrücklich thematisiert. Bisher umkreisten die Ausführungen vor allem das pädagogische Grundkonzept »reflexiv-kritischen Lernens« und seine Gefährdung; der Gedankengang folgte damit mehr dem ersten Schlüsselbegriff »Freiheit« als jenem zweiten Begriff der »Gemeinschaft«, der die Bedeutung erfüllter sozialer Beziehungen umschreibt. Wie wenig diese beiden Begriffe bzw. Perspektiven gegeneinander ausgespielt werden können, wie sehr sie vielmehr aufeinander verweisen, soll das folgende kurze Kapitel verdeutlichen. Es knüpft zunächst noch einmal an gesellschaftliche und sozialgeschichtliche Sachverhalte an, hat seinen Schwerpunkt jedoch in anthropologischen Überlegungen. Erst wenn der *gesellschaftstheoretisch-bildungstheoretische* (1. Kapitel) und der *anthropologische* Horizont (2. Kapitel) der Voraussetzungen religionspädagogischer Arbeit abgeschritten und hierbei exemplarisch ausgeleuchtet worden ist, was in allen diesen Richtungen bereits ›weltliche‹ Zugänge sichtbar machen können, soll dem *theologischen* Zugang zu den Voraussetzungs- und Kriterienfragen der Religionspädagogik nachgegangen werden (3. Kapitel) (siehe ferner Bd. 2). Nur in einem mehrperspektivischen und von gegenseitiger Bevormundung absehenden Wechselbezug zwischen nichttheologischen und theologischen Zugängen kann sich die Religionspädagogik der Gegenwart entfalten.

I. Die politische und anthropologische Engführung von »Freiheit als Emanzipation«

Wer an Freiheit interessiert ist und von ihr spricht, muß angesichts inflationistischer Begriffsabnutzungen genau sagen, was er meint. Gewöhnlich wird Freiheit als Ergebnis eines Prozesses der Befreiung, der Loslösung verstanden; man versteht »Freiheit als Emanzipation«. Dieser Ansatz ist wichtig. Die voraufgegangenen wie die folgenden Ausführungen sind ohne ihn nicht zu denken. Er erliegt jedoch immer wieder einer doppelten Engführung, einer politischen (1.) und einer anthropologischen (2.).

1. Bürgerlich-liberale und staatssozialistische Auslegungsaporien von Emanzipation

Das neuzeitlich-aufklärerische Verständnis von ›Freiheit als Emanzipation‹ verfällt einer politisch und anthropologisch folgenschweren individualistischen Engführung, wenn es vorwiegend unter *subjekttheoretischen* Kategorien entfaltet wird. Begriffe wie »Selbstreflexion«, »Selbstbestimmung«, »Selbstdefinition«, »Ich-Identität«, »Ich-Stärke« u. ä. sind Ausdruck der *bürgerlich-liberalen* Auslegungstradition des Emanzipationsverständnisses. Unter diesen Formeln wehrt, vergewissert, behauptet und verklärt sich seit über zwei Jahrhunderten das Individuum des besitzenden Bürgertums.

»Die Möglichkeit des Angehörigen der neuen bürgerlichen Klasse, aus eigener Kraft seine Stellung in der Gesellschaft zu verändern, bildet die Grundlage jenes Anscheins von Freiheit von der Gesellschaft, der sich mit dem Begriff des Individuums von Anfang an verbindet.«[1] Die erstrebte

---

1. *H. Rosenbaum:* Familie als Gegenstruktur zur Gesellschaft, Stuttgart 1973, S. 172. »Dieser enge Zusammenhang zwischen dem Eigentum an Produktionsmitteln und der Möglichkeit, seine einzigartige Individualität zu entwickeln, offenbart sich am deutlichsten in der Auffassung Lockes, daß derjenige, der kein materielles Eigentum besitzt, das volle Eigentum an seiner Person verliert, das die Grundlage der gleichen natürlichen Rechte war (vgl. *C. B. Macpherson:* Die politische Theorie des Besitzindividualismus, Frankfurt/M. 1967, S. 261).« Ebd. S. 172.

und gewonnene ökonomische und geistige Selbständigkeit wird ideell durch die »in der Antike ohne historische Chance« gebliebene naturrechtliche Idee abgesichert. Sie «wird jetzt vom Prozeß der Losbindung aller Kräfte der Selbsterhaltung und Selbstkonstruktion sanktioniert. Daß die Subjekte von Natur alles Recht haben, sich zu behaupten, sind sie nur erst einmal da; daß ihre Natur nichts anderes ist als Selbstbehauptung, ihr Recht soweit reicht wie die Macht, es geltend zu machen; daß alle Subjekte, sofern sie existieren, nur ihr ureigenes Wesen offenbaren und darleben und so in den natürlichsten Kampf sich verwickeln, in dem sie bestehen oder untergehen müssen und der zum Vorteil aller die Bändigung aller erzwingt – diese Lehre ist der Kanon zugleich und die Prophetie der neuen Gesellschaft.«[2]

Das in früheren Zeiten den einzelnen *vorgegebene* Allgemeine – das wie immer kontrafaktisch geglaubte gemeinsame gute und gerechte Leben – soll sich jetzt aus dem freien Wechselspiel der einzelnen *ergeben*: aus dem ökonomischen Kräftespiel des freien Marktes und aus dem begleitenden Prozeß freier Konversationen, Zwecksetzungen und Übereinkünfte.

Aber wie *gerecht* ist das gemeinsame gesellschaftliche Leben, das aus dem sich selbst regulierenden Konkurrenzkampf leistungstüchtiger, unabhängiger Individuen hervorgehen soll? Und wie *frei* ist die Freiheit des liberalen, emanzipierten Bürgers? Die wohlfahrtsstaatlichen Arrangements sozialen Ausgleichs versuchen heute mühsam, das liberale Moment mit dem sozialen zu amalgamieren und jene Gerechtigkeit zu verwirklichen. Sie belegen damit nur in einem, daß das sich selbst überlassene liberale Kräftespiel dies gerade nicht vermag. Die Annahme, daß der summierte Eigennutz der einzelnen den Gemeinnutz schaffe und das neue Allgemeine ergebe, steht sich dadurch selbst im Wege, daß der Eigennutz des sich behauptenden, konkurrierend wirtschaftenden Individuums zunächst auf Kosten anderer geht. Unterdrückung ist der Schatten des Liberalismus. In diesem Rahmen seine Freiheit ökonomisch und geistig realisieren heißt, aus dem Schatten nach oben treten, um für andere nach unten Schatten zu werfen. Emanzipation geschieht nur *innerhalb* dieses neuen hierarchischen Rahmens, nicht *von* ihm. Bis heute ist dies Elend des Liberalismus nicht überwunden; im Gegenteil, es verschärft sich und macht immer mehr auch die Gewinner selbst zu ihren Opfern, die Besitzenden zu den am stärksten Besessenen. Das Kriterium individueller Leistung hat zwar von der Ungerech-

2. *H. Schweppenhäuser:* Zur Dialektik der Emanzipation, in: *M. Greiffenhagen (Hg.):* Emanzipation, Hamburg 1973, S. 399.

tigkeit feudaler Ordnungen und Privilegien emanzipiert[3], aber die freigewordenen Individuen im selben Atemzug unter ein neues unerbittliches Gesetz gestellt. Es wird durch Sozialisation und Erziehung früh und tief internalisiert, mit ihm die Rivalitäts- und Mißerfolgsangst, die Angst, vor ihm zu versagen. Autonomie reduziert sich, konkret gesprochen, auf die Fähigkeit, der umgreifenden Heteronomie genügen zu können. Denjenigen, der nicht mithält, erwartet wenig Barmherzigkeit.

Wenn Freiheit als Emanzipation des Individuums sich über ihre Herkunft und ihr gegenwärtiges Bedingungsfeld aufklären will, müssen subjekttheoretische Begriffsbeschwörungen, so zeigt sich, in eine historisch konkrete gesellschaftstheoretische Analyse übergehen. Man fragt sich, warum die westdeutsche Religionspädagogik diese Hintergrundserhellung ihrer emanzipatorischen Leitkategorien noch nicht geleistet hat, sondern mit ihnen immer noch ausgesprochen formelhaft verfährt. Unter Aufnahme gegenwärtiger Beiträge zur Reformulierung der kapitalistischen Krisentheorien ist oben versucht worden, das Dilemma unseres liberalen Freiheits- und Demokratieverständnisses sichtbar zu machen. Auch auf dem Boden des gegenwärtigen, staatlich regulierten, »organisierten Kapitalismus« treten nach wie vor selbsterzeugte Widersprüche zutage, zunehmend andere zwar als im 19. Jahrhundert, aber nicht minder gravierende. Es sind horizontale Disparitäten, die die traditionellen Klassengegensätze überlagern: Marginalisierungen der Gruppen, die nicht im Arbeitsprozeß stehen, Investitionsrückstände im Infrastrukturbereich, »Kompressionstendenzen« im Bildungssystem und anderes mehr. Vor allem aber wurde der Verlust an politischer und geistiger Kraft sichtbar, das Allgemeine als das gemeinsame gute Leben überzeugend zu bestimmen.

Es ist für eine *liberale* Auslegung von Emanzipation schwierig, das Allgemeine nicht naturwüchsig verwildern zu lassen. Wenn es nicht mehr vorgegeben ist, sondern sich ergeben, nämlich aus den Interessen ›vernünftig‹ wirtschaftender Individuen hervorgehen soll, darf man zweifeln, welchen *Sinn*gehalt dies Allgemeine aufweisen mag – über die scheinbar endlos mögliche Fortsetzung jener technologisch orientierten expansionistischen Selbstbehauptung der Individuen *und* Staaten hinaus. Denn das zeichnet sich ja längst ab: Expansion und Selbstbehauptung des Individuums und Expansion

3. *Chr. Graf v. Krockow:* Leistungsprinzip und Emanzipation, in: M. *Greiffenhagen,* a. a. O. S. 75 ff.

und Selbstbehauptung der Nationen, Wirtschafts- und Machtblöcke sind zwei Seiten desselben imperialistischen Vorgangs, der inzwischen die Signatur unserer Zivilisation im ganzen bestimmt. Alle sind in ihn hineingerissen, auch der Sozialismus als Staatsmacht, oder werden von uns hineingerissen wie gegenwärtig die Länder der Dritten Welt.

Es kann hier nicht darauf eingegangen werden, in welche umgekehrte, nun nicht Verwilderung, sondern dogmatische Erstarrung die *staatssozialistische* Auslegung von Emanzipation fällt, insofern sie das Allgemeine nicht *durch*, sondern *für* die Individuen und *ohne* sie ›setzt‹ und darüber hinaus die Dialektik von Individuum und Gemeinschaft bürokratisch versteinern läßt. Interessieren muß jedoch die weiterführende Frage, ob nicht die eine Abstraktion nur das Komplement der anderen ist und diese aus sich erzeugt hat. Ist nicht *die abstrakte Setzung des Allgemeinen*, durch die das Individuum zu einem Moment der kollektivistischen Konstruktion von Gesellschaft subsumiert wird, nur die Umkehrung (und historisch gesehen Fortführung) der *abstrakten Setzung voneinander isolierter Individuen* (Monaden), durch die das Allgemeine letztlich zu einem dem jeweils herrschenden Interessengefälle dienenden Arrangierungs- und Stabilisierungsproblem degeneriert? Beide Male wird *instrumentell* gedacht, werden das individuelle Wohl oder das Gemeinwohl auf Kosten der anderen Seite instrumentalisiert. Was ist damit gemeint?

2. Selbstbehauptung als Selbstverborgenheit

Instrumentelles Denken spiegelt den Prozeß, durch den sich der Mensch, seiner Möglichkeiten innegeworden, besonders seit der Neuzeit die Natur zu unterwerfen versucht hat. Prägnantesten gedanklichen Ausdruck fand der Vorgang des Sich-Gegenüberstellens und Sich-Gefügigmachens in der cartesischen Gegenüberstellung von *Subjekt* und *Objekt*. Seitdem dieser Vorgang zusammen mit der ihn begleitenden Denkfigur auch auf Gesellschaft angewendet worden ist und mit fortschreitender Verwissenschaftlichung und Technologisierung aller Lebensbezüge zunehmend angewendet wird, verlernt es der Mensch, seine sozialen Verkehrsformen, das gemeinsame Leben, anders als ebenfalls in jener Trennung und Gegenüberstellung von Subjekt und Objekt zu sehen. Dadurch aber treten nicht nur generell Individuum und Gemeinschaft auseinander, sondern auch die Individuen untereinander denken sich als primär voneinander isolierte, unabhängige einzelne; das gleiche gilt für menschliche Gruppen, Verbände, Nationen, »Blöcke«: das Maß der eigenen Subjektivierung wird das Maß der Objektivierung der anderen.

Im Vorgang der *Individuation* vermeint der einzelne zu sich selbst zu kommen. Dies ist in gewisser Hinsicht und unter bestimmten bürgerlichen Bildungsbedingungen und ökonomischen Selbstbehauptungschancen auch der Fall. Er erfährt sich als der der Selbst*ab*grenzung gegenüber *anderen* und als der der Selbst*um*grenzung gegenüber sich *selbst* Fähige. Er sieht, daß er der Einheit mit sich selbst (Identität) mehr oder weniger mächtig ist, obwohl er sich lebenszeitlich wandelt und auch räumlich unterschiedliche Dinge (Rollen) bewältigen muß. Diese Selbsterkenntnis und die ihr entsprechende Selbstbehauptung und Selbstbestimmung bedeuten aber zugleich *Selbstverborgenheit.* Sich selbst verborgen bleibt der einzelne als der, der von Anfang an mit anderen und durch andere lebt, auf sie angewiesen ist, sich ihnen verdankt; sich selbst verborgen auch als der, der im Gegensatz zu der Sorge, mit sich selbst identisch bleiben zu müssen, die befreiende Erfahrung machen kann, ein anderer zu werden.

Befreiung und Emanzipation, subjekttheoretisch zugespitzt und verstanden als Selbstbefreiung, Selbstdefinition, Selbstbestimmung, wollen der Selbstentfremdung wehren, die durch fremdbestimmte Herrschaft entsteht. Abgesehen davon, wie weit sich das bürgerliche Individuum hierdurch nur den Tatbestand der Scheinfreiheiten und Scheinemanzipationen verstellt und somit auch schon unter politisch-ökonomischen Gesichtspunkten (s. o.) sich selbst verborgen bleibt, enthüllt sich jetzt, gleichsam noch hinter der schon skizzierten gesellschaftstheoretischen Engführung, die grundsätzliche *anthropologische* Verkürzung des menschlichen Lebenszusammenhangs. Konnte schon im ökonomisch-politischen Kontext angedeutet werden, daß unter dem Mantel der vermeintlichen Befreiung die tatsächliche Unfreiheit sich versteckt und verstärkt, für die Gewinner wie für die Verlierer des ›freien‹ Kräftespiels, zeichnet sich nun, unter der Decke jener prinzipiellen anthropologischen Selbstverborgenheit, ein noch tiefer reichender Freiheitsverlust ab.

Wenn die Selbstabgrenzung gegenüber anderen unfähig macht, sich loszulassen und mit anderen zu kommunizieren, weil man nicht mehr erkennt, was man mit ihnen und durch sie sein darf und werden kann, wenn ferner die Selbstumgrenzung gegenüber sich selbst unfähig macht, sich loszulassen und mit sich selbst zu kommunizieren, offen für das, was einen völlig verändern könnte, kurz, wenn in der sozialen Dimension (Gesellschaft) und in der Dimension der Zeit (Lebens[-Geschichte])[4] die gesellschaftlich-geschichtliche Lebenswirklichkeit der Selbstbehauptung unterworfen wird, der Selbstbeherrschung im Sinne der *Selbst-Herrschaft*, ist diese errungene Autonomie nicht nur ein Freiheitsgewinn: Unter eben dieser *Herrschaft* geht die Freiheit zugleich jener Möglichkeiten verlustig, die der Mensch als jemand hat, der sich in sozialen Beziehungen und in geschichtlichen Veränderungen erfährt, und die sich auch nur von hierher eröffnen lassen.

II. Freiheit – kommunikativ buchstabiert

Auf die Spur einer in diesem Sinne unverkürzten Wirklichkeitsauffassung, in der Individuum und soziale Beziehungen, individuelle »Freiheit« und »Gemeinschaft« nicht ungeschichtlich und undialektisch auseinandergerissen, sondern in ihrer *vorgängigen Verbundenheit* zusammengehalten sind, führen heute die verschiedensten Beobachtungen und Erkenntnisse[5].

1. Zur vorgängigen Verbundenheit von Individuation und sozialer Beziehung

a) Die Bedeutung einer verläßlichen Umwelt (sozialpsychologischer Aspekt). »Das Ich findet sich ursprünglich, zu allem Anfang des Seelenlebens, triebbesetzt und zum Teil fähig, seine Triebe an sich selbst zu befriedigen. Wir heißen diesen Zustand den des *Narzißmus*, die Befriedigungsmöglichkeit die autoerotische.«[6] Dieser berühmte Satz *Sigmund Freuds* aus »Trieb und Triebschicksal« über den primären Narzißmus jedes Menschen sowie alle anderen bekannten theoretischen Konstrukte der klassischen Freudschen Triebtheorie wie die Konzepte der »Introjektion«, »Projektion«, »Objektbesetzung« usw. verraten schon sprachlich das naturwissen-

---

4. Vgl. oben (1. Kap. III, S. 96) die soziale und zeitliche Dimension der Identität.
5. Die folgenden Ausführungen knüpfen z. T. an bereits Gesagtes an, z. T. nehmen sie in sehr geraffter Form einige Sachverhalte aus Bd. 2 und Bd. 3 über Probleme der religiösen Sozialisation vorweg.
6. *S. Freud*: Gesammelte Werke, Bd. X, S. 227.

schaftlich verobjektivierende Denken einer noch eindeutig der cartesischen Subjekt-Objekt-Trennung verhafteten Psychologie. Zweifellos haben die angedeuteten triebtheoretischen Kategorien ein empirisches Fundament; gleichwohl verzerrt der theoretische Erklärungsrahmen die tatsächlichen Zusammenhänge. Man mag bestimmte Phänomene des Neugeborenen als »autoerotisch« bezeichnen und auch (Krankheits)-Phänomene am Verhalten des Erwachsenen als »Narzißmus«. Die theoretisch verallgemeinernde Vorstellung des Menschen als eines prinzipiell für sich isolierbaren Trieb-»Subjekts«, dessen Libido den anderen als »Objekt« »besetzt« oder sich selbst zum »Gegenstand« wählt, schreibt jedoch dem einzelnen solipsistisch eine Rolle zu, die das *von Anfang an* sich zeigende soziale *Beziehungs*geschehen zwischen Kind und Umwelt, Kind und Mutter (Eltern) den Blicken verstellt.

Freuds »Fragestellung lautet regelmäßig: Was geschieht *im Kind?* Zum Beispiel welche Impulse hat es, welche Abwehrmechanismen betätigt es? Stets erscheint das Kind als der eigentliche Urheber und Motor seiner psychodynamischen Prozesse, während die Eltern unter diesem Aspekt vorwiegend als Adressaten von Wünschen oder Abwehrvorgängen, allenfalls als bloße Auslöser kindlicher Funktionen auftreten.«[7]

Die Untersuchungen über die Bedeutung der *frühen Mutter-Kind-Beziehungen* (*R. Spitz* u. a.) und über das bei der Einbeziehung soziologischer und kulturanthropologischer Fragestellungen sichtbar werdende Wechselverhältnis zwischen Reifeprozessen und kulturbedingten Lernprozessen (*E. H. Erikson*) haben in den sozialpsychologischen Fortführungen der Psychoanalyse inzwischen längst zu einer *Revision* des psychoanalytischen *Umweltbegriffs* geführt. Die Auffassung, »daß ein individuelles Ich *gegen* oder *ohne* eine spezifisch menschliche ›Umwelt‹, d. h. eine soziale Organisation existieren könne, ist auf die Dauer unhaltbar«[8]. Mehr noch: Der einzelne wächst in seine Selbständigkeit, auch damit in sein Vermögen, sich zu distanzieren, zu lösen, zu emanzipieren und freizuwerden, nicht ohne das vorausgehende Angebot ein, das ihn die Umwelt als grundsätzlich verläßlich erfahren läßt (möge es faktisch immer wieder auch anders sein), so daß er es wagen kann, seine eigenen Schritte zu gehen. »Die einfachste und früheste soziale Verhaltensweise ist das ›Nehmen‹, nicht im Sinne des Sich-

7. *H. E. Richter:* Eltern, Kind und Neurose, 2. Aufl., Frankfurt/M. 1969, S. 25.
8. *E. H. Erikson:* Identität und Lebenszyklus, Frankfurt/M. 1973, S. 193.

Beschaffens, sondern in dem des Gegeben-Bekommens und Annehmens.«[9]

b) *Vertrauen und Verantwortung (anthropologischer Aspekt).*
Nachdem erstmalig *J. S. Plant* die Bedeutung des Vertrauens in der
Entwicklung des Kindes beobachtet hat und nach ihm vor allem
E. Fromm, H. S. Sullivan, K. Horney, E. Schachtel, E. H. Erikson
diese Beobachtungen bestätigt haben und *R. Spitz* die gravierenden
Störungen aufgewiesen hat, die ein mangelndes Vertrauensver-
hältnis zwischen Mutter und Kind nach sich zieht, geht *Dieter
Wyss* als Vertreter einer anthropologisch orientierten Tiefenpsychologie über diese, die emotionelle Bedeutung des Vertrauens her-
ausarbeitenden Untersuchungen »auf den eigentlichen Akt zurück,
der Vertrauen als primäres Phänomen begründet«[10]. Unter Einbeziehung zahlreicher bisher wenig beachteter Forschungsergebnisse
und Interpretamente faßt er zusammen,

»daß die raumzeitliche Konstituierung der menschlichen Welt in ihrem
vorlogischen Erleben aus dem Gefühlsbereich vertrauensvoller Zuwendung stammt. Die Relation des Vertrauen-müssens – im Sinne des Ausge-
liefertseins – und des Vertrauen-könnens – im Sinne aktiver Zuwendung
– dürfte damit die fundamentalste Beziehung des sich zeitigenden, ver-
gegenwärtigenden Subjekts zu seiner spezifischen Umwelt sein.«[11] »Um
Dasein überhaupt daseiend zu erfassen, vor der bereits ausgeprägten Zuwendung oder Aufmerksamkeit zu diesem, bedarf es des Vertrauens, daß
Dasein überhaupt ist. Das Vertrauen erscheint jeder Beziehung zwischen
Subjekt und Welt vorgegeben, es ist die Voraussetzung von Beziehungen
oder Bezugnahme. In der vorprädikativen Welterfassung entspricht ihm
die Raum-Zeit-Einheit ekstatischer Dauer.«[12]

Vertrauen und *Verantwortung,* letzteres »heißt, sich zeitlich (ver-
gänglich) zu erfahren«, sind, wie *Wyss* weiter darlegt, Grundele-
mente raum-zeitlichen Erlebens, Voraussetzungen der »Strukturen
der Moral«. Diese und ähnliche Untersuchungen, in denen die Erfahrungen des Leibes eine Schlüsselrolle spielten, seine »Verwurze-
lung in einer sinnvollen, vorprädikativen (vorlogischen) Erfah-

9. A. a. O. S. 65.
10. *D. Wyss:* Strukturen der Moral. Untersuchungen zur Anthropologie
    und Genealogie moralischer Verhaltensweisen, 2. Aufl., Göttingen
    1970, S. 37.
11. A. a. O. S. 39.
12. A. a. O. S. 44.

rung« (*M. Merleau-Ponty*), verweisen auf die »Vorgegebenheit des Weltbewußtseins gegenüber dem Selbstbewußtsein«[13].

Wyss geht nicht so weit, daß er wie sein Lehrer *Viktor v. Weizsäcker* oder gar wie *Ludwig Binswanger* im Gegensatz zum Ich das »Wir« als das metaphysisch Absolute erklärt[14]. Gegenüber neuen Ontologisierungen ist Vorsicht geboten. Wohl aber gebührt alle Aufmerksamkeit jenen Überlegungen aus dem hier angesprochenen Kreis der psychosomatischen Medizin und anthropologisch ausgerichteten Tiefenpsychologie und Psychiatrie, die nicht nur, wie die erwähnten sozialpsychologischen Fortsetzungen der Psychoanalyse, den Umweltbegriff, sondern darüber hinaus überhaupt das cartesische Subjekt-Objekt-Schema problematisieren, weil es die grundliegenden menschlichen Beziehungsverhältnisse verkürzt. Damit vollzieht sich zugleich eine noch einschneidendere Abkehr von *Freuds* biologistischer Triebtheorie (nicht seiner Praxis)[15]. *Freud* fand im Grunde weder für das Subjekt noch für das soziale Gegenüber des Subjekts angemessene Begriffe.

»Die Person wird bei Freud (in seiner mittleren Phase, vor Einführung der Todestriebhypothese) entweder als *erkennendes* Subjekt (vom Ich und Über-Ich) im cartesischen Sinn oder als richtungslos triebbesessenes Subjekt (vom Es her) aufgefaßt. Beide Auffassungen sind irrig, denn es gibt weder die abstrakte Person des Descartes noch die nicht weniger abstrakte des ›Es‹ und Triebhaften. Die Richtung auf den anderen, den Partner, ist bei Freud im ersten Fall durch das absolute Ich des cogito ergo sum bestimmt, im zweiten Fall, dem des Triebes und Wunsches, des Es, ist der Partner nur als *Objekt* der Bemächtigung, sei es des Sexual- oder des Aggressionstriebes, gegeben. Weder hier noch da existiert der *andere* als Subjekt.«[16]

Ein hiervon sich absetzendes »Person«-Verständnis geht demgegenüber davon aus, daß die Person als »*Bezug*« mit Gegenstandsbegriffen überhaupt nicht angemessen zu erfassen ist und die Bestimmung ›Individuum‹ hinter sich lassen muß. »Denn die Person fällt mit dem Umfang des Einzelsubjekts nicht mehr zusammen, der Mensch ist anthropologisch gesehen, ebenso individuelles Subjekt

13. A. a. O. S. 18.
14. *D. Wyss:* Die tiefenpsychologischen Schulen von den Anfängen bis zur Gegenwart, Göttingen 1961, S. 290.
15. »Von der Sprache des DU hat Freud bis zum Ende theoretisch nichts gewußt (praktisch war es anders).« *E. Rosenstock-Huessy:* Der Atem des Geistes (1950), Frankfurt/M. o. J., S. 54.
16. *D. Wyss:* Die tiefenpsychologischen Schulen ..., a. a. O. S. 306.

wie Verhältnismoment einer Begegnung mit dem anderen Subjekt. Es ist Subjekt unter Subjekten und erschließt sich ebensosehr vom andern her.«[17]

c) *Der Primat kommunikativen Sprachhandelns (sprachphilosophischer Aspekt)*. Um der richtigen historischen Proportionen willen sei daran erinnert, daß die genannten Verhältnisbestimmungen keineswegs neu sind. Die erwähnten anthropologisch orientierten Strömungen der Tiefenpsychologie und Psychiatrie sind nicht ohne den Hintergrund bestimmter philosophisch-anthropologischer und sprachphilosophischer Konzeptionen der 20er Jahre zu verstehen, jener schon früher erwähnten Gruppe des sog. »Neuen Denkens«, die mit den Namen von *Eugen Rosenstock(-Huessy), Franz Rosenzweig, Ferdinand Ebner* und *Martin Buber* verbunden ist. *Rosenstock* machte während des ersten Weltkriegs (1916) als erster die entscheidenden Entdeckungen; *Buber* wurde dennoch bekannter, trotz bzw. richtiger wohl wegen seiner Konzessionen an Descartes und dessen Welt[18]. Die Bedeutung des Gesamtwerks *Rosenstock-Huessys*, insbesondere seiner Soziologie und späten Sprachphilosophie für die Pädagogik ist noch nicht ausgeschöpft[19]. Nach ihm lernt der Mensch das Reden in der 1. Person, das Ich-sagen, weil er in der 2. Person als Du angeredet wird; dies gilt gegenseitig. »Die erste Sprachstufe, die täglich daher zu erneuernde Sprachstufe des Menschengeschlechts ist die gegenseitige, reziproke namentliche Anrede.«[20] Das Reden über etwas und über jemanden in der 3. Person, das vergegenständlichende Reden und Tun, damit zumal das wissenschaftliche Erkennen und Handeln, bleibt auf das *kommunikative Sprachhandeln* in den beiden ersten Personen als seinem Wozu »dativisch« bezogen.

17. *P. Christian:* Das Personenverständnis im modernen medizinischen Denken, Tübingen 1952, S. 116, zit. n. *D. Wyss:* Die tiefenpsychologischen Schulen ..., a. a. O. S. 267.
18. Vgl. hierzu *E. Rosenstock-Huessy:* Die Sprache des Menschengeschlechts, Heidelberg 1963, Bd. 1, S. 102 ff.
19. Siehe jedoch neuerdings *W. Hartmann:* Menschen in sprachloser Zeit. Zur Orientierung zwischen den Generationen, Stuttgart 1973. – Der Verf. verdankt *Eugen Rosenstock-Huessy* tiefe Impulse; zu ihrer mehr indirekten Einbeziehung in die Religionspädagogik vgl. schon die Ausführungen in »Grundfragen des Religionsunterrichts in der Gegenwart«, 2. Aufl., Heidelberg 1969, 3. und 4. Studie.
20. *E. Rosenstock-Huessy:* Der Atem des Geistes, a. a. O. S. 60.

d) Sinnkonstitution als ›gemeinschaftlicher‹ Prozeß (soziologisch-interaktionistischer Aspekt). In der Sprachphilosophie und Soziologie *Rosenstock-Huessys* ist zum einen die erkenntnistheoretische Unterscheidung zwischen dem praktischen und dem technischen Erkenntnisinteresse (*J. Habermas*) vorweggenommen, in der Analyse der Strukturen der sozialen Praxis zugleich das Grundkonzept des in den 30er Jahren in den USA aufkommenden *Interaktionismus* (*George H. Mead* u. a.), der heute auch unsere sozialwissenschaftliche, pädagogische und selbst religionspädagogische Diskussion stärker zu beeinflussen beginnt. Die Parallelen sind schon auf den ersten Blick verblüffend. Es dürfte aufschlußreich sein, die Abhängigkeitsverhältnisse aufzuhellen, falls sie zwischen den Vertretern jener genannten kontinentalen philosophisch-anthropologischen Strömung und dem Interaktionismus bestehen. Wie *Rosenstock-Huessy* und *Buber* ist der Interaktionismus der Auffassung, »daß das Individuum auf soziale Beziehungen zu anderen angewiesen ist, weil es nur in diesen Beziehungen ein ›Selbst‹ aufbauen beziehungsweise ›Identität‹ gewinnen kann.«[21] Ebenso wie im Sprachdenken der oben genannten ist auch hier die Einsicht in menschliche Sozialität als Sprachhandeln der entscheidende Grund, naturwissenschaftliche, am Subjekt-Objekt-Schematismus orientierte Erklärungsmuster menschlicher Interaktion hinter sich zu lassen.

»Der Interaktionismus erklärt Verhalten nicht im Schema von ›Stimulus‹ und ›Response‹. Er weist vielmehr nach, daß der Mensch in einer symbolischen Umwelt lebt. Alle Gegenstände, Strukturen, Personen und Verhaltensweisen erhalten durch gemeinsame Interpretationen soziale Bedeutungen (›meanings‹). Auf dieser Grundlage begreift der Interaktionismus soziales Handeln – zum Beispiel Rollenhandeln – stets als intentional, nämlich als Bemühung, einen Sinngehalt zu verwirklichen.«[22]

Indem er dieselben Ideen für die Religionssoziologie fruchtbar macht, geht im Anschluß an *Alfred Schütz* auch *Peter L. Berger* auf die vorgängige Verbundenheit von Individuum und Welt und auf den Aufbau menschlicher Umwelt als einem »*gemeinschaftlichen*« Prozeß der *Sinn*konstitution ein.

»Die Welt der Kultur ist nicht nur ein gemeinschaftliches Produkt, sie bleibt vielmehr auch nur wirklich aufgrund gemeinschaftlicher Anerkennung. Einer Kultur anzugehören heißt, eine bestimmte Welt der Faktizi-

---

21. *L. Krappmann:* Soziologische Dimensionen der Identität, Stuttgart 1969, S. 20.
22. A. a. O. S. 21.

täten mit anderen zu teilen.«[23] Entsprechend internalisiert das Individuum im Sozialisationsvorgang »die gesellschaftlich objektivierte Welt und seine ihm sozial zugewiesene Identität im *selben* Prozeß. Es wird sozialisiert, eine bestimmte Person zu *sein* und eine bestimmte Welt zu *bewohnen* ... Man kann das dialektische Zustandekommen der Identität so kennzeichnen, daß das Individuum das wird, als das andere es ansprechen. Dazu gehört, daß es sich die Welt im Gespräch mit anderen zu eigen macht und daß ihm Identität und Welt nur so lange wirklich bleiben, wie das Gespräch mit anderen aufrechterhalten wird ... Die subjektive Wirklichkeit der Welt hängt mit anderen Worten am dünnen Faden des Gesprächs.«[24]

Wenn die Erfahrung und die Konstitution von »Sinn« für den Menschen wesentlich darauf beruht, daß er gemeinsam mit anderen, im ›Gespräch‹ und im ›kommunikativen Handeln‹[25], soziale Beziehungen als sinnvoll erfährt und erst auf dieser Grundlage und in diesem Prozeß seine eigene Identität findet, muß es ernüchtern, falls sich herausstellt, »daß Sinn kein vermehrbares Gut ist und daß Erfahrungen des ungekränkten Umgangs mit der Natur, mit den anderen und mit dem eigenen Ich nicht beliebig erzeugt werden können« (*W. Benjamin*)[26]. »Sinnentzug«, das ist »eine gesellschaftliche Situation, in der das kollektive Lebensprogramm von Menschen schneller zerfällt, als die Menschen neue Lebensprogramme produzieren können.«[27] Die fortschreitende technologische Umwandlung der menschlichen Umwelt jedenfalls erzeugt nicht gleichzeitig aus sich heraus schon ›Sinn‹. Das »durch die Notwendigkeit sozialer moralisch relevanter Praxis« bestimmte »praktische Erkenntnisinteresse« ist nicht durch das »technische Erkenntnisinteresse« ersetzbar, »das durch die Notwendigkeit einer technischen

23. *Peter L. Berger:* Zur Dialektik von Religion und Gesellschaft, Frankfurt/M. 1973, S. 11 f.
24. A. a. O. S. 17 f. Vgl. hierzu das Rosenstock-Zitat Anm. 20!
25. Der Vorverweis sei erlaubt, daß auf genau diese beiden Momente, Gespräch (»Diskurs«) und »kommunikatives Handeln«, *Jürgen Habermas'* Theorie der kommunikativen Kompetenz als Kern seiner Gesellschaftstheorie abzielt (siehe unten S. 123, ferner Bd. 2, Kap. 2 Schluß).
26. *J. Habermas:* Zwischen Kunst und Politik. Eine Auseinandersetzung mit Walter Benjamin, in: Merkur 26 (1972), Nr. 293, S. 863, hierzu *M. Greiffenhagens* Einleitung zu dem von ihm herausgegebenen Textband: Emanzipation, Hamburg 1973, S. 38.
27. *Alexander Kluge:* Lernprozesse mit tödlichem Ausgang, Frankfurt/M. 1973, siehe Vorwort und dann alle »Erzählungen« des Bandes.

Praxis« bestimmt ist[28], das Reden und Handeln der 2. und 1. Person nicht durch Reden und Handeln in der 3. Person (siehe oben). Die soziale, moralisch relevante Praxis – ich darf diesen schon einmal in anderem Zusammenhang zitierten Satz K.-O. Apels (S. 92) wiederholen – »ist auf die – auch von der technischen Praxis schon vorausgesetzte – Verständigung über Möglichkeit und Normen eines sinnvollen menschlichen In-der-Welt-seins gerichtet. Dieses Interesse an Sinn-Verständigung bezieht sich nicht nur auf Kommunikation unter den Zeitgenossen, sondern zugleich auf Kommunikation der Lebenden mit den vergangenen Geschlechtern in der Weise der Traditionsvermittlung.«[29] Es ist daher prekär, wenn, als Ausdruck der Selbstverborgenheit (vgl. oben), dieser *soziale Gesprächs-* und *geschichtliche Traditionszusammenhang* vergessen wird und auf dem Weg zu einer entideologisierten, verwalteten Zivilisation unter der Herrschaft zweckrationaler Systemregulierung abstirbt. Es ist jedoch auf der anderen Seite nicht möglich, hinter die Traditionsbrüche, die unsere Zeit bestimmen, naiv zurückkehren zu wollen. Tradition ist nicht nur das Insgesamt der bisher der Menschheit möglich gewesenen Kommunikation und Sinnerfahrung, sondern durch und durch auch Ausdruck der Erfahrung verzerrter Kommunikation, unsinniger Unterdrückung, Entbehrung und Zerstörung[30].

Genau in diesem *Dilemma* wird einerseits, gegenüber den tradierten und bestehenden Zwängen und Ungerechtigkeiten, kritische Selbstreflexion notwendig, »Freiheit als Emanzipation«. Andererseits gerinnt eben diese ›Befreiung‹ zum leeren, weil einen neuen Sinn nicht ohne weiteres aus sich heraus schaffenden endlosen Reflexions- und Kritikprozeß. Befreiung von Unterdrückung und Fremdbestimmung hat den Charakter kritischer *Negation*; sie will einen repressiven sozialen Zustand überwinden und markiert damit zugleich die Notwendigkeit des Übergangs in ein anderes soziales Verhältnis, ohne allerdings dies Verhältnis selbst substantiell bestimmen zu können. Freiheit als emancipatio a quaquam ist »eine Möglichkeit, die wiedergewonnene Möglichkeit«, aber nicht schon die neue Wirklichkeit menschlicher Verbundenheit. Sie ist als Negation dessen, was nicht sein soll und darf, gleichsam ein tran-

28. K.-O. Apel: Szientistik, Hermeneutik, Ideologiekritik, in: Apel u. a.: Hermeneutik und Ideologiekritik, Frankfurt 1971, S. 26 f.
29. A. a. O. S. 27.
30. Vgl. oben Kap. 1, S. 94 f.

sitorischer Begriff, »das vibrierende Zünglein, der fruchtbare Null-
punkt«. Hier liegt ihre Notwendigkeit und zugleich ihre Grenze;
denn »die Unabhängigkeit ist ein Steg und kein Wohnraum«[31].

e) Die Idee der sozialen »Lebensform« in der »Kritischen Theorie«
(gesellschaftsphilosophischer Aspekt). Die Bemühungen der sog.
»*Kritischen Theorie*«, vom frühen *Horkheimer* bis *Habermas*, sind
der immer neu wiederholte, von Schritt zu Schritt allerdings sich
resignativ beschränkende Versuch, die notwendige Kritik sozialer
Herrschaft (als Negation) mit der Idee einer neuen Gesellschaft (als
Position) zusammenzudenken. Die Verschränkung von, vereinfacht, »Freiheits«kategorien und »Gemeinschafts«kategorien in der
Sozialphilosophie der Frankfurter Schule wird bei der Rezeption
durch Pädagogen und Religionspädagogen weitgehend übersehen.
Der Blick ist einseitig auf den in der Kritischen Theorie freilich im
Vordergrund stehenden ideologiekritischen Aspekt gerichtet. Dennoch läßt sich gerade an der Kritischen Theorie nochmals die These
verdeutlichen, die diesen Gedankengang von Anfang an bestimmt
hat: Befreiung als Kritik und Emanzipation, als Loslösung aus
unterdrückerischen Gewaltverhältnissen, ist stets zugleich ›*nach
vorn*‹ auf ein Konzept *neuer sozialer Beziehungen*, d. h. auf das
Bild einer neuen Gemeinschaft und einer entsprechenden Theorie
der Gesellschaft bezogen; und diese Antizipation setzt ferner,
gleichsam ›*nach rückwärts*‹, die Wahrheit des wünschenswerten
Zustandes als eine *bereits eröffnete Vorerfahrung* voraus.
Das Ziel der Kritischen Theorie ist nicht Kritik um ihrer selbst
willen, sondern wie bei *Aristoteles* (s. sein Verständnis der Polis)
das *gemeinsame »gute Leben«*, gegenüber der antiken Auffassung
allerdings transponiert in eine geschichtsphilosophische Deutung
des Weges der menschlichen Gesellschaft[32]. »Kritik muß sich ständig bewußt bleiben, daß sie nicht die Wahrheit ist, aber in deren
Namen spricht.«[33] Die Kritische Theorie weiß das, trotzdem ist ihr
mit Recht vorgehalten worden, daß sie es ermöglichen müßte –
wenn jene Bestimmung über das Verhältnis von Kritik und Wahrheit Sinn haben soll –, »aus dem Stadium der Kritik in das einer

31. *M. Buber:* Über das Erzieherische (1925), in: Reden über Erziehung,
    Heidelberg 1960, S. 26 f.
32. Vgl. *M. Theunissen:* Gesellschaft und Geschichte. Zur Kritik der Kri-
    tischen Theorie, Berlin 1969, S. 11; dort Fundstellen.
33. *R. Bubner:* Was ist Kritische Theorie? in: *K.-O. Apel u. a.:* Herme-
    neutik und Ideologiekritik, a. a. O. S. 197.

Erkenntnis mit legitimem Anspruch auf Wahrheit überzugehen« (ebd.). Hier aber tut sich Kritische Theorie immer schwerer.

Das »höhere Wissen« des jungen *Horkheimer* über den geschichtlichen Prozeß, das sich noch relativ naiv und optimistisch an die marxistische Geschichtsdeutung anlehnte, ist dem späten *Horkheimer* und erst recht *Jürgen Habermas* verlorengegangen[34]. Die abstrakte Setzung des Allgemeinen im staatssozialistischen dogmatischen Marxismus-Leninismus ist für *Habermas* überdies nur eine neue Form der Herrschaft[35]. Die liberalistische Verwahrlosung des Allgemeinen unter der abstrakten Idee des bürgerlichen Individuums hat sich für ihn ebenfalls seit langem als Scheinemanzipation enthüllt. Wohin führt der Weg zwischen diesen Alternativen? Zwar gilt es, das Individuum zu retten; insofern bleibt *Habermas* bis heute bürgerlicher Emanzipationstheoretiker. Vornehmlich diese Linie mit ihrer Betonung der »Selbstreflexion« und ihrer Überbeanspruchung des einzelnen empirischen Subjekts bzw. der Menschengattung, als der Gesamtheit der empirischen Subjekte (die zu einer Subjektivierung der Revolution selber führt)[36], dringt heute in die pädagogische und religionspädagogische Diskussion ein. Das subjektivistische Gefälle besonders der jüngeren Stadien der Kritischen Theorie fördert diese Rezeptionslinie; gleichwohl ist sie eine Verkürzung. Man darf nämlich nicht übersehen, daß in ausnahmslos allen zentralen Aussagen, in denen der Zweck des enormen Aufwandes an analytischen und reflexiven Anstrengungen im *Habermas'schen* Denken zum Vorschein kommt, die Idee des Subjekts mit ihren Elementen der Mündigkeit und individuellen Befreiung auf die Idee des »gelungenen« bzw. »wahren Lebens« als Antizipation einer *sozialen* »Lebensform« bezogen ist[37].

Was nun ist die Vergewisserungsgrundlage und der Inhalt dieser Idee des wahren Lebens, wenn denn der unendliche Prozeß negativ-

34. *R. Bubner*, a. a. O. S. 168, 172 f., 176.
35. Vgl. u. a. die Einleitung zur 4. Aufl. von »Theorie und Praxis«, Frankfurt/M. 1971, S. 39, 41.
36. *M. Theunissen*, a. a. O. S. 13 f., 24 ff.
37. Technik und Wissenschaft als ›Ideologie‹, Frankfurt/M. 1968, S. 164, 167; *ders.*: Der Universalitätsanspruch der Hermeneutik (1970), in: *K.-O. Apel u. a.*: Hermeneutik und Ideologiekritik, a. a. O. S. 154 f.; *ders.*: Vorbereitende Bemerkungen zu einer Theorie der kommunikativen Kompetenz, in: *J. Habermas* und *N. Luhmann*: Theorie der Gesellschaft oder Sozialtechnologie – Was leistet die Systemforschung? Frankfurt/M. 1971, S. 139 ff.

kritischen Verhaltens als solcher dieser Inhalt noch nicht sein kann[38], umgekehrt aber auch eine dogmatische Setzung jener Inhaltlichkeit schon vom Ansatz der Kritischen Theorie her ausgeschlossen ist? Es ist im Grunde ebenfalls der »dünne Faden des Gesprächs« (siehe oben *P. L. Berger*), »die gegenseitige, reziproke namentliche Anrede« (siehe oben *E. Rosenstock-Huessy*) der miteinander Redenden als potentiell vernunft- und sprachfähiger Subjekte. *Habermas* will sein Vertrauen zwar nicht einfach auf empirische Gesprächsverläufe gründen, sondern auf eine apriorische Gewißheit: Wer sich um Verständigung (»Konsensus«) bemüht, muß nach ihm zwangsläufig – als transzendentalphilosophisch notwendige Bedingung der Möglichkeit empirischer »Diskurse« – ideale Voraussetzungen eines solchen empirischen Gesprächs unterstellen. Hierzu zählt erstens eine uneingeschränkte und herrschaftsfreie Diskussionsmöglichkeit, so daß »eine symmetrische Verteilung der Chancen, Sprechakte zu wählen und auszuüben, gegeben ist«. Ferner muß angenommen werden, daß die Sprecher »vor sich und anderen transparent sind«, »weder sich noch andere über ihre Intentionen täuschen dürfen«. Wie sich zeigt, sind die Bedingungen der »idealen Sprechsituation« zugleich die Bedingungen »reinen kommunikativen Handelns«[39].

Bis hier scheint die Argumentation darauf hinauszulaufen, daß die »formale Vorwegnahme des idealisierten Gesprächs« lediglich ein abstraktes »regulatives Prinzip im Sinne Kants« ist. *Habermas* geht jedoch darüber hinaus. Es handelt sich nicht nur um einen *Vorbegriff* idealer Kommunikation, sondern um eine faktisch wirksam werdende *Vorerfahrung*. »Wir müssen mit dem ersten Akt sprachlicher Verständigung diese Unterstellung faktisch immer schon vornehmen.« Die Idee reinen Sprachhandelns, die uns vorgängig verbinden muß, wenn anders Kommunikation überhaupt möglich sein soll, wird mithin zugleich tatsächlich wirksam. »Andererseits ist der Begriff der idealen Sprechsituation auch nicht existierender Begriff im Sinne Hegels: denn keine historische Gesellschaft deckt sich mit der Lebensform, die wir im Begriff der idealen Sprechsituation vorwegnehmen.«[40] Die präzise Bestimmung fällt *Habermas* sichtlich schwer; sie schwankt zwischen einer

---

38. Zur Gefahr eines »unendlichen Reflexionsprozesses ideologiekritischer Subjektivität« vgl. besonders *R. Bubner*, a. a. O. S. 181, passim.
39. *J. Habermas:* Vorbereitende Bemerkungen ..., a. a. O. S. 137 f.
40. A. a. O. S. 140 f.

transzendentalen und einer historischen Auslegung. Wie dem auch sei, eindeutig ist, worauf die Argumentation letztlich abzielt. »Die *ideale Sprechsituation*« ist für *Habermas* »*Vorschein einer Lebens-form*«; ob »einer in Zukunft zu realisierenden Lebensform«? – dies bleibt ebenso offen wie jede mögliche Konkretisierung (ebd.).

Das Ergebnis ist bemerkenswert: die Kritische Theorie zeigt einer-seits, daß für sie Freiheit als emancipatio a quaquam identisch ist mit Freiheit als emancipatio in quidquam, als Befreiung für eine neue Gemeinschaft bzw. Gesellschaft, ein neues Allgemeines im Sinne eines gemeinsamen guten Lebens. Sie enthüllt auf diese Weise – wenn auch fast mehr ›gegen den Strich‹ ihres eigenen kri-tischen Gefälles –, daß ein Freiheitsverständnis, das in einem end-losen Prozeß kritischer Negation befangen bleiben und hierbei noch dazu nur auf das sich selbst bestimmende einzelne Subjekt abheben würde, sich selbst mißversteht. Auch und ausgerechnet die Kriti-sche Theorie wird damit ein weiteres Indiz für die vertretene These der vorgängigen Verschränkung von Individuum und Welt, Frei-heit und sozialer Lebensform (Gemeinschaft). Eben diese späte Form abendländischer Reflexionsphilosophie eines *Habermas* zeigt aber andererseits, wie sehr sich jede *nähere* Sinnbestimmung jener wünschbaren »Lebensform« verflüchtigt[41]. Auch für *Habermas* selbst scheint am Ende die Möglichkeit einer leeren Freiheit, einer bedeutungslosen Emanzipation, einer *Emanzipation ohne* »*Gehalt*«, nicht mehr ausgeschlossen[42].

Unter der Herrschaft eines instrumentellen Denkens, das den so-

41. »Die alte Emanzipation akzentuierte die *Freilassung zu etwas* bis zur Borniertheit, die neue die *Freilassung von etwas* bis zur Vagheit ... Blieb die alte Emanzipation primär Angelegenheit fest umschriebe-ner Praxis, wird die neue primär Angelegenheit der Gesinnung: weil Praxis selber allen Grenzen entlief und die Freilassung wovon ihr Wozu verlor.« *H. Schweppenhäuser:* Zur Dialektik der Emanzipation, in: *M. Greiffenhagen*, a. a. O. S. 387.

42. »Könnte eines Tages ein emanzipiertes Menschengeschlecht in den erweiterten Spielräumen diskursiver Willensbildung sich gegenüber-treten und doch des Lichtes beraubt sein, in dem es sein Leben als ein gutes zu interpretieren fähig wäre? Die Rache einer für die Legi-timation von Herrschaft über die Jahrtausende ausgebeuteten Kultur bestünde dann, im Augenblick der Überwindung uralter Repressio-nen, darin, daß sie keine Gewalt, aber auch keinen Gehalt mehr hätte« (Zwischen Kunst und Politik. Eine Auseinandersetzung mit Walter Benjamin, in: Merkur 26 [1972], S. 869, zit. n. *M. Greiffen-hagen*, a. a. O. S. 41).

zialen Zusammenhang menschlicher Interaktion abstrakt in eine Subjekt- und eine Objektseite zerreißt, bestünde damit der tiefste *Freiheitsverlust* im *Sinnverlust* als Ausdruck des Verlusts des sozialen Zusammenhangs, als Ausdruck des *Gemeinschaftsverlusts.* Selbstentfremdung bedeutete dann nicht Entfremdung vom autonomen Ich, sondern *Entfremdung vom kommunikativen Selbst.*

f) Unfähigkeit und Fähigkeit zu lieben (lebenspraktischer Aspekt).
Es kann nicht überraschen, daß auch die sozialpsychologische Analyse des modernen Sozialcharakters immer deutlicher gerade diesen Tatbestand in seiner wachsenden Ausbreitung enthüllt. Besonders im Lichte der jüngeren *Narzißmusforschung* scheinen die narzißtischen Störungen nur »als die Spitze des Eisbergs jenes für die Gegenwart spezifischen ›psychologischen Elends der Massen‹ (Freud)«[43]: der zunehmenden »*Unfähigkeit zu lieben*«[44]. Der Mensch, der unfähig wird, kommunikative Beziehungen aufzunehmen, die er als sinnvoll erfährt, dieser zugleich damit durch Ersatzbefriedigungen manipulierbare Typ, ist das entfremdete Produkt einer Gesellschaft, die er seinerseits in ihren psychischen Voraussetzungen reproduziert. Die psychoanalytisch orientierte Sozialpsychologie hat schon vor Jahren die Rückwendung der Liebesfähigkeit, die kein Gegenüber findet, auf die eigene Person als Ausdruck der Unfreiheit beschrieben.

»Narzißmus und die korrespondierende Blässe und Armut der Gefühle in den Liebesbindungen, wie den pfleglichen Beziehungen zur Welt überhaupt haben sich als Leiden, nicht als Freiheiten verbreitet. (...) im Gewand sexueller Äußerungen findet ein kindlicher Befriedigungsversuch statt, der eigentlich Sicherheit – im Sinne körpernaher Geborgenheit – und Sattheit meint.«[45]

Diese Bedürfnislage mit ihrem »lebenslangen Anspruch auf Versorgung«[46] ist das psychische Korrelat zum wohlfahrtsstaatlichen »Konsumismus«, durch den tiefere Sinnbedürfnisse systemkonform entschädigt werden (vgl. oben Kap. 1.III, S. 74, ferner 2. Bd. Kap. 2, S. 118 f.). Nicht zuletzt auch durch eine phänomennahe Diagno-

43. K. Horn, in: ders. (Hg.): Gruppendynamik und der »subjektive Faktor«, 2. Aufl., Frankfurt/M. 1972, S. 58.
44. A. a. O. S. 57 passim.
45. A. Mitscherlich: Die Relativierung der Moral, in: Merkur 1966, Nr. 214, S. 25; zit. n. K. Horn, a. a. O. S. 39.
46. A. Mitscherlich: Auf dem Weg zur vaterlosen Gesellschaft. Ideen zur Sozialpsychologie, München 1963, S. 387.

se der psychischen Situation rundet sich damit das Gesamtbild ab.

In dies Bild unserer Lage gehören positiv freilich auch die hier und da gewagten und gelingenden *Versuche*, von Anfang an *Freiheit kommunikativ zu buchstabieren*, jenseits sowohl der liberalistischen Abstraktion des Individuums als auch der kollektivistischen Abstraktion des Allgemeinen. Versuche von Eheleuten, sich »miteinander« zu emanzipieren, Versuche in Eltern-Kinder-Gruppen und anderen Experimentiergruppen, Versuche der »Solidarisierung nach unten«, nämlich in der Arbeit mit Randgruppen, überwinden die stets auf Kosten anderer gehende »expansionistische« Selbstbehauptung[47]. Man kann es lernen, »einander nicht nur wechselseitig defensiv zur egoistischen Stabilisierung des eigenen Gleichgewichtes zu manipulieren«[48]. Man erkennt, daß man Verbundenheit »nicht allein aus sich heraus herstellen« kann. »Man braucht dazu von vornherein die anderen. Kontakt ist in diesem Sinne nicht mehr der Erfolg individueller Kontaktfähigkeit oder auch nur die Summe individueller Kontaktfähigkeiten, sondern *von Anbeginn an ein überindividuelles Geschehen*. Kontakt ist etwas, was eigentlich nur Gruppen entwickeln können.«[49] Nochmals tritt damit die in diesem Kapitel von verschiedenen Seiten beleuchtete anthropologische Grundthese hervor: Erst *innerhalb* des vorgängigen sozialen Verweisungs- und Beziehungszusammenhangs kann sinnvoll vom Einzelsubjekt, von Selbstbestimmung, Ich-Identität usw. gesprochen werden. Dieser *Zusammenhang* ist mit Gegenstandsbegriffen nicht zu fassen, nicht im Schema von Subjekt-Objekt und auch nicht im physikalischen Schema vom Ganzen und seinen Teilen, als Summe von Teilen o. ä.

Anthropologische Umorientierungen sind noch keine Realisierungen; das gelingende Gespräch in einer Gruppe ist noch nicht das gemeinsame gute Leben in der Gesellschaft im ganzen. Die Schwäche jedes an sozialer Interaktion und zwischenmenschlichem Sprachhandeln orientierten Modells liegt in der mangelnden Berücksichtigung der Härte der Institutionen[50]. Die vorstehenden Ausführungen wissen von dieser Schwäche. Sie sind daher bewußt von der politisch-gesellschaftstheoretischen Seite des Problems ausgegangen, um der

47. H. E. *Richter*: Lernziel Solidarität, Reinbek bei Hamburg 1974.
48. A. a. O. S. 70.
49. A. a. O. S. 69, Hervorhebung von mir.
50. Zur Kritik an *Habermas* von dieser Seite vgl. B. *Willms*: Kritik und Politik, Frankfurt/M. 1973, S. 151 ff.

bestehenden politischen Randbedingungen unserer Lage, die in Kap. 1 ausführlicher erörtert worden sind, weiter eingedenk zu bleiben. Individueller Freiheitsspielraum, soziale Beziehungen und institutionelle Strukturen sind nicht voneinander zu trennen. Daher bilden die Kapitel 1 und 2 einen Zusammenhang. Was hat Religion mit diesem Zusammenhang zu tun? Was haben Kirche und Theologie zu ihm zu sagen? Was ist ihre Sache in Gesellschaft und Erziehung?

Das folgende Kapitel begründet den Weg zur Beantwortung dieser Fragen und schließt mit Zwischenergebnissen von grundsätzlicher Natur. Der folgende Teilband entfaltet den Weg der Beantwortung. In ihren Grundprinzipien wird die eigene theoretische Position jedoch bereits in diesem Band entwickelt, und zwar in Auseinandersetzung mit dem wichtigsten Alternativmodell zur Begründung der Religionspädagogik in der gegenwärtigen Diskussion, dem Ansatz bei einem allgemeinen Religionsbegriff.

Drittes Kapitel
Ansätze religionspädagogischer Theoriebildung

I. Grundlegung der Religionspädagogik im Religionsbegriff?

Von Religion ist bisher kaum die Rede gewesen. Dennoch war der hier zu entwickelnde Ansatz von Religionspädagogik mittelbar immer schon bei seinem Thema, der religiösen Erziehung, denn diese ist von allen beschriebenen gesellschaftspolitischen, pädagogischen und anthropologischen Sachverhalten mitbetroffen. Der damit behauptete Zusammenhang von Gesellschaft, Erziehung und Religion bleibt freilich so lange undeutlich oder führt lediglich zu ziemlich allgemeinen Bestimmungen, wie abstrakt von *der* Religion gesprochen und die Grundlegung der Religionspädagogik in einem *allgemeinen* Religionsbegriff versucht wird. In den Blick zu nehmen ist die *christliche* Religion, das *Christentum,* und zwar besonders in Gestalt der christlichen *Kirchen.* Warum? Um diese Frage zu beantworten, muß etwas weiter ausgeholt werden. Bevor die eigenen Ausgangspunkte positiv entfaltet werden (3. Kap. II), ist abwägend zu überprüfen, was Religionspädagogen heute veranlaßt, anstatt von der geschichtlich gewordenen, gegenwärtigen Welt des Christentums oder gar von der Rolle der Kirchen von Phänomen und Begriff der Religion auszugehen. Die Prüfung muß sich zu der Frage zuspitzen, ob überhaupt oder unter welchen Bedingungen ein *religionstheoretischer* Ansatz das leistet, was er leisten will. Die eigene Position wird auf diesem Wege bereits vorbereitend verdeutlicht. Hierzu verhilft auch ein verknüpfender Rückblick auf die bisherige Anlage der Darstellung. Auf welche Form der Theoriebildung steuern die Ausführungen von Anfang an zu? Paßt zu dem im 1. Kapitel gewählten Ansatz einer Analyse unserer *historisch bestimmten* Situation für den weiteren Fortgang die Orientierung an einem *allgemeinen* Begriff von Religion?

1. Zum geschichtlichen Charakter religionspädagogischer Theoriebildung – orientierende Vorbemerkungen

Der Versuch, perspektivisch in die Religionspädagogik der Gegenwart einzuführen, in ihre Voraussetzungsfragen (Bd. 1), in ihren Handlungsraum (Bd. 2) und in exemplarisch ausgewählte Forschungsfelder (Bd. 3), zielt auf eine Religionspädagogik, die ihren historisch bestimmten und gesellschaftlich vermittelten ›Sitz im Leben‹ ernst nimmt. Es war darum notwendig, unserer gesellschaftlichen und pädagogischen Situation heute nachzugehen und sie mit Hilfe gesellschafts- und bildungstheoretischer Hypothesen zu deuten (1. Kap.). Die Deutungsversuche waren nicht interesselos. Sie bleiben weiterhin von dem Interesse an Freiheit und ihren gesellschaftlichen und pädagogischen Bedingungen geleitet, sind mithin nur auf dem Hintergrund des neuzeitlichen Emanzipationsdenkens zu verstehen. Die neuzeitliche Idee der »Freiheit als Emanzipation« ist jedoch nicht unproblematisch. Ihre Engführungen mußten freigelegt werden, damit deutlich werden konnte, worauf das rechtverstandene emanzipatorische Interesse zu richten ist (sofern es nicht immer schon darauf bezogen ist und notwendig bezogen sein muß): auf ein befreites Leben im Sinne eines erfüllten gemeinsamen Lebens (2. Kap.). Wir nannten die sichtbar werdende Verschränkung von Freiheit und gemeinsamem Leben eine anthropologische Verschränkung. Damit sollte gesagt werden, daß sie für die Bestimmung des Menschen von grundsätzlicher Bedeutung ist. Gleichwohl ist nicht versucht worden, die besagte Verhältnisbestimmung durch metaphysisch-ontologische Wesensaussagen zu überhöhen und unangreifbar zu machen.

Streng genommen standen auch im 2. Kapitel theoretische Deutungsmuster zur Diskussion, die aus begrenzter menschlicher Erfahrung hervorgegangen und an dieser zu prüfen sind. Ihre *Richtigkeit* bemißt sich daran, wieweit sie imstande sind, erfahrbare Wirklichkeit angemessen begrifflich zu durchdringen. Die Einschätzung wiederum, was ›angemessen‹ ist – sie begründet die *Geltung* der Deutungsmuster – hängt ab von ihrer Anerkennung durch andere, von der Verständigungsgemeinschaft der Forscher und der unter ihnen geltenden Kriterien (wissenschaftliche Geltung) und von der allgemeinen Bewährung in der Lebenspraxis, der die theoretischen Aussagen zugedacht sind (lebenspraktische Geltung).

Die entwickelten gesellschaftstheoretischen, bildungstheoretischen und anthropologischen Deutungskonzepte sind folglich ›*Modelle*‹, die die gedankliche Verarbeitung von Erfahrung widerspiegeln. Auf Grund dieses ihres Charakters sind sie durch und durch diskussionswürdige und bestreitbare Aussagen. Es darf daran erinnert werden, daß alle erörterten Hypothesen unter Aufnahme von materiellen und ideellen Sachverhalten unserer gesellschaftlichen und pädagogischen Verhältnisse zu formulieren versucht worden sind (gesellschaftspolitischen Sachverhalten, ökonomischen, bildungsplanerischen, schulorganisatorischen, bildungsgeschichtlichen, psychologischen und anderen). So wie sich die Hypothesen diesen Sachverhalten, genauer, der Wechselbeziehung von Reflexion und Sache verdanken, bleiben sie durch eine Veränderung dieser Beziehung revidierbar. Dasselbe gilt wie für pädagogische auch für religionspädagogische Aussagen.

Auch die Begriffe, von denen wir in der religionspädagogischen Theoriebildung ausgehen, und die Konzepte, die wir hier entwikkeln werden, können keine gleichsam zeitlosen Wesensaussagen sein. Sie sind mit unserer veränderlichen *Erfahrung* verbundene, veränderbare *Deutungs-* und *Erklärungsversuche*, Reflexionsmodelle mit ›Konstrukt‹charakter, Ergebnisse der zugleich vernehmenden und ›konstruktiv‹ produzierenden Vernunft. Es sind Elemente von *Theorie*, die aus der Betroffenheit durch praktische Erfahrungen und Aufgaben und ihrer gedanklichen Bewältigung stammen, aus pädagogischer und religionspädagogischer *Praxis* im Zusammenhang mit individueller und gesellschaftlicher Lebenspraxis. Auf diese Praxis, die keine pure Gegenständlichkeit ist, sondern immer schon vielfältig menschlich bearbeitete, geistig mehr oder weniger durchdrungene, theoretisch durchsetzte Praxis, ist die wissenschaftliche Theoriebildung bezogen, an ihr muß sie sich bewähren.

In der Geschichte der Pädagogik wie in der Theologiegeschichte hat als erster *Friedrich Schleiermacher* die Vorgängigkeit und die eigene »Dignität« der Praxis gegenüber der Theorie hervorgehoben und die pädagogische und theologische Theoriebildung aus dem ihr immer schon vorgegebenen Erfahrungs- und Handlungszusammenhang hervorwachsen und in ihn wieder einmünden lassen[1].

1. »Ist doch überhaupt auf jedem Gebiete, das Kunst heißt im engeren Sinne, die Praxis viel älter als die Theorie, so daß man nicht einmal sagen kann, die Praxis bekomme ihren bestimmten Charakter erst mit der Theorie. Die Dignität der Praxis ist unabhängig von der Theorie; die Praxis wird nur mit der Theorie eine bewußtere.« (*Friedrich Schleiermacher*, Pädagogische Schriften, hg. von *E. Weniger*

Diese Begründung der Theoriebildung ist außerordentlich folgenreich. Sie setzt die pädagogische wie die theologische Theorie in ein dienendes Verhältnis zu den vorgegebenen Lebensbezügen: Die Theologie soll dem religiösen Leben dienen[2], die Pädagogik in engster Verbindung mit der Politik dem »gemeinsamen Leben im Staate«[3]. Wissenschaft soll erhellen und orientieren, nicht bevormunden.

Jede pädagogische und theologische Theoriebildung, auch die religionspädagogische, so fügen wir hinzu, wird damit zugleich in ihrer *geschichtlich-gesellschaftlichen Bedingtheit* erkannt. Der Gegenstand der Wissenschaft und die wissenschaftlichen Zugänge zum Gegenstand (Fragestellungen, Methoden) sind geschichtlich eingebunden: Nicht nur der Gegenstand der Religionspädagogik, die religiöse Erziehung, ist eine historisch gewordene, gegenwärtig sich vollziehende und ständig zur Zukunft hin sich verändernde Größe. Auch der diesen Gegenstand reflektierende religionspäd-

unter Mitwirkung von *Th. Schulze*, 1. Bd., Düsseldorf u. München 1957, S. 11). – Für die Theologie gilt Ähnliches. Sie ist nicht »spekulativ« zu begründen, sondern ist »eine positive Wissenschaft, deren Teile zu einem Ganzen nur verbunden sind durch ihre gemeinsame Beziehung auf eine bestimmte Glaubensweise ...« (Kurze Darstellung des theologischen Studiums, hg. von *H. Scholz*: Quellenschriften zur Geschichte des Protestantismus, H. 10, Leipzig 1910, § 1). Durch diese Beziehung auf eine bereits vorgegebene Praxis und die in ihr sich stellenden Aufgaben, besonders die »Leitung der christlichen Kirche« (ebd.), gewinnt die Theologie ein »sie als selbständige (positive) Wissenschaft organisierendes Prinzip, das selber durch Wissenschaft nicht hervorgebracht werden kann, aber gerade so die genuin theologische Einheit der Theologie gewährt« (*E. Jüngel*: Das Verhältnis der theologischen Disziplinen untereinander, in: *E. Jüngel, K. Rahner, M. Seitz*: Die praktische Theologie zwischen Wissenschaft und Praxis, München 1968, S. 24).

2. Damit die theologische Systembildung das religiöse Leben nicht bevormundet, sondern ihm dient, stellt *Schleiermacher* dem Satz, »die Religion sei eine Tochter der Theologie«, dem anderen entgegen, die Theologie sei eine Tochter der Religion (Erstes Sendschreiben über seine Glaubenslehre an Lücke, Sämtl. Werke I/2 1836, S. 587). Nach *T. Rendtorff*, der diese Umkehrung kommentiert, »verdankt sich die Freiheit der kritischen Theologie der Einsicht in den Unterschied von Dogmatik und lebendiger Religion« (Kirche und freier Protestantismus. Schleiermachers Beitrag zur Bestimmung ihres Verhältnisses (1968), in: *Ders.*: Theorie des Christentums, Gütersloh 1972, S. 89).

3. *F. Schleiermacher*: Pädagogische Schriften, a. a. O. S. 12.

agogische Verstand muß sich geschichtlich begreifen, da er als Form der geistigen (wissenschaftlichen) Durchdringung der geschichtlichen pädagogischen Wirklichkeit dialektisch sowohl von ihr bedingt ist wie sie seinerseits mitbedingt. Die Theorie ist immer schon ein Teil des Zusammenhangs, den sie analysiert[4]. Darum ist sie nicht zuletzt auch von den in diesem Zusammenhang miteinander streitenden *Interessen* affiziert.

Was folgt aus diesem geschichtlich-gesellschaftlich vermittelten, erfahrungs- und interessebedingten Verhältnis von Theorie und Praxis für den Ausgangspunkt und Aufbau religionspädagogischer Gedankengänge? Zumindest zweierlei: Die gewählten Begriffe und zu entwickelnden theoretischen Konzepte müssen dem Gegenstandsbereich und den in ihm gemachten Erfahrungen angemessen und in ihrem systematischen Anspruch ihrer eigenen geschichtlichen Herkunft eingedenk sein; denn sie sollen die Praxis nicht reglementieren, sondern umfassend auf den Begriff bringen[5].

2. Beweggründe für den Gebrauch eines allgemeinen Religionsbegriffs

Die neuerdings an Boden gewinnende Grundlegung der Religionspädagogik in einem allgemeinen Religionsbegriff will gerade dies leisten, eine gegenstandsadäquate (a) und in ihren Kriterien die Praxis weder kirchlich noch sonstwie bevormundende Erhellung der Probleme und Aufgaben religiöser Erziehung heute (b). Der Aufbau der Religionspädagogik kann und soll nicht mehr einseitig von Theologie und Kirche her erfolgen, sondern im Rahmen einer konsequenten Öffnung zu allen einschlägigen Wissenschaften (c), ferner im Geist der Offenheit für alle Herausforderungen, die bei dieser Öffnung zu gewärtigen sind (d). Mehrere miteinander zusammenhängende *Beweggründe* kommen somit zusammen. Sie

4. *J. Habermas:* Analytische Wissenschaftstheorie und Dialektik, in: *Th. W. Adorno u. a.:* Der Positivismusstreit in der deutschen Soziologie, 3. Aufl., Neuwied u. Berlin 1971, S. 156; *ders.:* Theorie und Praxis, 4. durchges., erw. u. neu eingeleitete Aufl., Frankfurt/M. 1971, S. 9.

5. Zur vorgängigen dialektischen Verschränkung von Theorie und Praxis und zur möglichen unterschiedlichen Fassung des »Theorie«-Begriffs je nach wissenschaftstheoretischen Vorentscheidungen vgl. vom Verf.: Das Theorie-Praxis-Problem, in: *E. Feifel u. a. (Hg.):* Handbuch der Religionspädagogik, Bd. 2, Gütersloh u. a. 1974, S. 238 ff.

seien zunächst näher entfaltet. Obwohl die aus ihnen gezogene Schlußfolgerung, bei einem allgemeinen Religionsbegriff einzusetzen, nicht oder nur bedingt geteilt wird, bleiben die Beweggründe als solche von Gewicht. Sie sind zu berücksichtigen.

a) *Wandlungen und Masken gegenwärtiger Religiosität.* Mit der Grundlegung der Religionspädagogik im Begriff der Religion wird ein Ausgangsbegriff gesucht, der es gestattet, *alle pädagogisch bedeutsamen religiösen Phänomene der Gegenwart* zu erfassen, nichtkirchliche christliche Religiosität ebenso wie das Christentum der Kirchen, darüber hinaus nichtchristliche Religionen und selbst noch den religiösen oder pseudoreligiösen Charakter vielfältiger sonstiger Einstellungen und Denkformen. Religionspädagogen wie *Siegfried Vierzig* meinen, besonders in der Jugend »ein überraschend starkes Bedürfnis nach Religion« feststellen zu können[6]. Hierbei bilde sich »ein ganz anderes Verständnis von Religion aus«; von den Jugendlichen werde es oft mit dem Ausdruck »Allgemeine Lebensfragen« umschrieben (ebd.). »Das religiöse Fragen der Jugend ist aus dem Christentum ausgewandert« (S. 27), aber es ist nicht verschwunden. Die über alles Normalmaß hinausgehende Betonung der Sexualität sowie das auffällige politische Engagement vieler Jugendlicher, besonders dort, wo revolutionäre Gruppen ihre eigenen Heiligen wie Che Guevara, Mao, Ho Tschi Minh vor sich hertragen und ihre eigenen heiligen Bücher, die Mao- und Wilhelm Reich-Bibeln verehren, werden als Sachverhalte gedeutet, in denen »religiöse Sehnsüchte nach einem sinnvollen, glücklichen Leben, nach Erlösung von der Entfremdung, nach einem irdischen Reich Gottes« zum Ausdruck kommen (S. 28 ff., 30). Die Religionspädagogik verengt ihr Gegenstandsfeld, wenn sie an der Gleichung »Kirche = Christlicher Glaube = Religion« festhält (S. 24). Darum soll sie einen weiten Begriff von Religion entwickeln.

b) *Jenseits dogmatischer Einengungen.* Nicht nur um des erweiterten Gegenstandsbereiches willen scheint sich ein allgemeiner Religionsbegriff anzubieten. Für nicht wenige Religionspädagogen

6. Das Bedürfnis nach Religion, in: *N. Schneider (Hg.):* Religionsunterricht – Konflikte und Konzepte, Hamburg u. München 1971, S. 23 ff. Zum Problemkreis »›Wiedergeburt der Religion‹ und moderne Jugendkultur« vgl. das entsprechende Themaheft der Zs.: Der Ev. Erzieher (1972), H. 7, mit den Beiträgen von *H. Glaser, H. Aichelin, S. Brill, U. Hofmann* u. *H. Aschermann.*

auch auf evangelischer Seite – für katholische gilt dies immer schon – wird der Begriff der Religion außerdem wieder wichtig, weil er es ermöglicht, die Religionspädagogik *aus der dogmatischen Abhängigkeit kirchlicher Lehrtraditionen zu lösen.* Dies kann in verschiedenen Abschattungen und im Rahmen durchaus unterschiedlicher Konstellationen im einzelnen erfolgen, stärker traditions- und kirchenkritisch oder auch weniger kritisch, im Zeichen eines allgemeinen und anthropologisch emphatisch gebrauchten Religionsbegriffs oder auch im Rahmen eines allgemeinen, im übrigen aber formalen Begriffs von Religion.

Bei *Hubertus Halbfas, Siegfried Vierzig, Dieter Stoodt* u. a. wird der Begriff der Religion in auffälliger und dezidierter Weise mit emanzipatorischen pädagogischen Konzepten zusammengebracht. Offensichtlich sollen sich die Begriffe *Religion* und *Emanzipation* wechselseitig definieren, um auf diese Weise eine umfassende kritische Revision der religiösen Erziehung zu ermöglichen[7]. – In anderen Konzepten wie denen *Wolfgang G. Essers, Günter Stachels* und *Erich Feifels* dient der Begriff der Religion zumindest der Überwindung des traditionellen theologischen Deduktionismus: Mit dem Wort Religion soll auf *anthropologisch grundlegende Erfahrungen* hingewiesen werden, die ihr eigenes Gewicht und Recht haben – vor jedem spezifischen Zugriff im Namen christlicher Theologie oder gar institutioneller kirchlicher Normierung[8]. Das fundamentale anthropologische Pathos hat der Begriff der Religion in der jüngeren Diskussion besonders durch *H. Halbfas* erhalten, auch wo man die kritischen Folgerungen besonders in schulpolitischer

7. *H. Halbfas:* Revision der religiösen Erziehung I, II, III, in: Informationen zum Religionsunterricht 4 (1972), 1, S. 4 ff. u. 3, S. 1 ff., 6 (1974), 3, S. 23 ff.; vgl. auch: *Ders.:* Aufklärung und Widerstand, Stuttgart u. Düsseldorf 1971. – *S. Vierzig:* Religion und Emanzipation, in: Informationen zum Religionsunterricht 2 (1970), 3/4, S. 4 ff.; *ders.:* Das Normproblem in der Religionspädagogik, in: Informationen zum RU 5 (1973), 1, S. 1 ff. – *D. Stoodt:* Religion und Emanzipation, in: *W. Offele (Hg.):* Emanzipation und Religionspädagogik, Zürich u. a. 1972, S. 49 ff.

8. *W. G. Esser:* Bestimmungsversuch eines fundamentalen Religionsbegriffs und Entwurf einer anthropologischen Religionspädagogik, in: *G. Stachel* und *W. G. Esser (Hg.):* Was ist Religionspädagogik? Zürich u. a. 1971, S. 32 ff.; *G. Stachel:* Religiöse Erziehung als offene Frage; *E. Feifel:* Grundlegung der Religionspädagogik im Religionsbegriff, beides in: *E. Feifel u. a. (Hg.):* Handbuch der Religionspädagogik, Bd. 1, Gütersloh 1973.

Hinsicht zur Gestalt des Religionsunterrichts, die Halbfas sonst entwickelt, nicht teilt[9].

Ein ausgesprochen kritischer Ansatz von Religionspädagogik wird heute im Unterschied zu den genannten Konzeptionen auch in Verbindung mit einem zwar weiten, allgemeinen, aber im übrigen formalen Religionsbegriff vorgetragen, bei dem von jeder anthropologisch-ontologischen Tiefendeutung abgesehen wird. In dem generellen Bezugsrahmen, innerhalb dessen religionspädagogische Probleme zu verhandeln sind und der durch die Begriffe *Religion* und *Gesellschaft* markiert ist, fungiert für *Gert Otto* Religion lediglich als »Sammelbegriff für eine Vielfalt von Wertsystemen unterschiedlicher Herkunft«. Die verschiedenen Wege der Erforschung und Beurteilung dieser in ihren Wirkungen ambivalenten Wertsysteme werden durch ein übergreifendes gemeinsames Interesse zusammengehalten, durch »die analytisch-kritische Frage nach religiösen Traditionen und ihren Wirkungen. Anders gesagt: Das *religionskritische* Interesse verbindet die einzelwissenschaftlichen Aspekte miteinander. Kritik ist dabei *positiv* verstanden als reflektierende, urteilende Auseinandersetzung mit Überliefertem und Gegenwärtigem.« Religionspädagogik ist »kritische Theorie religiös vermittelter und religiös fundierter Verhaltensweisen«[10].

Die Grundlegung der Religionspädagogik in einem allgemeinen Religionsbegriff scheint sich um der angemessenen Behandlung des Gegenstandsfeldes wie um der Ausbreitung eines überzeugenderen Kriterienspektrums willen zwingend nahezulegen. Nicht unwichtige flankierende Motive treten ergänzend hinzu.

c) Religionspädagogik als interdisziplinärer Prozeß. Es ist einmal die schon vor beinah einem Jahrzehnt geforderte *Integration theologischer und humanwissenschaftlicher Fragestellungen,* besonders die »stärkere Öffnung der religionspädagogischen Diskussion zur allgemeinen erziehungswissenschaftlichen Forschung hin«[11]. Inzwischen hat sich fast überall die Entschlossenheit ausgebreitet, die nicht zu leugnende Kooperationsschwäche, wenn nicht Koopera-

9. *H. Halbfas:* Fundamentalkatechetik, 1. Aufl., Düsseldorf 1968.
10. *G. Otto:* Was heißt Religionspädagogik? In: Theol. Pract. 9 (1974), 3, S. 166 ff., S. 169.
11. Verf.: Anmerkungen zu Stand und Aufgabe religionspädagogischer Forschung heute (1966), zuerst in Theol. Pract. 2 (1967), 1, S. 31 f.; *K. Wegenast:* Die empirische Wendung in der Religionspädagogik, in: Der Ev. Erz. 20 (1968), 3, S. 111 ff.

tionsunfähigkeit der traditionellen evangelischen und katholischen Katechetik im Blick auf die Erziehungswissenschaft und die empirisch orientierten Sozial- und Verhaltenswissenschaften zu überwinden[12]. Solange man religionspädagogische Handlungsanweisungen deduktiv zu gewinnen suchte, indem man meinte, sie dogmatisch aus Sätzen der Glaubenslehre ableiten zu können, übersah man immer wieder die auf diese Weise unaufgeklärt bleibenden ›weltlichen‹ Zusatzinterpretamente und Zusatzentscheidungen, die man einbringen mußte, richtiger wohl, die man immer schon insgeheim in seinem Vorverständnis mitbrachte, um überhaupt zu jenen konkreten Praxisanweisungen zu kommen[13].

Die Zusammenarbeit von Theologie und Pädagogik im religionspädagogischen Aufgabenfeld wurde zusätzlich dadurch erschwert, daß die Denkfiguren der Dialektischen Theologie von der bedingungsunbedürftigen Selbstmitteilung der göttlichen Offenbarung ausgingen und so jene Vermittlungsmodelle zumindest zunächst prinzipiell verdächtigen mußten, die die verbindenden Strukturen zwischen Offenbarung und Geschichte, Verkündigung und Erziehung, Glaube und Lernen zu berücksichtigen suchten. Die Religionspädagogik kann jedoch nicht die Augen davor verschließen, durch wie viele gesellschaftspolitische, soziologische, psychologische und andere Faktoren jede pädagogische Praxis konstitutiv geprägt ist, auch jede Praxis, die einem christlichen Selbstverständnis folgt, das sich durch Gottes bedingungslose Offenbarung ermöglicht weiß. Folglich muß sich *Religionspädagogik als ein interdisziplinärer Prozeß* zwischen theologischen und nichttheologischen Wissenschaften vollziehen. Dieser Prozeß – so scheint es – wird durch die Orientierung am Begriff der Religion weit weniger durch Vorbehalte und Kommunikationssperren belastet als durch die traditionellen dogmatischen Orientierungen.

12. Was allerdings noch nicht dazu geführt hat, daß die Religionspädagogen in der Bundesrepublik außer in bescheidenen Ansätzen dazu übergegangen sind, empirische Forschung zu betreiben.

13. An einem Beispiel aus der älteren Geschichte der christlichen Pädagogik (*August Hermann Francke*) illustriert dies instruktiv *H. Blankertz*: Theorien und Modelle der Didaktik, 1. Aufl., München 1969, S. 21 ff. Als Beispiel aus der neueren Geschichte christlicher Pädagogik vgl. die Arbeiten des »Deutschen Instituts für Bildung und Wissen« und ihre Analyse durch den Verf.: Christliche Bildungstheorie und Schulpolitik. Deutsches Institut für Bildung und Wissen 1958 bis 1968, Gütersloh 1969.

d) Offenheit für den Dialog. Öffnung für andere wissenschaftliche
Zugänge sollte redlicherweise *Offenheit* für die bei diesen anderen
Zugängen verfolgten Fragestellungen und gewonnenen Einsichten
einschließen. Zu einem neuen Verständnis der Religionspädagogik
treibt nicht zuletzt das Bewußtsein, daß wir in einer Zeit leben, in
der über die zweckdienliche wissenschaftliche Zusammenarbeit hinaus das wissenschaftliche Gespräch zugleich ein Gespräch über unsere gemeinsamen Lebensprobleme werden sollte. Kann die Behandlung der Fragen der religiösen Erziehung ihre Sinngehalte nur
aus der Denktradition der christlichen Theologie erwarten? Geht es
nicht bei der Sinnproblematik heute um Verständigung über die
Mauern der Konfessionen und Kirchen hinweg? Ist nicht auch unter
diesem Gesichtspunkt der Begriff der Religion geeigneter, eine
Grundlage für die gemeinsame Sinnsuche zu stiften?

*e) Der Ansatz bei einem allgemeinen Religionsbegriff – eine zwin-
gende Schlußfolgerung?* Die Darstellung der Beweggründe, die bei
verschiedenen Religionspädagogen zu einer Orientierung am Religionsbegriff geführt haben, sollte spüren lassen, daß es sich um
gewichtige Motive handelt, die auch hier voll *berücksichtigt* werden müssen. Spätestens die Ausarbeitung des Verhältnisses von
Religionspädagogik und Sozialisationsforschung, besonders im
Problemfeld Jugend und Religion, wird jene religiösen Phänomene
aufzugreifen haben, die immer wieder zur Ausweitung des Gegenstandsfeldes der Religionspädagogik nötigen (Bd. 3). Mehr noch:
Nicht nur einzelne neue religiöse Bedürfnisse oder pseudoreligiöse
Phänomene unserer Zeit ziehen die Aufmerksamkeit auf sich, die
religiöse Erziehung insgesamt, so zeigt die Sozialisationsforschung,
ist in zentralen Bereichen überhaupt ein nahezu ununterscheid-
barer, weil integrierter Teil der allgemeinen Erziehung bzw. allgemeinen Sozialisation des Kindes, z. B. hinsichtlich der Übertragung
der grundlegenden Verhaltensnormen und der Konstitution des
Gewissens (Bd. 3). Es ist für mich ferner seit langem selbstverständlich, daß religionspädagogische Aussagen nicht aus normativen Deduktionen gewonnen werden können, sondern nur im
»Schnittpunkt multipler Zugänge« sowie im Spannungsfeld verschiedener, nämlich geisteswissenschaftlich-hermeneutischer, empirisch-analytischer und ideologiekritischer Methoden (vgl. hierzu
noch unten 3. Kap. II/3). Damit sind zugleich die genannten flan-
kierenden Motive unterstrichen, die Notwendigkeit der Kooperation zwischen Theologie, Pädagogik und anderen Sozialwissen-

schaften und das ihnen zugrundeliegende Verständigungsmodell. Gerade die Eröffnung verschiedener Zugänge in diesem Einleitungsband und im folgenden Teilband, die bereits erfolgte Erörterung der gesellschaftstheoretischen, bildungstheoretischen und anthropologischen Voraussetzungshorizonte sowie die noch ausstehende Darlegung der theologischen und religions- bzw. kirchensoziologischen Grundlagen soll ja diesen Motiven dienen.

Ich teile mithin die in allen jenen Beweggründen sich ausdrückende neue Einschätzung der Lage und Aufgabe, aber ich kann nicht die gleiche Schlußfolgerung ziehen: die Notwendigkeit der Grundlegung der Religionspädagogik in einem allgemeinen Religionsbegriff. Nicht als ob solche Grundlegung nicht möglich sei; aber sie ist in mehreren Hinsichten problematisch, und zwar nicht zuletzt in jenen Hinsichten, die, mit den oben genannten Beweggründen verbunden, eine Umorientierung nahezulegen schienen. Es läßt sich zeigen, daß alle jene Beweggründe produktiv aufgenommen werden können, auch ohne daß die Theoriebildung sich an einem allgemeinen Begriff von Religion als oberster Kategorie festmacht. Oder modifiziert gesagt: Sofern auch diese Erörterungen vom Begriff Religion ausgehen, wird Religion primär mit dem historisch gewordenen Christentum unserer Zeit in Beziehung gesetzt. Die Religionspädagogik muß die Geschichtlichkeit ihrer Theoriebildung ernstnehmen (siehe oben) und von der Geschichte der Selbstauslegung der christlichen Religion her denken, einer Geschichte, der sie selbst als Theoriebildung immer schon angehört. Auch die Rede von Religion allgemein und das Plädoyer für eine nichtkirchliche Religiosität lassen sich nur historisch, als eine zeitbedingte Form dieser christlichen Selbstauslegung begreifen.

Die von dieser vorgängigen geschichtlichen Vermittlung sich lösende, abstrakte Rede von Religion dagegen, besonders die geschichtsfremde Ontologisierung dieses Begriffs, führt zu spezifischen *Aporien*, zusammengefaßt und vorweggenommen:

- Die Allgemeinheit des Religionsbegriffs soll zeitgemäß sein, neigt aber zu Geschichtslosigkeit und Gesellschaftsferne.
- Sie soll neue Phänomene der Religiosität erfassen, die jedoch durch den verwendeten Religionsbegriff selbst erst als religiös definiert werden müssen.
- Sie soll dem Religionsbegriff eine umfassende Geltung sichern, die allerdings nur so lange gilt, wie man von den Möglichkeiten unterschiedlicher Interpretation und Konkretisierung der allgemeinen Formel ›Religion‹ absieht.

- Sie soll von dogmatischen Denktraditionen befreien, wobei man meist nicht beachtet, daß die neuen kritischen Kriterien von dem her leben, was sie kritisieren, der christlichen Tradition.
- Wo man die Begriffe Religion und Emanzipation miteinander verbindet, ist es ähnlich: Ein allgemeiner Begriff Religion und ein allgemeiner Begriff Emanzipation geben von sich aus nichts her, sondern jeweils nur das, was man ihnen zuvor an Substanz und kritischer Kraft aus einem geschichtlich vermittelten Vorverständnis heraus geliehen hat, sei es im Gefolge ganz bestimmter Traditionen christlichen Denkens oder bestimmter Traditionen der neuzeitlichen Freiheitsgeschichte.
- Schließlich soll der allgemeine Religionsbegriff eine Basis gemeinsamer Sinnsuche und offener Verständigung schaffen. Sofern sich sein Gebrauch jedoch apologetischen Motiven verdankt – der Rettung des Religiösen angesichts der Krise der historischen Religion des Christentums und auf diesem Umweg zugleich der neuen Wegbahnung christlichen Glaubens –, entwickelt der weite Religionsbegriff auf Grund der religiösen Deutung von Erfahrungen, die sich selbst gar nicht als religiös verstehen, eine eigene usurpatorische Tendenz; das dogmatische Interpretationsmonopol kehrt im neuen Gewande wieder.

3. Religionstheoretische Denkmodelle

Auf die Frage, bei welchem Verständnis von Religion die genannten, unten noch zu entfaltenden Aporien auftauchen, lassen sich zwei Wege unterscheiden, auf denen man zu einem allgemeinen Begriff von Religion zu gelangen versucht. Der erste Weg spielt in der Religionspädagogik bisher kaum eine Rolle (a), der zweite (b) nur in einer bestimmten Spielart (c). Auf diese Spielart richten sich vor allem die geäußerten Bedenken.

a) *Religion und religiöse Erscheinungsformen (induktiver Religionsbegriff)*. Es ist zum einen möglich, die historischen Religionen einschließlich der Religionen der primitiven Völker in der Vielfalt ihrer Erscheinungsformen nach gemeinsamen Merkmalen zu befragen, um auf dem Wege fortschreitender *Generalisierung* eine Begriffsbestimmung zu gewinnen, die die Mannigfaltigkeit der religiösen Phänomene umgreift. Es gibt in den Religionswissenschaften zahlreiche Methoden einer solchen vergleichenden Klassifikation und ebenso zahlreiche Definitionen. Die Versuche der Typisierung und der noch weitergreifenden Zusammenfassung unter einen obersten Begriff können einmal *religionsphänomenologisch* orientiert sein. Berühmt ist die von *Rudolf Otto* entwickelte zentrale Kategorie des »Heiligen«. Bekannt sind auch die klassischen *religionssoziologischen* Funktionsbestimmungen von Religion (Integrationsthese, Kompensationsthese, Säkularisierungsthese). Alle diese induktiv gewonnenen Generalisierungen sind von den ihnen zugrundeliegenden Erscheinungsformen abstrahiert und mit dem geschichtlichen Wandel dieser Formen oder mit dem Auftreten neuer Formen veränderbar. Es ist daher die Frage, ob man auf diese Weise überhaupt zu einem Allgemeinbegriff der Religion kommt. Dies versucht der zweite Weg.

b) *Religion und Selbstbewußtsein (transzendentalphilosophischer Religionsbegriff)*. Er setzt nicht religionswissenschaftlich bei den empirischen religiösen Phänomenen ein, sondern religionsphilosophisch bei der *Analyse des (religiösen) Selbstbewußtseins.* In der Rückwendung auf sich selbst entdeckt das reflektierende Bewußtsein, warum es religiöses Bewußtsein werden kann, ja, werden muß. Religiöser Gegenstand und reflektierendes Bewußtsein stehen sich nicht mehr wie bei der vergleichenden religionswissenschaftlichen Betrachtung einander gegenüber, sind nicht durch objektivierende Verfahren getrennt, sondern werden in ihrem Zusammenhang erkannt: »Im Begriff der Religion kommt eine Lebenswelt zustande, die sich in der Theorie des Selbstbewußtseins in ihrem Zustandekommen begreift.«[14] Begriffsbildung durch Vergleich und Generalisierung (siehe oben) ist den Objekten zugewandt. Auch hierbei ist der menschliche Verstand produktiv, aber diese seine eigene Produktivität ist nicht sein Gegenstand. Im reflexiven, ›transzendental‹-philosophischen, d. h. den Erkenntnisprozeß auf seine *Bedingungen* hin ›überschreitenden‹ Rückgang schaut dagegen der menschliche Verstand gleichsam sich selbst zu.

Der Reflexionsstandpunkt ist historisch durch die Aufklärung und die kritische Philosophie (*Kant*) ermöglicht worden. Erst jetzt erkennt der Mensch, daß er selber durch die Tätigkeit seines Bewußtseins seine Welt mit hervorbringt, obwohl er gleichzeitig von ihr abhängig ist und sich immer schon in ihr vorfindet. Nach *Hans-*

14. *H.-W. Schütte:* Religionskritik und Religionsbegründung, in: *N. Schiffers u. H.-W. Schütte:* Zur Theorie der Religion, Freiburg/Br. 1973, S. 134.

Walter Schütte ermöglicht die Dialektik von Produktivität und Abhängigkeit zugleich »Religionskritik und Religionsbegründung«. Beides gehört zusammen[15]. Sie führt zu *Religionskritik*, weil die kritisch forschende Vernunft im Durchgang durch die religiösen Lehrgebäude diese als von ihr selbst abhängig erkennt und damit in ihnen gleichsam sich selbst in ihrer eigenen Produktivität wahrnimmt. »Zugleich aber zeigt sich in dieser kritischen Reduktion, daß sich die Vernunfttätigkeit zwar den religiösen Gegenständen überlegen weiß, daß sie aber selber des Religionsbegriffs bedarf, um sich in ihrem Zustandekommen begreifen zu können.«[16] Dies führt zur *Religionsbegründung*. Das individuelle, endliche, abhängige Bewußtsein, das sich trotz seiner die Wirklichkeit konstituierenden Tätigkeit seinem eigenen Zustandekommen entzieht, muß hinnehmen, daß in ihm selbst Subjekt und Objekt, Selbstbewußtsein und Wirklichkeit noch nicht zusammenfallen. Menschliches Selbstbewußtsein ist eine bedingte Größe; es ist alles andere als unbedingtes, absolutes Selbstbewußtsein. Oder anderes formuliert: Die begriffene, dadurch für den Menschen überhaupt erst als seine Welt hervortretende Wirklichkeit bleibt zugleich die ihn umgreifende und unbegriffene Wirklichkeit. Angesichts dieses Konflikts und in seiner Verarbeitung, so folgert *Schütte,* zeigt sich die Einheit von Selbstbewußtsein und Wirklichkeit als die »exemplarische konfliktfreie Wirklichkeit«, als jener »Inbegriff von Subjektivität« (absolutes, unbedingtes Selbstbewußtsein), »dessen das endliche Subjekt bedarf, um sich begreifen zu können«[17]. Religion nun ist die Thematisierung dieses erfahrenen Sachverhalts. Eine Theorie der Religion, die sich in dieser Weise im Rahmen »des im Selbstbewußtsein gesetzten Verhältnisses von Bedingtem und Unbedingtem« entfaltet[18], ist folglich an einem Begriff von Religion festgemacht, der jeder konkreten gelebten Religiosität und historischen Religion vorausliegt, weil er – transzendentalphilosophisch gesehen – die prinzipiell notwendige Bedingung ihrer Möglichkeit beschreibt.

15. Von hierher gesehen ist es einseitig oder zumindest mißverständlich, wenn *G. Otto* als das die religionspädagogische Arbeit zusammenhaltende übergreifende Interesse nur das »religionskritische« Interesse nennt (siehe oben S. 136).
16. *H.-W. Schütte,* a. a. O. S. 101.
17. A.a. O. S. 130 f.
18. A. a. O. S. 135.

Die skizzierte, der Religionsphilosophie der Aufklärung und des deutschen Idealismus verpflichtete Argumentation hat ihre eigene Stringenz. Im Unterschied zu bloßer Generalisierung führt erst sie zu einem Allgemeinbegriff von Religion. Er könnte der Religionspädagogik zugrundegelegt werden. Dies ist bis jetzt jedoch in der eben beschriebenen religionsphilosophischen Fassung, als Verhältnisbestimmung von Religion und Selbstbewußtsein, noch nicht geschehen. In die religionspädagogische Diskussion eingedrungen sind vielmehr Fassungen eines Religionsbegriffs, die im Vergleich zu H.-W. *Schüttes* differenzierten Darlegungen nicht nur zumeist flüchtiger umrissen sind, sondern außerdem die reflexive Dialektik ontologisierend verfestigen bzw. überhöhen.

c) Religion und Sein (anthropologisch-ontologischer Religionsbegriff). Von den gemeinten Versuchen ist der »Bestimmungsversuch eines fundamentalen Religionsbegriffs und Entwurf einer anthropologischen Religionspädagogik« von *Wolfgang G. Esser* noch der ausführlichste[19]. Die religionswissenschaftlichen Versuche, das Gemeinsame der Religionen mehr oder weniger induktiv zu bestimmen, läßt Esser schnell hinter sich zurück. »Um eine möglichst allgemeingültige Bestimmung von Begriff und Wesen der Religion zu erreichen, die auch Gültigkeit für religiöse Ausdrucksformen beanspruchen kann, welche – von einem anthropozentrischen Weltverstehen geprägt – auf die Nennung einer heiligen Bezugsgröße verzichten, bleibt nur die Möglichkeit, die ›Formenwelt des Religiösen‹ (Goldammer) auf eine letzte, vorausliegende, fundamentale Gemeinsamkeit zu reduzieren, mithin auf die religiöse Verfaßtheit des Menschen, seine je schon a priori existential vorhandene ›Selbst-Transzendenz‹ (Tillich–Rahner) zu konzentrieren.«[20] Wie wird der Begriff der »Selbst-Transzendenz« verstanden? Esser entwickelt ihn nicht aus der Dialektik des sich seiner selbst in den Akten der Kritik und Begründung innewerdenden Selbstbewußtseins (siehe oben), sondern mit Bezug auf »das Seiende als das der menschlichen Existenz Begegnende.«[21] *Ontologisierende* Kategorien, Aussagen über das Seiende (das Vor-Letzte) und das in ihm sich offenbarende Sein (das Letzte) treten an die Stelle von *reflexi-*

19. In: *G. Stachel, Wolfgang G. Esser (Hg.):* Was ist Religionspädagogik? Zürich u. a. 1971, S. 32–63.
20. A. a. O. S. 43.
21. A. a. O. S. 49.

onsphilosophischen Kategorien, von Aussagen über das Bewußtsein.

Der Mensch findet nur dann eine Beziehung zum letzten Sinn-Grund, dem
Heiligen, wenn er die Welt als das Vorletzte, »als insgeheim vom Heiligen gezeichnet« erfährt. Selbst-Transzendenz des Menschen darf nicht
existentialistisch verengt aufgefaßt werden, sie richtet sich »nicht auf ein
existentiales dunkles Innen«, sondern meint »Offenheit zur Welt« hin,
»aus deren geheimnisvoller Tiefe er ins Dasein ›geworfen‹ ist und nun
von einer unverfügbaren Macht, einer gewährenden Macht in der Welt
zur befreienden Verantwortung seiner selbst und der ihm zugewiesenen
Welt und ihrer Zukunft, eben zum Da-Sein gerufen wird. So lebt der
Mensch ›aus der unendlichen Gabe‹ (Casper) des In-der-Welt-Sein; nun
kann er sich als Gefragter eigentlich nur noch an das ihm Gegebene frei-
geben. Religion, richtig verstanden, vollzieht sich in weltoffener Inner-
lichkeit.«[22] Religion ist in der Sicht *Essers* »Gefragtsein und Frage auf
Antwort hin«, hergeleitet »aus dem unwiderruflichen Begegnungscharak-
ter der Wirklichkeit fraglicher Welt und gefragten Menschseins ...«[23]
Religion bleibt jedoch nicht nur Frage. »Der Mensch erfährt sich als der je
schon *Über*-forderte und *Über*-fragte. Er erfährt sich als Entwurf auf eine
Größe, die seinem Fragen wie seinem Gefragtsein je schon *voraus* ist.«
»Spätestens hier kann sie personal erfahren werden.« Ein Bild von Gott
kann sich der Mensch nur machen, weil »das Bild je schon *ist*, dem Menschen je schon *voraus* ist«[24].

Beziehungen, die oben aus der Reflexivität des Selbstbewußtseins
hervorgingen, treten hier als Aussagen entgegen, die anscheinend
als gleichsam objektive Gegebenheiten des Seins wahrnehmbar
sind. Die *Wirklichkeit* wird als solche *religiös qualifiziert*; sie ist
transparent für den letzten Sinn-Grund alles Seienden, ist »insgeheim vom Heiligen gezeichnet«, erhält supranaturalen personalen
Offenbarungscharakter, wenn in ihr der Mensch durch eine »unverfügbare« und »gewährende Macht« »zur befreienden Verantwortung« seiner selbst und seiner Welt »gerufen« wird. Ein anthropologisch gemeinter Religionsbegriff wird unter der Hand immer
deutlicher zu einem Konzept voll höherer metaphysischer Weihe –
auch sprachlich. Es entwickelt sich ein Theorem, das im Sinne eines
»fundamentalen Religionsbegriffs« zwar vor jeder christlich-theologischen Deutung von Religion angesiedelt sein soll und darum
allgemeine Anerkennung zu erhalten erhofft, das aber gleichwohl

22. A. a. O. S. 48, 49 f.
23. A. a. O. S. 50, 51.
24. A. a. O. S. 52 f.

ohne den christlichen Denkhintergrund gar nicht zu verstehen ist, den es dann auch Stück für Stück mit der Rede vom personal erfahrenen Gott wie schon zuvor mit der Denkfigur der »gewährenden Macht«, dem Ruf zur »befreienden Verantwortung« usw. aufnimmt. Der ›allgemeine‹ Religionsbegriff füllt sich zwangsläufig, denn sonst bliebe er nichtssagend, mit Bedeutungselementen, die durch die Begründung der Religionspädagogik in einem intersubjektiv gültigen Religionsverständnis an sich gerade aus dem Spiel bleiben sollen.

Nun wäre gegen eine bestimmte theologische Deutung von Religion nichts zu sagen, wenn sie sich als eine solche ausgäbe. Das aber ist nicht der Fall. Die vorgetragene Theoriebildung ist bedingter, als sie zu erkennen gibt, tritt aber auf mit dem Anspruch der unbedingten Gültigkeit, als in jeder Hinsicht unmittelbar einsichtig, mit zwingendem Ton: Weil der Mensch fragt, sich als Gefragter erfährt, ist er religiös. »Religiosität kann er also nicht wählen; er hat keine Wahl, Gefragter und Frage zu sein oder nicht zu sein. Er ist es. Er kann nur diese seine Religiosität wesensgemäß in Freiheit annehmen oder nicht wesensgemäß unterdrücken und verdrängen (J. B. Metz).«[25] Hier wird Theoriebildung anders betrieben, als es uns vorschwebt und oben umrissen worden ist. Die Aussagen verstehen sich nicht als geschichtlich bedingte, standortgebundene ›Modelle‹ mit hypothetischem Charakter, sondern geben sich als zeitlos gültige ›Wesens‹-bestimmungen. Daß Menschen fragen und sich als Gefragte verstehen, kann eingesehen werden. Für die religiöse Interpretation dieses Phänomens mit allen ihren berührten Weiterungen gilt dagegen wohl schwerlich dasselbe. Dennoch wird diese Sicht dem Zeitgenossen zugemutet. Religiosität erscheint als etwas Unausweichliches. Ob man sich selbst religiös versteht oder nicht, hier wird das Wesen des Menschen so gedeutet, daß er sich »eigentlich« nur noch so und nicht anders verstehen dürfte (S. 50). Jedenfalls ist für die Schule, für die Curriculumentwicklung, Religion unabweisbar. Auf diese zwingende Schlußfolgerung spitzt sich die gesamte Abhandlung zu. »Will die Schule diese fundamentale Wirklichkeitsdimension der menschlichen Existenz in Gesellschaft und Geschichte nicht verschweigen und sich vor der heranwachsenden Generation nicht einer weltimmanenten Ideologie schuldig machen, muß sie Gelegenheit geben, daß ein religiöser Daseinsunterricht oder ein Curriculumelement Religion solcher

25. A. a. O. S. 54.

Konzeption ihren zentralen Beitrag leisten können.«[26] Der apologetische Zweck, die Rechtfertigung des Religionsunterrichts, ist zwar nicht die Mitte, aber die nicht zu übersehende Pointe des Ganzen: Das historische Christentum ist in der Krise, die Religiosität als solche ist unvergänglich. Setzt man bei ihr an, ist der Jugend vielleicht auch der Sinn für das Christentum neu einzustiften.

Im Zusammenhang der pädagogischen Rechtfertigungsversuche des schulischen Religionsunterrichts in den letzten anderthalb Jahrzehnten ist ähnlich wie für Wolfgang G. Esser ungefähr zur gleichen Zeit auch durch *Siegfried Vierzig* die Begründung der Religionspädagogik im Religionsbegriff an einen äußersten Punkt vorgetrieben worden, hier besonders durch jene Variante in der Argumentation, die wegen ihrer Formelhaftigkeit besonders schnell aufgegriffen worden ist: durch die Berufung auf *Paul Tillichs* Begriff von Religion als das, was uns »unbedingt angeht«. Die Darstellung des Argumentationszusammenhangs bei Vierzig zeigt noch deutlicher als bei Esser den *apologetischen* Hintergrund der Rede von Religion[27].

Pädagogische Rechtfertigungen des Religionsunterrichts in der Schule haben sich eingebürgert. Die Argumente ergänzen und korrigieren sich zum Teil gegenseitig. Die Eskalation der Argumente ist allerdings inzwischen nicht mehr zu überbieten: Das Christentum ist nicht nur eine aus unserer Tradition nicht wegzudenkende »Überlieferungskomponente« (*G. Otto*)[28] und gehört in die Schule,

26. A. a. O. S. 63. Zu *W. G. Essers* Konzeption des Religionsunterrichts vgl. inzwischen sein Buch: Religionsunterricht, Düsseldorf 1973. Religionsunterricht wird als »Daseinserschließung« oder »Daseinsunterricht« bezeichnet, weil es Esser entsprechend dem hier vorgestellten religionspädagogischen Ansatz um die »Erschließung der Religiosität des Daseins im Vorfeld des Evangeliums« geht, um die »transzendenzdynamische Grundstruktur des Daseins«, in dreifacher Stufung ausgelegt als »weltimmanente« und »welttranszendente Selbsttranszendenzdynamik des Daseins« und als »selbsttranszendente Weltimmanenzdynamik«.

27. Zum Folgenden vgl. bereits Verf.: Braucht unsere Bildung Religion? – Zur gesellschaftlichen Verwendung religiöser Erziehung und zur Gesellschaftsferne der Religionspädagogik, in: *H. Horn (Hg.):* Begegnung und Vermittlung, Gedenkschrift für Ingeborg Röbbelen, Dortmund 1972, S. 49 ff.

28. *G. Otto:* Schule – Religionsunterricht – Kirche, 1. Aufl., Göttingen 1961.

weil die Schule eine Stätte der »Überlieferung« ist (M. Stallmann)[29]; die religiösen Vorstellungen sind nicht nur die »kontinuierlichsten Vorstellungen der abendländischen Menschheit« und verdienen darum eine Aufhellung, weil es die Schule mit der »Ordnung der Vorstellungen« zu tun hat (Th. Wilhelm)[30]; nicht nur gibt es ferner »ein überraschend starkes Bedürfnis nach Religion bei der Jugend« (S. Vierzig)[31], das ebenfalls respektiert werden muß, weil die Schule auch die Erfahrungen und Interessen der Jugendlichen zu berücksichtigen hat. Nicht nur hat schließlich jeder Heranwachsende ein gesellschaftspolitisch und verfassungsmäßig gewährtes Recht auf »religiöse Orientierung«, für dessen Wahrnehmung die Schule Voraussetzungen schaffen muß, weil sie sich selbst auf die Grundrechte beruft und darum bei ihnen behaftet werden kann (Art. 4 GG) (H.-B. Kaufmann, P. Biehl, K. E. Nipkow)[32]. Hier wird noch auf Gewesenes, Gewordenes, Vorhandenes abgehoben, auf geschichtlich-gesellschaftlich lokalisierbare Größen und politisch-rechtliche Grundlagen. »Was ist aber, wenn das Vorstellungsgelände sich vollkommen wandelt«, fragt Siegfried Vierzig im Blick auf Theodor Wilhelm, wenn unsere Verhältnisse sich verändern, christlich-religiöse Weltbewältigung sich »als ein von der Entwicklung des Geistes überholter Versuch herausstellt?«[33] Hier hilft für Vierzig nur dies: die Rechtfertigung des Religionsunterrichts muß über »die Grenze der empirisch-phänomenologischen Argumentation« hinausgetrieben und an etwas Unveränderlichem festgemacht werden.

Ein Schritt auf diesem Wege ist die »Kennzeichnung des Eigentlich-

29. M. Stallmann: Christentum und Schule, Stuttgart 1958.
30. Th. Wilhelm: Theorie der Schule, 1. Aufl., Stuttgart 1967.
31. S. Vierzig: Das Bedürfnis nach Religion, in: N. Schneider (Hg.): Religionsunterricht – Konflikte und Konzepte, Hamburg u. München 1971, S. 23.
32. H.-B. Kaufmann: Die Aufgabe der Kirche nach dem Ende des kirchlichen Religionsunterrichts, in: ZfReligionspädagogik 25 (1970), 4, S. 4 ff.; P. Biehl: Zur theologischen Bestimmung des Religionsunterrichts in der öffentlichen Schule, in: K. Wegenast (Hg.): Religionsunterricht wohin? Gütersloh 1971; K. E. Nipkow: Zum Sinn des Religionsunterrichts in der Schule von morgen, in: Radius 1970, H. 3, S. 36 ff. (auch in: Ders.: Schule und Religionsunterricht im Wandel, Düsseldorf u. Heidelberg 1971, S. 301 ff. Siehe auch S. 324 ff.).
33. Zur Theorie der »religiösen Bildung«, in: H. Heinemann, G. Stachel, S. Vierzig: Lernziele und Religionsunterricht, Zürich u. a. 1970, S. 15; zum Folgenden vgl. auch den in Anm. 31 genannten Aufsatz.

Menschlichen«, ist eine überzeitliche anthropologische Wesensbestimmung des Menschen als ein »geistig-religiöses Wesen«; der Mensch ist immer auch »homo religiosus« (*H. Roth*)[34]. Nicht genug damit – in der Sicht des anthropologisch orientierten Pädagogen Roth wird nach Vierzig in individueller Verengung nur an die religiöse Bedürftigkeit des einzelnen, der »mit dem Leben nicht fertig« wird, und an die Kompensationsfunktion der Religion gedacht. Sie unterliegt noch marxistischer Religionskritik[35]. Erst der Überstieg über die Generalisierung »empirisch-anthropologischer« Erfahrung hinaus »ins Ontologische« macht die Begründung des Religionsunterrichts ganz zwingend, denn sie überwindet auch die religionskritischen Infragestellungen. Religion ist »nicht ein Existenzphänomen unter anderem«; »Religion ist eine Struktur des Seins«. Religion ist für S. Vierzig mit *Paul Tillich* – ähnlich wie bei *W. G. Esser* – der Mensch als der nach dem Sinn von Sein unbedingt Fragende. »Religion ablehnen, heißt den Menschen als Fragenden ablehnen.«[36]

Wer wagt das schon? Wer könnte dies noch, wenn etwas »ontologisch« gilt und damit anscheinend unabhängig von dem, was geschichtlich überholt werden kann? Die Rechtfertigung des Religionsunterrichts in der Schule ist nicht nur unüberbietbar, sondern, wie es scheint, auch unangreifbar geworden. Hierzu dient der ganz weite Begriff von »Religion« und auch ein weiter Begriff von »Theologie«. Nicht nur die Fragen des sich religiös, beispielsweise im Sinne des explizit-kirchlichen oder impliziten Christentums religiös verstehenden Menschen, sondern auch die Fragen jener Zeitgenossen, die weder ihre Fragen noch ihre Antworten im Horizont christlicher Religion oder irgendeiner anderen geschichtlichen Religion verstehen, werden als religiöse Fragen reklamiert – weil sie so definiert werden. Hiergegen kann man sich nicht wehren. Die Fragen »nach der Wahrheit«, »nach dem Guten«, »nach dem Sinn« und »nach der Zukunft« werden per definitionem, durch Begriffserweiterungen der Begriffe »Religion« und »Theologie«, zu Fragen der Religion: »Damit weiten sich Religion und Theologie sowohl nach ihrem Gegenstand als auch nach ihrer Funktion hin ins Ontologische aus.«[37] Religion wird für jeden zu einer unentrinnbaren Seinsverfassung erklärt, ob er will oder nicht und ob er es weiß oder

34. A. a. O. S. 15 f.
35. A. a. O. S. 17 f.
36. A. a. O. S. 17, 19.
37. A. a. O. S. 19.

nicht. Andere wissen es für ihn. Über alle geschichtlichen Wechsel-
fälle hinaus wird »der Religionsunterricht als ›religiöse Bildung‹
mit dem Anspruch der Notwendigkeit für alle theologisch begründet« – theologisch in dem genannten weiten ontologischen Sinn
verstanden[38].

Über diesen Ansatz hinaus läßt sich schwerlich ein noch umfassen-
derer denken. Die religionspädagogische Bewegung, die seit *Martin Stallmann* und *Gert Otto* bestrebt war, von den allgemeinen
Bildungsaufgaben ausgehend die Notwendigkeit des Religionsunterrichts aus dem Selbstverständnis der säkularen Schule selbst
herzuleiten und damit für alle Beteiligten intersubjektiv einsehbar
und nachvollziehbar zu machen, scheint an ihr Ende gekommen zu
sein. *Siegfried Vierzigs* Theorie der »religiösen Bildung« und
Wolfgang G. Essers fundamentalanthropologischer Bestimmungsversuch sind weniger der zeitlich letzte als der grundsätzlich nicht
mehr überholbar erscheinende Versuch, den Religionsunterricht
auf allgemeingültige Weise abzusichern[38a].

4. Aporien einer religionstheoretischen Begründung der Religionspädagogik

Es war notwendig, sich ein Bild darüber zu verschaffen, was mit
einer Grundlegung der Religionspädagogik in einem allgemeinen

38. A. a. O. S. 18.

38a. Die vorstehenden Ausführungen wollen die pädagogische Rechtfertigung des Religionsunterrichts »von der Schule her« nicht rück-
gängig machen. Sie plädieren jedoch dafür, solche Argumente zu
verwenden, die möglichst für alle einsehbar und nicht überhöht sind.
Da ich zur Frage der Begründung des Religionsunterrichts bereits
mehrfach Stellung genommen habe, sei hier nicht weiter auf sie eingegangen. Zur Problematik einer leichtfertigen Anlehnung an schul-
theoretische Konzeptionen vgl. zuletzt meinen Aufsatz: Gegenwärtige Schultheorien in ihrer Bedeutung für den Religionsunterricht,
in: *E. Feifel u. a. (Hg.):* Handbuch der Religionspädagogik, Bd. 1,
Gütersloh u. a. 1973, S. 280 ff. Angesichts der in Kap. 1 geschilder-
ten gesellschaftlich-pädagogischen Situation ist eine *kritische* schulische Orientierung gefordert; außerdem geht es heute verstärkt um
die *theologische* Glaubwürdigkeit des Religionsunterrichts. M. E.
wird dies Fach nicht überzeugen, wenn es in ein vielleicht tief er-
scheinendes, im Grunde aber abstraktes und kriterienschwaches Reden von der allgemeinen Bedeutung der »Religion« für den Menschen ausweichen sollte, anstatt sich theologisch zu stellen.

Religionsbegriff gemeint sein soll, um die Aporien besser zu verstehen, die bereits oben angedeutet worden sind.

a) Übergeschichtlicher Anspruch – geschichtliche Bedingtheit. Eine Religionspädagogik, die sich im Begriff der Religion gründet, strebt eine größere Nähe zum gegenwärtigen Zeitbewußtsein an. Je allgemeiner der Begriff der Religion gedacht wird, desto mehr entfernt sich jedoch ein solches abstraktes gedankliches Konstrukt von Zeit, Geschichte und Gesellschaft. Die nicht aufzuhebende *geschichtliche* Bedingtheit auch einer *übergeschichtlich* formulierten Kategorie ist die *Grundaporie,* aus der alle weiteren folgen. Das systematische Bedürfnis des Verstandes, zu einer vereinheitlichenden Beurteilung vielfältiger Phänomene zu gelangen (generalisierende Begriffsbildung), wie das darüber hinausgehende Bedürfnis, das eigene geistige Vermögen in seiner kritischen Produktivität wie in seinen Grenzen zu durchdringen (transzendentalphilosophische Begriffsbildung), können zwar dadurch befriedigt werden, daß eine alles umfassende Formel gefunden wird. Um von ihrer Abstraktionshöhe zur konkreten religiösen Praxis und Erziehungspraxis hinunterzugelangen, müssen jedoch alle empirischen religiösen Phänomene und geschichtlich-gesellschaftlichen Erziehungsfaktoren wieder hinzugenommen werden, die man zuvor abgezogen hat. Hierbei enthüllt sich dann, wie unterschiedlich sich eine allgemeine Begriffsbestimmung in Zeit und Raum auslegen läßt und insgeheim immer schon ausgelegt ist.

Zwar ist der Abstraktheitsvorwurf für sich genommen zunächst noch kein prinzipieller Einwand. Diesem Einwand ist entgegenzuhalten, daß die aus der reflexiven Rückwendung auf das religiöse Bewußtsein hervorgehenden Erkenntniskategorien grundsätzlich mit Wirklichkeitskategorien in Deckung gebracht, nämlich mit dem konkreten religiösen Leben vermittelt werden können. »Die Theorie des Selbstbewußtseins, die zunächst von großer Abstraktheit zu sein scheint, ist nichts anderes als der begriffliche Vollzug dessen, was das religiöse Bewußtsein, das in konkrete Lebensbezüge eingebettet ist, tut.«[39] Diese Feststellung ist grundsätzlich richtig. *Was* aber von dem, was das konkrete, geschichtlich-gesellschaftlich eingebundene religiöse Leben von Individuum und Gruppen ausmacht, wird in der Theorie des religiösen Selbstbewußtseins begrifflich eingefangen? Wie die Ausführungen *Hans-Walter Schüt-*

39. H.-W. *Schütte,* a. a. O. (Anm. 14) S. 134.

tes zeigen, ist es der aller lebendigen religiösen Erfahrung zugrundeliegende ›bewußtseinsmäßige‹ Ermöglichungsgrund von Religion: Es ist die im Selbstbewußtsein sich ihrer selbst bewußtwerdende kategoriale Grundstruktur menschlicher Bewußtseinstätigkeit, die »Gesetzmäßigkeit« von geistiger Spontaneität und Rezeptivität, die dann als Verhältnis von Bedingtem und Unbedingtem, von Mensch und ›Gott‹ religionsphilosophisch bzw. theologisch gedeutet werden kann. Mit den genannten allgemeinen erkenntnistheoretischen Bestimmungen können in der Tat Elemente der Wirklichkeit zur Deckung gebracht werden, aber eben, genau besehen, *nur die allgemeinsten wiederkehrenden Strukturen von Religiosität.* Die historischen Formen der Religionen, besonders die nur jeweils geschichtlich aufzuhellenden *gesellschaftlichen Bedingungen und Wirkungen konkreter Religiosität,* institutionalisierter und nicht-institutionalisierter, finden an dem skizzierten religionsphilosophischen Gedankengang zwar einen Anhalt, erfordern jedoch eigene gewichtige Analysen, die dem jeweils eigenen Charakter der Phänomene gerecht werden.

Die »Theorie der Religion« muß auch insofern geschichtlich eingeholt werden, als an die *geschichtliche Abkunft dieser Theoriebildung selbst* zu erinnern ist: In jener reflexionsphilosophischen Form ist sie überhaupt erst von einem bestimmten geschichtlichen Zeitraum an historisch möglich geworden. Neben dem Gesichtspunkt der geschichtlichen Herkunft ist ferner unter dem Gesichtspunkt der *geschichtlichen Wirkung* zu fragen, was dergleichen Theoriebildung wissenschaftlich und lebenspraktisch bewirkt hat bzw. heute bewirken soll. Mit diesen Fragestellungen wird aufgenommen, was in diesem Kapitel einleitend über das dialektische Verhältnis von Theorie und Praxis und hierbei über den geschichtlichen Charakter und die dienende Funktion der theologischen wie der pädagogischen Theoriebildung gesagt worden ist (I,1). *H.-W. Schütte* macht seinerseits zumindest die geschichtliche *Herkunft* seines Religionsverständnisses deutlich: Es ist die auf dem Boden der Aufklärung erwachsene Religionsphilosophie *Kants, Fichtes* und anderer, die sich einerseits religions- und kirchenkritisch gegen die Tradition richtet, sich anderseits aber weiterhin in Übereinstimmung mit der christlichen Denkbewegung im ganzen weiß. Schütte versteht sich selbst ebenfalls als christlicher systematischer Theologe. Kurz, die Versuche zu einer »Theorie der Religion« sind nur *als Momente der historisch lokalisierbaren Selbstauslegung des Christentums zu begreifen,* wie denn auch das Interesse christli-

cher Theologie, das diese Versuche leitet, durchaus angedeutet wird:
Den Überlegungen Hans-Walter Schüttes und Norbert Schiffers
liegt es nicht daran, »einen lediglich vieldeutigen Begriff zu reha-
bilitieren. Sie wissen sich vielmehr von der Überzeugung bestimmt,
daß die im Religionsbegriff sich vollziehende Darstellung des gegenwärtigen Bewußtseins als eine Gestalt der Wirklichkeitsdeu-
tung auch und gerade von der Theologie zu reklamieren ist.«[40] –
Wir müssen darum präziser formulieren: Der Vorwurf der Abstraktheit im Sinne der Geschichts- und Gesellschaftsferne gilt
erstens der möglichen Vernachlässigung der eigenständigen
Problematik, die der historischen Konkretionen von Religion und
religiöser Erziehung mit sich führen (Gegenstandsdimension
einer Theorie der Religion), zweitens der möglichen Selbstvergessenheit hinsichtlich der historischen Vermitteltheit der Theoriebildung selbst (wissenschaftstheoretisch-methodologische Dimension).

Die religionsphilosophische Denktradition, für die *H.-W. Schüttes*
Darstellung exemplarisch steht, kann an sich dieser Selbstvergessenheit nicht erliegen, weil sie sich gerade jener historischen Epoche
verdankt, in der dem christlichen Denken wie überhaupt dem
menschlichen Denken bewußt wird, daß es seine Welt mitkonsti-
tuiert, das aber heißt, daß es geschichtlich ist. Anders ist es, wenn
diese Relation abgeschwächt oder aufgelöst wird. Die Bindung von
Religion an menschliche Subjektivität und ihre Geschichtlichkeit
wird durch die Entfaltung der Theorie der Religion im Rahmen
einer Theorie des Selbstbewußtseins grundsätzlich begrifflich und
sachlich festgehalten, weil *Seins*bestimmungen und *Bewußtseins*-
akte strikt dialektisch aufeinander bezogen bleiben. Genau diese
dialektische Spannung wird jedoch aufgegeben, wo die Sprache der
Reflexionsphilosophie durch eine *ontologisierende* und damit im
Grunde *objektivierende* Redeweise abgelöst wird.

Zwar spricht auch die Theorie des religiösen Selbstbewußtseins
vom »unbedingten« bzw. vom »absoluten Selbstbewußtsein«, aber
ohne zu vergessen, daß jene »exemplarische Wirklichkeit ... unter
den Bedingungen des endlichen Selbstbewußtseins gedacht wird«,
obwohl sie »nur dann als exemplarische Wirklichkeit gedacht (ist),
wenn sie weder Gegenstand für dieses endliche Bewußtsein noch
das Subjekt ist, zu dem sich das endliche Selbstbewußtsein als Ge-

40. Im Vorwort von *N. Schiffers, H.-W. Schütte:* Zur Theorie der Religion, a. a. O.

genstand verhält.«[41] Das absolute Selbstbewußtsein ist »der Inbegriff der Subjektivität« (!) (ebd.), *nach* der sich das endliche Selbstbewußtsein begreift, *weil es sich selbst* in seiner Struktur begreift. Während mithin in der reflexionsphilosophisch bzw. transzendental gefaßten Theorie der Religion dieser Reflexionscharakter und -ursprung der Begriffe bewußt bleibt, während hier sichtbar wird, daß die Deutung des Verhältnisses von geistiger Spontaneität (Unabhängigkeit des Subjekts) und Rezeptivität (Abhängigkeit des Subjekts) unter religionsphilosophischen und theologischen Kategorien eine *Deutung* ist und Theologie sich als »*Chiffrierung* des Sachverhalts verstehen (läßt), der in den Bezügen von Religions- und Selbstbewußtseinsbegriff dargestellt« worden ist[42], tritt in den anthropologisch-ontologischen Konzepten eine affirmative und darum letztlich dogmatische Rede von unabänderlich bestehenden höheren *Seinsqualitäten* an die Stelle. Aus einer Erfahrung, die sich unter religiösen und theologischen Deutungskategorien begreifen *kann*, werden Aussagen über *gegebene* Wesensstrukturen: Religion als »Struktur des Seins« *(S. Vierzig)*, die als »insgeheim vom Heiligen gezeichnet« erfahrene Wirklichkeit *(W. G. Esser)*, die »auf Sinnerfüllung hin angelegte« Wirklichkeit *(E. Feifel)*[43] u. ä. Hierdurch aber wird nicht nur die in der reflexionsphilosophischen Fassung der Theorie der Religion stets im Spiel bleibende Relativität der Rede vom Unbedingten eliminiert (während das reflektierende Bewußtsein erkennt, daß es des »Unbedingten«, des »Heiligen«, der »Wahrheit Gottes« nicht losgelöst von seinem eigenen Selbstbewußtsein und dessen Bedingungen innewerden kann); durch eben jene Eliminierung gerät auch der geschichtliche Charakter der religiösen Erfahrung aus dem Blickfeld. Die resultierenden übergeschichtlichen Gewißheiten sind freilich aus dem Bedürfnis zu verstehen, den Grund der Religion gleichsam jenseits aller menschlich-geschichtlichen Relativität zu wissen. Das aber heißt nichts anderes, als daß die ontologischen Formen einer Theorie der Religion gar nicht mehr »Theorie« sind, sondern

41. *H.-W. Schütte,* a. a. O. S. 130 f.

42. A. a. O. S. 135; Hervorhebung durch den Verf.

43. *E. Feifel:* Modelle der Begründung religiöser Erziehung, in: *E. Feifel u. a. (Hg.):* Handbuch der Religionspädagogik, Bd. 1, Gütersloh, Zürich 1973, S. 79. Zur neueren Einschätzung des religionstheoretischen Konzepts des »Handbuchs« vgl. auch den Exkurs am Schluß der ersten Hälfte dieses Kapitels.

›theoretisierend‹ verkleidete Glaubensaussagen – was nicht zuletzt auch Pathos und Sprachstil verraten.

Nicht auf die reflexionsphilosophische, sondern auf diese anthropologisch-ontologische, metaphysisch überhöhte Fassung des allgemeinen Religionsbegriffs richtet sich voll unser Bedenken. Es erstreckt sich, wie man jetzt sieht, in *drei* Richtungen:

– Zum einen redet jener Ansatz in der *Gegenstands*dimension von Religion ungeschichtlich, als könne man Religion je unmittelbar als solche haben.

– Zum zweiten wird in der *methodologischen* Dimension die eigene Art und Weise, religionspädagogische Theoriebildung zu betreiben, nicht auf ihre spezifischen geschichtlichen Ermöglichungsbedingungen hin reflektiert.

– Diese wissenschaftstheoretische Selbstvergessenheit bringt den Ansatz drittens zugleich in einen Widerspruch zur beabsichtigten *wissenschaftlichen Geltung*. Die Grundlegung der Religionspädagogik in einem allgemeinen Religionsbegriff will vor aller theologischen Spezifizierung der religionspädagogischen Problematik eine allgemeingültige, wissenschaftliche Ausgangsbasis schaffen, trägt aber normative Merkmale einer spezifischen religiösen (theologischen) Weltsicht an sich[44].

Nichts gegen eine Position, die sich als solche ausweist! Wohl aber bestehen Vorbehalte, einen allgemeinen Religionsbegriff als Grund-

44. In der Unterrichtsmodellentwicklung des Pädagogisch-Theologischen Instituts in Kassel (*S. Vierzig, H. Heinemann* u. Mitarbeiter) spielt der Religionsbegriff seit 1969 eine große Rolle bei der Identifizierung von »Anwendungssituationen« zur Begründung einer hieraus erwachsenden curricularen Lernzielsystematik. Im Blick auf diesen Bereich ist die Problematik der normativen Vorentscheidungen beim Gebrauch des Religionsbegriffs schon früh von *H. K. Berg u. F. Doedens* erkannt worden (in: Informationen zum Religionsunterricht 3 (1971), 2, S. 10): »Wenn S. Vierzig mit Hilfe dieses Religionsbegriffs ›Anwendungssituationen‹ identifiziert, aus denen er – im Sinne des curricularen Denkmodells – ›religiöse Qualifikationen‹ als Grundlage von Lernzielen im Religionsunterricht ableitet, ohne die bereits mit dem Begriff ›Religion‹ gesetzten normativen und hermeneutischen Vorentscheidungen offenzulegen, dann ›ist die Gefahr der Verdeckung und Ausklammerung der Normproblematik schon an der Basis mit Hilfe einer Scheinobjektivierung nicht auszuschließen‹ (*H. K. Berg*, in: Der Ev. Erz. 1970, S. 453).« – Zur Normenfrage im Verhältnis von Religionspädagogik und Didaktik vgl. ausführlicher Bd. 3, S. 191 ff.

lage der Religionspädagogik anzuerkennen, wenn dieser entgegen seiner behaupteten Allgemeinheit und Allgemeingültigkeit zu viele Züge eines Ersatzkonkretums aufweist (vergleiche hierzu auch unten c).

Die Grundaporie einer Begründung der Religionspädagogik im Religionsbegriff ist ausführlicher dargestellt worden, da alle folgenden Aporien mehr oder weniger eng mit jenem Grunddilemma zusammenhängen; sie überschneiden sich daher zum Teil.

b) Angemessene Gegenstandserfassung – schwierige Gegenstandsabgrenzung. Der weite Bedeutungsraum eines allgemeinen Religionsbegriffs soll es ermöglichen, in der gegenwärtigen Situation neue Phänomene von Religiosität in den Blick zu bekommen. Die gerade um der *Angemessenheit der Gegenstandserhellung* willen vorgenommene Ausweitung des Begriffs sieht sich jedoch eben hierdurch ständig vor die *Schwierigkeit der Gegenstandsabgrenzung* gestellt. Wenn aus dem Sachverhalt, daß der Mensch im Unterschied zu anderen Lebewesen fragen und gefragt werden kann, die religiöse Qualifikation allen menschlichen Fragens abgeleitet wird[45], weitet sich das Gegenstandsfeld der Religionspädagogik ins Uferlose aus. Nun muß allerdings beachtet werden, daß der hier erörterte Ansatz weniger auf die Flächendimension menschlichen Fragens als auf die mögliche Tiefendimension jeglichen Fragens zielt. Diese hat ihr Kriterium darin, daß sich der Mensch auf irgendeine Weise bewußt ist, »daß er vom Nicht-Ich gefragt und (sich) selbst Frage ist«[46]. Wenn Religionspädagogen der Gegenwart emphatisch auf den Begriff der Religion abheben, wollen sie mit Recht davon ausgehen, daß bei jeder Religion das *Ganze der menschlichen Wirklichkeit* berührt ist. Zweifellos wird keine religionspädagogische Theorie hiervon absehen dürfen. Das Interesse ist legitim, Religion weder als Sonderwelt ins Ghetto zu verweisen noch lediglich als Erfahrungsmöglichkeit für religiös besonders Begabte gelten zu lassen.

Gleichwohl ist die genannte Schwierigkeit nicht von der Hand zu weisen. Sie wird besonders daran sichtbar, daß jede konkretere Einlassung auf menschliche Phänomene wie Fragen, Gefragtwerden, Sinnsuche usw. es erforderlich macht, das, was an diesen Phänomenen als religiös belangvoll anzusehen ist, entsprechend

45. *W. G. Esser:* Bestimmungsversuch ..., a. a. O. S. 50.
46. A. a. O. S. 54.

konkret zu entfalten und hierbei als religiös oder nichtreligiös zu *definieren;* denn es ist ja selbstverständlich, daß jene allgemeinen Formeln vom Gefragtsein durch das Nicht-Ich, vom Ergriffensein durch das, was uns unbedingt angeht usw. unter den bestimmten Bedingungen religionspädagogischer Praxis näher gefüllt werden müssen. Durch eben diesen Vorgang der *Interpretation* kommen aber zwangsläufig die tatsächlich uns jeweils bestimmenden Vorverständnisse ins Spiel, die es durchaus streitig machen, ob etwa ein politischer Protest jugendlicher Gruppen religiös zu nennen ist oder nicht. Nach *W. Marhold* »geraten die Verfechter jener sehr weit gefaßten Religiosität in einen gewissen empirischen Beweisnotstand, da sie das, was sie nachweisen wollen, definitorisch erst selbst schaffen müssen. Mit anderen Worten: Sowenig es sich leugnen läßt, daß es in unserer Gesellschaft vielerlei Arten von Religiosität und dementsprechend religiöse Funktionen gibt, so schwer ist es, dieselben operational zu definieren und empirisch abgestützt zu beschreiben.«[47]

c) Allgemeine wissenschaftliche Geltung – besondere theologische Bindung. Die dritte Aporie betrifft nicht das Gegenstandsfeld, sondern den *widersprüchlichen Geltungscharakter* einer religionstheoretisch ansetzenden Religionspädagogik. Unser Bedenken ist bereits oben aus dem Grunddilemma einer sich übergeschichtlich gebenden, in Wirklichkeit geschichtlich gebundenen Theoriebildung ent-

---

47. Gesellschaftliche Funktionen der Religion, in: *W.-D. Marsch:* Plädoyers in Sachen Religion – Christliche Religion zwischen Bestreitung und Verteidigung, Gütersloh 1973, S. 90. – Die Schwierigkeit der Gegenstandsabgrenzung bzw. Abgrenzung der Fragestellung beim Gebrauch eines weiten Religionsbegriffs wird besonders in der neueren Unterrichtsmodellentwicklung akut, in der zahlreiche fächerübergreifende Themen entwickelt worden sind. Was ist die spezifische Fragestellung des Religionsunterrichts? Am Beispiel des Themas »Autorität« bemerkt *H. Heinemann,* Ziel des Religionsunterrichts sei es nicht, »das Thema ›Autorität‹ in seiner ganzen Breite abzuhandeln, sondern es kommt hier nur auf den *religiösen Aspekt –* z. B. *die Frage nach verantwortlichem Handeln im Konflikt mit Autoritäten –* an« (Projektideenplan zum Religions-Unterricht, in: Informationen zum RU 2 (1970), 3/4, S. 25) (Hervorhebung durch den Verf.). Hier wird eine Fragestellung als religiös definiert, die zunächst und zumeist niemand als gerade spezifisch religiöse ansehen würde – dies ist aber der Anspruch in Abhebung zu anderen Unterrichtsfächern.

wickelt worden (s. o. S. 150 ff.), sei aber hier noch einmal etwas näher beleuchtet.

Der allgemeine Charakter eines umfassenden Religionsbegriffs soll der Religionspädagogik eine entsprechend umfassende wissenschaftliche Geltung sichern. Es geht darum, »eine möglichst allgemeingültige Bestimmung von Begriff und Wesen der Religion zu erreichen« *(W. G. Esser)*[48] bzw. eine »gemeinsame Basis für Sinnsuche ... zu finden und zu beschreiben« *(G. Stachel)*[49]. Wo aber ist es in den skizzierten Konzepten überhaupt gelungen, die erstrebte allgemeine Geltung zwingend herzuleiten? U. E. genügt nur die religionsphilosophische Analyse *H.-W. Schüttes* diesem Anspruch, weil sie in der bewußtseinsanalytischen Ebene verbleibt und die Aussagen nicht überzieht. Dagegen verrät der Duktus der vorgestellten religionspädagogischen Begründungsversuche ein spezifisches anthropologisch-theologisches Gefälle. Dies betrifft besonders *Wolfgang G. Esser*, aber auch die bis jetzt noch nicht näher behandelten katholischen Herausgeber des »Handbuchs für Religionspädagogik«, die in modifizierter Form ebenfalls eine »Grundlegung der Religionspädagogik im Religionsbegriff« vornehmen.

Die genannten Religionspädagogen entwickeln ein charakteristisches *Stufenschema*. Es setzt bei der Erweckung fundamentalanthropologischer Grunderfahrungen ein, die noch nicht theologisch (christlich) qualifiziert sind, um auf diese vorbereitende und vorgeordnete *allgemeine religiöse* Erziehung in meist gleitenden Übergängen das ›Mehr‹ des christlichen Glaubens und der spezifischen »›christlich‹-religiösen« Erziehung folgen zu lassen.

Wolfgang G. Esser unterscheidet drei Stufen von Religiosität und dementsprechend drei Stufen fundamentaler religiöser Erziehung, die insgesamt als Vorstufe christlicher Katechese verstanden werden, da sie »die christliche Katechetik und Katechese zu fundieren vermögen«[50]:

»Wenn denn nach religionswissenschaftlich-philosophischer Auskunft dem Menschen als Menschen je schon das religiöse Apriori vorgegeben ist und der Mensch Religion immer schon aktuiert, so ließe sich allgemein und doch nicht wesentliche religionswissenschaftlich erhobene Merkmale von

48. *W. G. Esser*, a. a. O. S. 43.
49. *G. Stachel*: Religiöse Erziehung als offene Frage, in: *E. Feifel u. a.* (Hg.): Handbuch der Religionspädagogik, a. a. O. S. 22.
50. Bestimmungsversuch ..., a. a. O. S. 62 f.

Religion außerachtlassend *Religiosität* vorerst bestimmen als die *Verfaßt-heit des Menschen als Gefragtsein und Frage auf Antwort hin* (Religiosität auf der Erfahrungsstufe I) ...

Wird der Mensch dessen inne, daß er unbedingt und überhaupt Gefragter und überhaupt Frage ist, »wird er erst *eigentlich* seiner Religiosität inne, welche die Verfaßtheit des Menschen als *unbedingtes* Gefragtsein und *offenbleibende* Frage ist, deren er niemals Herr zu werden vermag (Religiosität auf der Erfahrungsstufe II) ...

Auf einer dritten Stufe erfährt der Mensch »sich als Entwurf auf eine Größe, die seinem Fragen wie seinem Gefragtsein je schon *voraus* ist«, d. h. als Bezug auf ›Gott‹. »In der Erfahrung des Über-fragt-seins findet der Mensch nun zum innersten Wesen seiner Religiosität. Er stößt in die Tiefe seiner religiösen Verfaßtheit vor (Religiosität und Religion in der Erfahrungsstufe III).« –

Die sich hieran anschließende Religion in ihren konkreten historischen Ausdrucksweisen und -formen ist als »*Umsetzung dieser Selbstfindung* zu bestimmen.« »Die Erfahrung des Daseins als Gefragtes und Frage erfährt *Antwort* und Deutung. Im Menschen Jesus wird es ihnen (den Menschen, Vf.) offen-bar und reißt das Dasein in die Bewegung des ge-offenbarten Sinnes hinein ... Das Da-sein erfährt Offen-barung.«[51]

Für *Erich Feifel* sind »Sinnsuche und Sinnerfahrung« die anthropologische Grundlage. Sie begründen die der christlichen Erziehung vorgeordnete »*religiöse Erziehung*«. Trotz der Vorbehalte Feifels gegenüber einem ontologisch verstandenen weiten Religionsbegriff (hierzu u. Exkurs S. 166 ff.) werden auch hier Religion und religiöse Erziehung sehr weit gefaßt: Der gewählte »Begründungsansatz identifiziert Religiosität mit glaubwürdiger Humanität, religiöse Erziehung mit allgemein menschlicher Erziehung, sofern sie fähig ist, den Menschen für sein tiefstes Vermögen in der Transzendenzerfahrung zu erschließen.«

Diese erste Stufe wird als »anthropologisches Fundament« bezeichnet. Von ihr auch begrifflich unterschieden und auf sie folgend, beschreibt die »theologisch-anthropologische Sinnorientierung« die anschließende »›christlich‹-religiöse Erziehung«, die an das Transzendenzvermögen des Menschen anknüpft: »Als für die absolute Zukunft offenes Wesen bedarf der Christ einer Erziehung, die es ihm ermöglicht, seiner Altersstufe gemäß so Verantwortung zu übernehmen, daß die Transzendenz nach oben, die *Hoffnung auf Gnade – als Sinnziel menschlicher Freiheit*, das sich menschlicher Verfügung entzieht – mitwächst.« Als Drittes wird mit die-

---

51. A. a. O. S. 50–54, vgl. auch die in Anm. 26 genannte neuere Schrift *Essers*.

ser »christlich«-religiösen Erziehung die »kirchliche« verknüpft: »Von der Praxis ›christlich‹-religiöser Erziehung läßt sich der *Prozeß kirchlicher Sozialisation* nicht abtrennen.«[52]

Günter Stachel nennt die auf der ersten Stufe der erfahrenen Sinnlosigkeit und Sinnsuche angestellten Überlegungen »apologetische und praekatechetische Überlegungen.« Was auf dieser Stufe vorbereitet werden kann, soll »in der Erziehung christlichen Glaubens intensiviert und transzendiert« werden; denn für die »christliche religiöse Erziehung« (die mehr ist als die lediglich »religiöse Erziehung«) »wird allerdings die (scheinbar) immanente Sinnfrage alsbald zur Transzendenz des verheißenen Heils hin geöffnet.«[53] Auch hier deutet sich ein gradualistisches Denkmodell an[54].

Jenes Modell soll zwar nach Meinung der Verfasser des Handbuchs nicht ungebrochen gelten: Der christliche Glaube und die Verheißung des Heils in Jesus Christus sind nicht einfach aus jener allgemeinen Religiosität abzuleiten. »Glaube ist nicht auf Religion reduzierbar.«[55] *E. Feifel* spricht in einem Atemzug davon, »daß religiöse Erziehung als allgemein menschliche jeder konfessionell prägenden religiösen Erziehung prinzipiell *vorgeordnet* ist« und daß dies dem *dialektischen* Gegenüber von Glaube und Erziehung« entspreche, »wonach die Glaubensbeziehung zu Jesus Christus selbst nicht lehrbar, nicht einübbar ist.«[56] Man kann nicht sagen, daß das religionspädagogische Denkmodell in seinem Verhältnis von allgemeiner anthropologischer (religionstheoretischer) und spezifischer theologisch-anthropologischer Begründung an dieser Stelle wirklich klar ist. Offensichtlich soll ein dialektisch-diastatisches theologisches Denken (das qualitativ Neue des Evangeliums

---

52. Modelle der Begründung religiöser Erziehung, in: *E. Feifel u. a.*, a. a. O. S. 78–85.

53. A. a. O. S. 23, 27.

54. In *S. Vierzigs* religionstheoretischem Ansatz geraten die »religiöse Bildung« und die biblisch-christliche Dimension weniger über- als eher – etwas abrupt – nebeneinander: Das Ziel der religiösen Bildung ist »die Ausbildung der Fähigkeit, nach dem Unbedingten zu fragen und offen für die geschichtlichen Antworten zu sein. Davon unberührt ist die Notwendigkeit der Vermittlung von Informationen, die zum Verständnis der biblischen Texte nötig sind« (Zur Theorie der »religiösen Bildung«, in: *H. Heinemann, G. Stachel, S. Vierzig*, Lernziele des Religionsunterrichts, Zürich 1970, S. 22).

55. *G. Stachel*, a. a. O. S. 23 (im Original kursiv).

56. A. a. O. S. 83 (Hervorhebungen von mir).

»als Gericht über alle menschlichen Sinnentwürfe«, S. 81) mit der gradualistischen Kontinuitätsvorstellung (Mitwachsen der »Transzendenz nach oben«, als »Hoffnung auf Gnade«, S. 82) verbunden werden. Wenn man den Ansatz der Herausgeber des Handbuchs insgesamt ansieht, scheint das aus der katholischen Tradition bekannte Stufenschema eines Aufstiegs vom Natürlichen zum Übernatürlichen angesichts neuerer theologischer Entwicklungen, besonders wohl auf evangelischer Seite, modifiziert worden zu sein (vgl. auch hierzu den Exkurs unten S. 167 f.). Wie aber dem auch sei, im ganzen hat man es bei allen Varianten des sichtbar gewordenen Versuchs, die Religionspädagogik *zunächst* nicht spezifisch theologisch, sondern fundamentalanthropologisch oder ontologisch zu begründen, *von Anfang an* mit einer besonderen religiösen Lebensauffassung zu tun, die ohne einen bestimmten theologiegeschichtlichen (katholischen) Hintergrund und einen bestimmten gegenwärtigen theologischen Diskussionsstand nicht zu denken ist. Auf diesen Sachverhalt und die in ihm enthaltene Aporie zwischen dem *allgemeinen* theoretischen Anspruch und der *besonderen* theologischen Bindung ist unsere Anfrage gerichtet.

Das Handbuch will einerseits einen »derzeit möglichen Gesamtentwurf einer *christlich* verantworteten Erziehung und Bildung« geben und versteht daher »Religionspädagogik als *praktisch-theologische* Disziplin.« Anderseits führt die »Grundlegung der Religionspädagogik im Religionsbegriff« zu einer »Theorie der *religiösen* Bildung und Erziehung.«[57] Wenn die genannten Herausgeber »religiös« sagen, meinen sie nicht »›christlich‹-religiös«; hier wird bewußt sprachlich unterschieden (siehe oben). Wie nun verhält sich der allgemeine wissenschaftliche Geltungscharakter einer Theorie der religiösen Erziehung zur besonderen christlichen Bindung der praktischen Theologie? Wahrscheinlich versteht man die Autoren richtig, wenn man im Sinne der berührten stufenförmigen Zuordnung von religiöser und christlicher Erziehung auch die anscheinend vor- und übergeordnete und vermeintlich theologisch unabhängige *religionstheoretisch-anthropologische* Grundlegung als Teil einer *theologischen* Grundlegung versteht, und zwar als Ausdruck einer ganz bestimmten theologischen Denkfigur, eben einer solchen, die jene Vorordnung und Nachordnung nahelegt.

57. Vgl. das Vorwort S. 16 f. mit den grundlegenden ersten Kapiteln, Hervorhebungen von mir.

Dieser Umstand bleibt freilich mehr unausgesprochen als ausgesprochen[58].

d) *Normenkritischer Anspruch – mangelnde Transparenz der eigenen Kriterien.* Beim Gebrauch eines allgemeinen Begriffs von Religion besteht die Gefahr, daß der Charakter der Theoriebildung nicht als das klar wird, was er tatsächlich ist. Diese *mangelnde Transparenz des theoretischen Anspruchs* und der im weiten Mantel der Rede von religiösen Grunderfahrungen tatsächlich zum Zuge kommenden *Auslegungskriterien* widerspricht ebenfalls einer erklärten Absicht: Gerade der Begriff der Religion soll einseitige und verdeckte theologische Gebundenheit überwinden, führt aber offensichtlich eigene verborgen bleibende Ideologisierungen wieder mit sich herauf. Auch diese Schwäche ist nicht nur gleichsam ein Fehler in der Ausführung, sondern eine Aporie, die dem Ausgang bei einem allgemeinen Religionsbegriff prinzipiell anzuhaften scheint.

Was kann nämlich eine allumfassende Formel als solche konkret und noch dazu kritisch aussagen? Religion als »Findung des Selbst als je schon über-fragtes-Aus-sein-auf …«, so *W. G. Esser?* Religion als »eine Struktur des Seins«, so *S. Vierzig* in Anlehnung an *Paul Tillich?* Ähnlich verstehen die Herausgeber des Handbuchs »unter

---

58. Um nicht mißverstanden zu werden: Das Handbuch verdeckt nicht etwa sein durchgängiges theologisches Interesse überhaupt. Dies wird vom Vorwort an ausdrücklich genannt und auch in den späteren Beiträgen der herangezogenen Autoren immer wieder berührt. Nicht klar genug thematisiert werden die theologischen Implikationen des vermeintlich vor-theologischen anthropologischen Grundansatzes und des sich anschließenden Zuordnungs- bzw. Stufenmodells. Mit diesen wissenschaftstheoretischen Bedenken ist darum auch noch nicht über die zugrundeliegende pädagogische Sachproblematik entschieden: Sicherlich kann das »Anknüpfungsproblem« nicht übersprungen werden; es stellt sich in der Religionspädagogik notwendig. Gegen die Vorstellung vom möglichen ›kontinuierlichen‹ Hineinwachsen in den Glauben (Mitwachsen der Hoffnung auf Gnade) auf der Grundlage elementarer Vorerfahrungen kann und soll auch nicht einseitig ein ›diskontinuierliches‹ Modell geltend gemacht werden. Diese Problematik ist hier zunächst noch offen. Ich meine freilich, daß man sie sachgemäß auch ohne Verwendung metaphysischer Annahmen (religiöses Apriori, menschliches Transzendenzvermögen, Offenbarungscharakter der Wirklichkeit o. ä.) behandeln kann und sollte.

Religion mit Tillich ›das Herz der Kultur‹, die ›Tiefe der Wirklichkeit‹, ›das, was unbedingt angeht‹« *(G. Stachel)*[59]. Der semantische Gehalt solcher Formeln ist ohne nähere Interpretation vage und daher schwer zu bestimmen. Das »Herz der Kultur« kann in unserer Zeit, in West und Ost, in der Ersten und in der Dritten Welt, sehr *Unterschiedliches* sein. Der tatsächliche Bedeutungshof, den ein Autor mit dem von ihm gebrauchten Religionsbegriff verbindet, wird erst sichtbar, wenn entfaltet wird, was mit dem Begriff gemeint ist. Außerdem läßt sich erkennen, daß die Rede von Religion im Munde christlicher Religionspädagogen geradezu zwangsläufig von einem *christlichen Vorverständnis* und christlichen Erwartungen geprägt ist.

Für *S. Vierzig* ist es »sicher«, »daß wir auf dem Weg zu einer neuen Religion sind, die frei von Jenseitsspekulationen ist, die die Erlösung nicht in einer Überwelt sucht, sondern in dieser Welt.« Hierbei wird man sich »auf Jesus berufen, aber sicher auch auf andere Vorbilder.«[60] Vierzig schließt sich in verschiedenen Aufsätzen dezidiert einer bestimmten Interpretation der Person und Sache Jesu an (in Anlehnung an *D. Sölle* u. a.): »Das Proprium der Theologie, die sich als kritische versteht, kann dann nur in der Weiterführung eines von Jesus initiierten Prozesses der kritischen Veränderung des Lebens des einzelnen und der Gesellschaft auf Gerechtigkeit, Friede, Liebe und Freiheit hin, gesehen werden.«[61] Dies besondere theologische Vorverständnis bestimmt letztlich, wenngleich mehr verdeckt, auch Vierzigs Umgang mit Religion, besonders seine immer wieder geäußerte Hoffnung auf die emanzipatorisch befreiende Kraft »der« Religion, während er im Grunde das »Christentum« meint[62].

59. *W. G. Esser:* Bestimmungsversuch ..., a. a. O. S. 53; *S. Vierzig:* Zur Theorie der »religiösen Bildung«, a. a. O. S. 19; *G. Stachel,* a. a. O. S. 22.
60. Das Bedürfnis nach Religion, in: *N. Schneider (Hg.):* Religionsunterricht – Konflikte und Konzepte, Hamburg u. München 1971, S. 32.
61. Das Normproblem in der Religionspädagogik, in: Informationen zum Religionsunterricht 5 (1973), 1, S. 5.
62. Für diesen ›verstellten‹ Begriffsgebrauch ist bezeichnend, daß *S. Vierzig* einen im Wortlaut weitgehend identischen Aufsatz einmal »Religion und Emanzipation« überschreibt (Informationen zum RU 2 (1970), 3/4, S. 4 ff.), ein andermal »Christentum und Religion« (Der Ev. Erz. 23 (1971), 5, S. 194 ff., auch in: *W. Offele (Hg.):* Emanzipation und Religionspädagogik, Zürich 1972).

G. Stachel sieht sehr wohl die »Schwäche, Verwirrtheit und Viel-deutigkeit« *(M. E. Marty)* des Religionsbegriffs, verteidigt jedoch den hiermit gewählten Ausgangspunkt durch den Hinweis, es komme darauf an, auch mit Nichtchristen »eine gemeinsame Basis für Sinnsuche« zu gewinnen, »zur Ermöglichung von Hoffnung, zur Rettung des Menschen, zum Freisetzen für die Hingabe an andere und den Einsatz für die Gesellschaft.« Religiöse Erziehung (sie wird abgehoben von christlicher Erziehung) leistet hierzu Hilfe, »wenn sie auf Zukunft öffnet und der Vergänglichkeit Hoffnung entgegenstellt. Insofern Religion nicht so sehr Material zur Problemlösung bereitstellt, sondern leben lehrt, tendiert sie auf Ethos. Religiöses Leben hat seinen Schwerpunkt in der Hingabe an andere, sowohl für den einzelnen anderen wie als Einsatz für die Gesellschaft.« »Modernes Nomadentum ohne die Sinnantwort der Religion, die den Auszug sinnvoll macht, weil sie ihn an die Zukunft des Menschen bindet, läßt nicht nur die Hoffnung auf Kommendes sterben, sondern schafft auch Überdruß an der Gegenwart.«[63]

Das Motiv, eine Verständigungsgrundlage zu finden, ist sehr berechtigt (siehe oben I,2 d). Lebt aber nicht wiederum die Rede von »der« Religion insgeheim vom Erfahrungsgehalt der »christlichen« Religion? Werden nicht einem allgemeinen Phänomen Religion Attribute zugesprochen und einer allgemeinen religiösen Erziehung Wirkungen zugedacht, die sich faktisch der Wirkungsgeschichte historisch konkreter Religion verdanken, nicht zuletzt der christlichen Überlieferung? Verraten nicht jene Bestimmungen, besonders in ihrer bezeichnenden Zusammenstellung (Betonung der Zukunftshoffnung, Anklang an den Exodus-Gedanken, Hingabe an den anderen, gesellschaftsdiakonischer Einsatz), ihre geschichtliche Vermittlung durch den christlich-abendländischen Überlieferungsraum? Oder sollen sie auch für andere Hochreligionen und für primitive Religionen gelten? Und selbst wenn dies gemeint oder dies der Fall sein sollte, was zu sagen erlaubt sein muß, ist dies, daß jeder allgemeine Religionsbegriff, der von uns in Zeit und Raum lebenden Menschen gebraucht wird, notwendig die Spuren unserer geschichtlich-gesellschaftlichen Herkunft an sich trägt. Dieser Umstand aber wird schon sprachlich bei der Rede von *der* Religion nicht durchsichtig.

Mit Recht bemerkt *G. Stachel* an anderen Stellen, »daß Religion eine historisch und sozio-kulturell bedingte Größe« (S. 21) und re-

63. A. a. O. S. 22, 27, 26.

ligiöse Erziehung in unserer Kultur »nur im christlichen Kontext denkbar« sei (S. 28). Genau auf Grund dieses nicht überspringbaren vorgegebenen Bedingungs- und Auslegungszusammenhanges erscheint es angemessener, von Anfang an vom geschichtlich-gesellschaftlichen Raum des Christentums auszugehen.

Die Gefahr möglicher theologischer Verkürzungen sei nur gestreift. Gegenüber der *Tillich*-Rezeption bei *S. Vierzig* habe ich bereits an früherer Stelle die Frage aufgeworfen, ob es angehe, P. Tillich nur in seinen ontologischen Formeln aufzunehmen, damit aber gleichsam entschärft, ohne Bezugnahme auf das »prophetische« oder »protestantische Prinzip«, das nach Tillich allein imstande ist, den Sinn des »Unbedingten«, den wahren Kern aller Religion freizulegen und der immer drohenden »Dämonisierung« der Religion entgegenzutreten. Wahrscheinlich wäre mit der Einbeziehung der kirchenkritischen, gesellschaftskritischen und nicht zuletzt ideologie- und religionskritischen Kraft des »protestantischen Prinzips« der geschichtliche, nämlich alttestamentliche und neutestamentliche Ursprung dieses Prinzips bei Tillich deutlich, die Ontologisierbarkeit dieses geschichtlich entstandenen Prinzips (auch bei Tillich selbst) fragwürdig, damit aber ebenfalls die erstrebte allgemeine Plausibilität und Begründbarkeit des Religionsunterrichts schwierig geworden[64].

e) Universale Verständigungskategorie – Denkzwänge verdeckter Apologetik. Nach der hier entfalteten These beruht die Grundaporie im Gebrauch eines allgemeinen Begriffs von Religion auf der Spannung zwischen einer übergeschichtlich konzipierten, aber geschichtlich bedingten Theoriebildung. Die gemeinten religionspädagogischen Entwürfe sind theologisch gebundener, als sie zu verstehen geben. Dies verraten sie nicht zuletzt mehr unfreiwillig dort, wo sie ihr *apologetisches Hintergrundmotiv* enthüllen. An

64. Die genannten Schwierigkeiten vermeidet der in Anm. 61 genannte kurze jüngere Aufsatz *Vierzigs*, der sich anstatt an dem früher gebrauchten ontologischen Religionsbegriff – damit überzeugender – an der gegenwärtigen wissenschaftstheoretischen Diskussion orientiert und die Legitimation religionspädagogischer Entwürfe im Schnittpunkt empirischer, hermeneutischer und (ideologie)kritischer Wissenschaftsansätze sucht sowie konvergenztheoretisch im Überschneidungsspektrum pädagogischer und theologischer Kriterien, ein Weg, der der hier vertretenen Begründung (siehe unten Kap. 3, II) nahekommt.

W. G. Esser und *S. Vierzig* konnte es exemplarisch beobachtet werden (S. 45 ff.). Jene Religionspädagogen würden daher einem Selbstmißverständnis erliegen, wollten sie sich im Namen eines *unvermittelt* verwendeten Religionsbegriffs außerhalb der gegenwärtigen Welt des Christentums stellen, mit welcher jener Begriffsgebrauch nach wie vor *vermittelt* ist.

Diese Feststellung zielt nicht grundsätzlich gegen den Sinn von Apologetik und gegen eine *sinnvolle* Verteidigung des christlichen Glaubens! Die hier vertretene Religionspädagogik teilt das Interesse, die Bedeutung der christlichen Überlieferung für unsere Zeit in Gesellschaft und Erziehung sichtbar zu machen und wirksam werden zu lassen. Die Religionspädagogik muß sich jedoch fragen, was sie tut, wenn sie dies Interesse im Gewande einer vermeintlich theoretisch zwingenden fundamentalanthropologischen und ontologischen Argumentation ins Spiel bringt. Eine solche Gedankenführung will mit dem Begriff Religion eine gemeinsame Verständigungsbasis auch für Andersdenkende schaffen – in bewußter Zurückhaltung gegenüber der Begrifflichkeit und der Sache christlicher Theologie –, entwickelt aber gegenläufig zu ihrer Absicht eine eigene Aufdringlichkeit. Sie versucht, dem Zeitgenossen seine Religiosität als seine ›Wesens‹bestimmung definitorisch anzudemonstrieren, ob es ihm gefällt oder nicht, und erklärt noch dazu dies Unterfangen als »Theorie«. Durch solche Wesensaussagen überspringt sie nicht nur die Möglichkeiten wissenschaftlicher Theoriebildung[65]. Der verwendete Religionsbegriff, mit dessen Hilfe frühere dogmatische Zwänge gerade abgestreift werden sollen, könnte seinerseits einen neuen Denkzwang ausüben[66].

65. Siehe die vergleichbaren Bedenken *W. Kramps* zur Rede von »Theorie« in der Schulpädagogik (Theorie der Schule, in: *J. Speck* und *G. Wehle (Hg.)*: Handbuch pädagogischer Grundbegriffe, Bd. II, München 1970; inzwischen auch *ders.*: Studien zur Theorie der Schule, München 1973); ferner vom Verf.: Gegenwärtige Schultheorien in ihrer Bedeutung für den Religionsunterricht, in: *E. Feifel u. a. (Hg.)*: Handbuch der Religionspädagogik, Bd. 1, S. 281 f.
66. *W. G. Esser* meint, daß sein fundamentalanthropologisch-ontologisches Konzept nicht nur jede konkrete (etwa christliche) Religionspädagogik fundiere, sondern auch »jegliche Bildung und Erziehung« überhaupt (a. a. O. S. 63). »Solche Ontologisierung von Religion und die Etablierung einer darauf ausruhenden Religionspädagogik als Fundamentalwissenschaft stellt einen Absolutheitsanspruch dar, den niemand in seinen Folgen unterschätzen wird, der aus der Geschichte vergleichbare kirchliche oder nichtkirchliche Absolutheitsan-

Die Freigabe der Welt und der Erziehung, einschließlich der Erziehungstheorie, die im Namen des säkularen Freiheitsbewußtseins und als Ausdruck der befreienden Kraft christlichen Glaubens gefordert werden darf, wird hierdurch nicht gewährt oder jedenfalls nur unter problematischen Bedingungen. Ob die Antwort der Religionspädagogik auf die gesellschaftliche und pädagogische Problematik unserer Zeit und besonders auf die Herausforderungen durch die Freiheitsthematik (siehe Kap. 1) angemessen erfolgt, wird jedoch bereits durch den gewählten theoretischen Ausgangspunkt vorgeprägt.

Exkurs zum »Handbuch der Religionspädagogik«.
Im obigen Aufriß ist auf die Darstellung des Religionsverständnisses bei *Hubertus Halbfas,* die an sich hierher gehört, verzichtet worden[67]. Ebenso ist das Grundkonzept des »Handbuchs der Religionspädagogik« nicht eigens und ausführlich in I, 3 dieses Kapitels vorgestellt, sondern nur an verschiedenen Stellen in I, 4, bei der Darstellung der Aporien, mitbehandelt worden. Die »Fundamentalkatechetik« von H. Halbfas und das in ihr entfaltete Verständnis von Religion war seinerzeit (1968) ein großer und originärer Entwurf. Er hat die Diskussion stark angeregt und die Versuche einer religionstheoretischen Begründung der Religionspädagogik gefördert. Das »Handbuch« kann und will als Sammelwerk von Beiträgen verschiedenster Autoren keine vergleichbare neue originäre Lösung bie-

sprüche und ihre Wirkungen kennt« (*G. Otto:* Was ist Religionspädagogik? Theol. Pract. 11 (1974), 3, S. 165).
67. Zu *Halbfas* vgl. bereits das kritische Wechselgespräch zwischen H. und dem Verf., an dem auch *A. Exeler, K. Wegenast* und *P. Biehl* teilgenommen haben, in der Zs.: Der Ev. Erz. 1973, H. 1 u. H. 2; s. inzwischen auch *K. Dienst:* Konfessionelle Entlastung des Religionsunterrichts durch kirchliche Katechese? In: *W. G. Esser (Hg.):* Zum Religionsunterricht morgen, Bd. VII: Religionsunterricht und Konfessionalität, München (in Vorb.). Nicht berücksichtigt sind ferner die erst während der Drucklegung dieses ersten Bandes erschienenen einschlägigen Beiträge von *H. Schrödter:* Die Religion der Religionspädagogik. Untersuchung zu einem vielgebrauchten Begriff und seiner Rolle für die Praxis, Zürich 1975; *A. Stock (Hg.):* Religionspädagogik als Wissenschaft. Gegenstandsbereich – Probleme – Methoden, Zürich 1975; zur Diskussion des Religionsbegriffs in der Religionspädagogik vgl. außerdem die Beiträge von *J. F. Konrad, G. Kittel, P. Schwarzenau* und *I. Baldermann* in: Der Ev. Erzieher 25 (1973), H. 1 (s. auch ZfRelpäd. 1973, H. 4), ferner: *E. Feil:* Zur Problematik der gegenwärtigen Renaissance des Religionsbegriffs, in: Stimmen der Zeit, Bd. 192 (1974), 10, S. 672 ff.

ten. Nicht dies aber ist der Hauptgrund, warum es nicht als Beispiel für eine Ontologisierung des Religionsbegriffs und eine hierauf sich gründende Religionspädagogik aufgeführt worden ist.

Nach dem Selbstverständnis *Erich Feifels* möchte der vor allem von ihm als Schriftleiter dargelegte Ausgangspunkt des Handbuchs sich gerade mit Nachdruck von einer ontologischen Ausweitung und ideologischen Überhöhung des Religionsverständnisses fernhalten. Sein Ansatz gehört daher mit solchen Versuchen gar nicht ohne weiteres in eine Reihe. Im Rahmen der hier zur Rede stehenden »religionstheoretischen« Begründungen verhält sich das Handbuch ungleich vorsichtiger. Dies ist ein nicht zu übersehender Vorzug. Die oben geäußerten kritischen Anfragen treffen darum nicht Theoriemerkmale, die Ausdruck eines ungebrochenen existential-ontologischen Deduktionismus sind. Auch ist selbstverständlich keine pauschale Infragestellung der Gesamtleistung des mehrbändigen Handbuchs gemeint. Gleichwohl zeigten sich in *einzelnen* Aspekten *ähnliche* Aporien, die bei dem wissenschaftlichen Gewicht des Handbuchs eine kritische Aufhellung erforderlich gemacht haben. Diese Aporien sind auf eine eigentümliche *Unausgeglichenheit des Grundansatzes* zurückzuführen.

Wenn hierauf zusätzlich zu dem bereits Ausgeführten wenigstens andeutungsweise noch eingegangen wird, so auch darum, weil das Handbuch in dem maßgeblichen Einleitungsabschnitt zur »Grundlegung der Religionspädagogik im Religionsbegriff« (Bd. 1, 0.2, S. 34–48) Auffassungen des Verf. mitberücksichtigt. In dem ersten seiner beiden Einleitungsaufsätze zur Begründungsproblematik nimmt *Erich Feifel* Bedenken und Anregungen auf, die ich zuerst in meiner Abhandlung »Braucht unsere Bildung Religion? – Zur gesellschaftlichen Verwendung religiöser Erziehung und zur Gesellschaftsferne der Religionspädagogik« (1972)[68] geäußert habe und die in diesem Buch mitverwendet werden. Ohne die folgenden Hinweise könnten daher bei den Lesern Mißverständnisse aufkommen. Außerdem kann so nochmals das zur Rede stehende Sachproblem beleuchtet werden.

Die rezipierten Überlegungen bestimmen nicht unwesentlich den Gedankengang E. Feifels. Auch Feifel unterstreicht, bis in die Formulierungen ähnlich oder gleich, den »unterschwellig apologetischen Versuch, religiöse Erziehung und noch mehr religiöse Bildung durch einen ganz weiten, *ontologisch abgesicherten Religionsbegriff* unangreifbar zu machen« (S. 44). Zuvor wird eine ähnliche Kritik an einer verkürzten Tillich-Rezeption geübt (S. 40), ferner die »*Problematik der gegenseitigen Instrumentalisierung* der Kirche für den Staat und des Staates für die Kirche« hervorgehoben (S. 43), ein Sachverhalt, dem ein ontologisch überhöhter, gesellschafts- und geschichtsloser Religionsbegriff nur unzureichend gerecht werden kann. Aufgenommen ist in diesem Kontext auch die Bestimmung

68. In *H. Horn (Hg.)*: Begegnung und Vermittlung. Gedenkschrift für Ingeborg Röbbelen, Dortmund 1972, S. 37–54, vgl. bes. S. 43–52.

einer gleichermaßen »religions- wie kirchen-, gesellschafts- und ideologiekritischen Erziehung« (S. 43). Schließlich wird ferner der Vorschlag berücksichtigt, den Begriff »*Religion als operationalen Begriff*« zu verstehen, als »Sammelbezeichnung für alle angesprochenen, in ihrer geschichtlich-gesellschaftlichen Auswirkung beschreibbaren Fragehaltungen und Erfahrungsweisen« (S. 46) (Alle Hervorhebungen von F. selbst).

Was für mich jene kritischen Einwände und der statt dessen gewählte Ansatz bedeuten, will dies Kapitel darlegen. Bei E. Feifel verbinden sich demgegenüber jene positiv aufgenommenen Vorbehalte in einer m. E. systematisch unausgewogenen Weise mit eben den Vorstellungen, die durch
jene Bedenken problematisch werden. Zwar vermeidet Feifel in dem zweiten seiner Einleitungsaufsätze, in welchem er das bereits berührte Stu-
fenmodell entwickelt, eine emphatische Rede von Religion als ontologischer Universalkategorie. Er setzt vorsichtiger bei dem Sinnbegriff an, bei
der Sinnsuche und Sinnerfahrung des Menschen. Hier ist Feifel nur zuzustimmen; auch für diesen religionspädagogischen Theorieaufriß wird
die Sinnproblematik eine maßgebliche Vermittlungskategorie sein (s. bereits die Ausführungen in Kapitel 1 zur gesellschaftlichen Legitimations-
und Motivations- bzw. Sinnkrise). In Feifels Gedankengang wird jener
Ausgangspunkt jedoch sogleich eigentümlich überhöht durch den Gedanken von der »in der Sinnsuche offenbar werdende(n) Transzendenz seines
(des Menschen) Wesens« und, ähnlich wie bei W. G. Esser, durch die
seinsspekulative Vorstellung, wonach die Erziehung Impulse vermitteln
könne, »die ganze Wirklichkeit als religiös bedeutsam, d. h. als auf Sinnerfüllung hin angelegte zu erkennen« (S. 78–79). Religion und religiöse
Erziehung werden dementsprechend ebenfalls sehr weit gefaßt und im
übrigen in der bereits beschriebenen Weise der christlich-religiösen Erziehung vorgeordnet, die an diese Voraussetzungen anknüpft. Führen nicht
solche, die Wirklichkeit *zumindest tendenziell* metaphysisch verbrämen-
den Aussagen und der sich ebenfalls wieder indirekt einfindende weite
Religionsbegriff zu eben den Schwierigkeiten zurück, von denen Feifel
selbst die Religionspädagogik zuvor hatte möglichst freihalten wollen?

II. Religionspädagogik in theologischer und gesellschafts-
politisch-pädagogischer Verantwortung

1. Der historisch bestimmte Raum von Gesellschaft, Erziehung,
Christentum und Kirche als Ausgangspunkt

In diesem und dem folgenden Teilband sollen Grundlagen gegenwärtiger Religionspädagogik entfaltet werden. Sie werden durch
den Zusammenhang von Gesellschaft, Erziehung, Religion und
Kirche gebildet. Der Nachdruck liegt auf der *Zusammengehörigkeit*
aller vier Momente. Was besagt das? Es geht schlecht an, nach

dem Versuch einer historisch bestimmten Analyse zur gesellschaftlichen und pädagogischen Situation der Bundesrepublik historisch unbestimmt fortzufahren und einen allgemeinen Begriff von Religion zum weiteren Leitfaden zu nehmen. Zwar spricht auch dieser Entwurf von *Religion*, aber anders. Der Begriff soll nicht emphatisch gebraucht werden, gleichsam ›religiös‹ überhöht, sondern als formaler Begriff, der stets geschichtlich-gesellschaftlich ›operationalisiert‹ werden muß. Diese Konkretisierung ist der eigentlich wichtige Vorgang.

Als formaler Begriff wird der Begriff Religion zunächst ebenfalls weit gefaßt. Er meint als Sammelbezeichnung jene Sinnsysteme, Fragehaltungen und Erfahrungsweisen, in denen sich eine letzte Wertorientierung von einzelnen oder Gruppen ausspricht. Historisch gesehen ist das zweite die Regel. Auch die persönliche religiöse Orientierung einzelner ist auf Grund des gesellschaftlichen Charakters jedes Menschen von den geschichtlichen Wirkungen institutionalisierter Religionsformen beeinflußt. Folglich sucht der hier verwendete Religionsbegriff primär Anhalt am Selbstverständnis der historischen Religionen.

Die Berücksichtigung von Weltanschauungen und Lebenseinstellungen, die sich selbst nicht ausdrücklich als religiös verstehen, ist hierdurch nicht ausgeschlossen, sondern eingeschlossen. Die Religionspädagogik hat es mit allen Wandlungen und Masken gegenwärtiger Religiosität zu tun (s. o. S. 134). Die Kategorien zur Wahrnehmung des religiösen, pseudoreligiösen oder verschleiert religiösen Charakters jener Einstellungen sind allerdings in unserem Geschichtsraum vom *Christentum* geprägt, so wie die betreffenden Phänomene selbst.

In einer anregenden neueren Abhandlung faßt *Dieter Stoodt* Beobachtungen an Selbsterfahrungsgruppen, Studenten, Schülern und Jesus-People-Mitgliedern unter dem Begriff der »*neutralisierten Religion*« zusammen; mit Recht wird hierbei der Begriff »Religion« als eine Form von »Christentum« operationalisiert: »Unter ›Religion‹ wird das *Christentum in seiner reduzierten Gestalt* verstanden, wie es heute in den Familien, in Traktaten und Zeitungen tradiert wird und als eine Fülle von Residuen in älteren und jüngeren Menschen aufbewahrt wird.« Neutralisiert ist diese christliche Religion, »weil sie *um die Wirkungen ihrer selbst gebracht* ist ...«[69]. Was Stoodt wahrnimmt, sieht er mit den Augen des christli-

69. Religiöse Sozialisation und emanzipiertes Ich, in: *K.-W. Dahm, N. Luhmann, D. Stoodt:* Religion – System und Sozialisation, Darmstadt u. Neuwied 1972, S. 220 f.

chen Theologen. Dies ist sachgemäß, denn die beobachteten Phänomene sind ebenfalls Resultate und Residuen christlicher Erziehung, nicht irgendeiner ungeschichtlichen allgemeinreligiösen Erziehung. Die Schwierigkeiten der Selbstartikulation, die Gottes- und Vatervorstellungen, der anti-autoritäre Gestus in Verbindung mit der »harten Gesetzlichkeit der eigenen Struktur« oder was auch immer beobachtet werden kann, es hat seinen Ausgangspunkt in den Daten der *christlich* geprägten religiösen Sozialisation.

Erst der geschichtliche Erfahrungsraum bestimmter Religion entläßt aus sich die Möglichkeit weniger intensiv bestimmter, verschwommener, neutralisierter und anders bestimmter Religion, einschließlich der religionskritischen Ablehnung von Religion. Nicht als ob an den Maßstäben der historischen Religionen gemessen werden und alles religiöse Suchen sonst als reduziert oder zweitklassig beurteilt werden soll! Gemeint ist sowohl die geschichtliche Determinierung der ›religiösen‹ Sachverhalte selbst (Gegenstandsebene) wie die kategoriale Vorstrukturierung der Wahrnehmung dessen, was an diesen Sachverhalten ›religiös‹ genannt werden könnte (Wahrnehmungsebene). Die *Phänomene* wie ihre *Betrachtung* sind geschichtlich bedingt.
Wollte man anders verfahren und unabhängig, scheinbar losgelöst von der Geschichtlichkeit von Religion und ihrem je historisch vermittelten Selbstverständnis, einen unvermittelten anthropologischen und ontologischen Zugang zur Religion suchen, ergeben sich, wie gezeigt, zu viele Schwierigkeiten. Zwar ist die Rede von »Religion« keineswegs an sich eine historisch unvermittelte Erscheinung; nur eben begreifen die, die so reden, sich selbst und ihren Begriff von Religion meist nicht als geschichtlich bedingt[70]. Ähnlich

70. Dieselbe Selbstvergessenheit, wie wir sie in der religionspädagogischen Diskussion feststellen, beobachtet *J. Matthes* in der religionssoziologischen Diskussion. Er kritisiert von hierher »funktionale oder Wesensdefinitionen von Religion, die ihre eigene kulturelle Gebundenheit unter dem Mantel formaler Universalität verbergen.« Entsprechend kann es »nicht darum gehen, Religion in jenem allgemeinen, aporetischen Sinne, wie er für das bisherige religionssoziologische Denken charakteristisch ist, unter welchen Bezügen auch immer als eine zentrale Dimension von Gesellschaft zu *definieren*. Es kann nur darum gehen, in der Analyse gesellschaftlicher und kultureller Systeme jene Dimension in ihrem vollen Gewicht aufzunehmen, die als historisch-bestimmte Religion gegeben ist – auch und gerade dann, wenn diese historisch-bestimmte Religion in sich

wie schon von der späten Aufklärung an die Thematisierung von
»*Religion*« und »*Christentum*« in Unterscheidung von den »*kirchlichen*« Lehrtraditionen der Absicht entsprach, unter veränderten
Bedingungen das Ganze der Theologie und der christlichen Religion so zu bewahren, daß der von den christlichen Aufklärern als
Problem empfundenen historischen Differenz zu ihrer Zeit und den
aus der Vergangenheit tradierten kirchlichen Lehren keine konsti-
tutive Bedeutung mehr zukommen sollte[71], kann auch die emphatische Rede von »Religion« heute, in Unterscheidung von »Kirche«
und »Christentum«, als Versuch verstanden werden, in unserer
Zeit unter nochmals veränderten Bedingungen das christliche Exi-
stenz- und Weltverständnis auf dem apologetischen Wege über die
Erweckung und Erhaltung der »religiösen Frage« zu bewahren,
jetzt nicht nur angesichts der weiterhin verbliebenen historischen
Differenz, sondern auch angesichts der Anzeichen für die noch tiefer reichende Sinnkrise überhaupt.

Für den Idealismus des 19. Jahrhunderts floß die transzendental begriffene Religion (siehe oben S. 151) »mit dem Christentum in eins zusammen, ›Religion‹ in ihrem Vollbegriff ist ›Christentum‹.«[72] Die »eigentümlich kritische Funktion, welche der Religionsbegriff in der Theologie der
Neuzeit ausübt«, gewann er, in der Entfaltung des Gegensatzes »von
äußerer, dogmatisch vererbter Religionslehre und innerer, eigentlicher,
persönlich ergriffener Religion« (ebd.), nicht von außen, sondern aus der
neuen Vergewisserung der Sinnmitte des Christentums selbst. Die heutige
Rede von Religion in der Religionspädagogik lebt von derselben, wenngleich mehr verdeckten Identifikation. Sie teilt ein ähnliches Interesse,
auch wenn die in diesem Sinne theoretisierenden Religionspädagogen diesen Ermöglichungsgrund und Interessenhorizont ihrer Arbeit kaum nennenswert thematisieren.

selbst, wie im Falle des westlichen Christentums, die Problematik
der allgemeinen Religion angelegt hat.« Die Konsequenz ist, »daß
eine Religionssoziologie nur als Soziologie des Christentums sinnvoll und möglich ist und insofern auf eine vertiefte und erweiterte
Kirchensoziologie angewiesen bleibt« (Religion und Gesellschaft,
Reinbek bei Hamburg 1967, S. 117, 116 f.). (Vgl. in unserer eigenen
Darstellung Bd. 2, 1. Kap.).
71. *T. Rendtorff*: Überlieferungsgeschichte des Christentums (1965), wiederabgedruckt in: Theorie des Christentums, Gütersloh 1972, S. 30 f.
passim.
72. *W. Trillhaas*: Die Wirklichkeit der Religion. Von der philosophi-
schen Funktion des Religionsbegriffs, in: EvKomm. 7 (1974), 1, S. 15.

Die Folge der versäumten geschichtlichen Auslegung von Religion sind unklare theologische Kriterien. Um sie zu vermeiden und um positiv die kritisch-produktive Auseinandersetzung im Erfahrungsraum der eigenen religiösen Herkunft und Bindung zu führen, soll in dieser Darstellung von Anfang an Religion auf die pädagogische und gesellschaftliche Rolle des *Christentums* in unserer Zeit hin konkretisiert werden. Bei einem formalen Religionsbegriff kann es ja ebenfalls nicht sein Bewenden haben. Während ein ontologischer Religionsbegriff in seiner Handhabung problematisch ist, weil er auf Grund seiner metaphysischen Implikationen gleichsam ›zu viel‹ enthält, ist umgekehrt ein formaler Religionsbegriff noch nicht handhabbar, weil er ›leer‹ ist. Immerhin verdeckt er dies Merkmal seiner Allgemeinheit nicht, sondern gibt von sich aus seine »Operationalisierungs«bedürftigkeit zu verstehen. Er täuscht keine Intersubjektivität vor, die er nicht einlösen kann.

Zieht man aus allem die Folgerung, so sind Religion und religiöse Erziehung so auszulegen, daß die Problematik der *christlichen Erziehung* zur Sprache kommt, damit zugleich in zentraler Weise die Rolle der *Kirche*, und zwar im Horizont der *gesellschaftlichen Verhältnisse*, die unsere westliche Welt bestimmen. Diese Verhältnisse sind Ausgangspunkt (1. Bd., 1. Kap.) und Rahmen (2. Bd.): an den durch sie bezeichneten Bedingungs- und Handlungsraum ist jede Erziehung unauflöslich gebunden, auch jede religiöse Erziehung.

Erst im Rahmen des so abgesteckten Gegenstandsfeldes und seines geschichtlichen Hintergrundes lassen sich die Versuche zur Grundlegung der Religionspädagogik in einem allgemeinen Religionsbegriff verständlich machen, nicht umgekehrt. Das gegenwärtige Christentum ist nicht aus einem allgemeinen, übergeschichtlich zu fassenden Religionsbegriff abzuleiten, wohl aber der Versuch christlicher Religionspädagogik, mit dem allgemeinen Religionsbegriff zu denken und zu arbeiten, aus der Bewußtseinslage des gegenwärtigen Christentums seit der Aufklärung. Ein Allgemeinbegriff von Religion bildet nur scheinbar den umfassenden theoretischen Bezugsrahmen; ihm voraus liegt die geschichtlich gewordene Geisteslage, die ihn ermöglicht. Von einer anderen Seite enthüllt sich nochmals der vorgängige Charakter der geschichtlichen Lebenspraxis, der religiösen wie der pädagogischen Praxis; sie ist der Boden aller Theorie (vgl. schon die Einleitung zu diesem Kap., S. 131 ff.).

2. Zusammenhang und Unterscheidung – Zum Sinn eines konvergenztheoretischen Orientierungsmodells

a) Religionspädagogische Kriterien auf dem Hintergrund von Christentumsgeschichte und neuzeitlicher Freiheitsgeschichte. Für den geschichtlichen Raum, in dem religiöse Erziehung verantwortet werden soll, sind zwei korrespondierende historische Bewegungen charakteristisch: *die Geschichte des Christentums und die neuzeitliche Freiheitsgeschichte.* Nachdem es Jahrhunderte hindurch menschliche Lebenswelt in Europa nur als christliche Welt gab, muß in der Neuzeit zwischen den genannten Bewegungen unterschieden werden. Es scheint, als sei der zugrundeliegende Vorgang der Trennung primär überhaupt als wechselseitige Selbstunterscheidung gegenüber der anderen Seite verlaufen. Dennoch ist es angemessener, in beiden Richtungen von *Zusammenhang* und (!) *Unterscheidung* zu sprechen. Die einseitige Beurteilung verkennt, daß sich nicht nur die Herausbildung des modernen Freiheits- und Emanzipationsdenkens (bürgerliche Freiheits- bzw. Menschenrechte) in Distanz *und* Kontinuität zur christlichen Überlieferung vollzogen hat, sondern daß bis heute auch die christliche Theologie hierzulande selbst dort noch den neuzeitlichen Denkformen verhaftet bleibt, wo sie sie radikal in Frage stellt[73]. Für beide Seiten gilt, was bereits an früherer Stelle im Anschluß an die gegenwärtige Diskussion über »Hermeneutik und Ideologiekritik« berührt worden ist: Kritik bleibt an den Überlieferungszusammenhang gebunden, den sie kritisiert (S. 94 f.).

Die *Kriterien* der Religionspädagogik können mithin nur unter den Bedingungen dieses *doppelten, dialektisch verschränkten Überlieferungs- und Bedeutungszusammenhangs* ausgebildet werden. Sie sind nicht unvermittelt und ungeschichtlich zu gewinnen, sei es durch einen abstrakten Rückgang auf »Religion« und »Glaube« oder durch eine abstrakte Rede von »Selbstbestimmung« und »Emanzipation« (oder durch beides), sondern nur in geschichtlich vermittelter Weise über die Auseinandersetzung zwischen den genannten historischen Bewegungen, ihren Divergenzen und Konvergenzen. Religionspädagogik ist doppelt zu verantworten, von beiden geschichtlichen Bewegungen her, *theologisch* und *gesell-*

---

73. *T. Rendtorff:* Radikale Autonomie Gottes. Zum Verständnis der Theologie Karl Barths und ihrer Folgen, in: Theorie des Christentums, a. a. O. S. 161 ff.

schaftspolitisch-pädagogisch. Dieser Ansatz ist nicht selbstverständlich.

Von der Warte des Versuchs aus, zwischen einer religionswissenschaftlich fundierten *Religionspädagogik* und einer theologisch fundierten *Katechetik* zu unterscheiden, ist zugunsten eines in einem allgemeinen Religionsverständnis gegründeten schulischen Religionsunterrichts (in Unterscheidung von kirchlicher Katechese) von *Hubertus Halbfas* eingewendet worden, eine theologische Interpretation und Legitimation habe bei der religiösen Erziehung in der öffentlichen »Schule für alle« nichts zu suchen[74].

Umgekehrt wird aus der Sicht bestimmter theologischer Denkgewohnheiten immer wieder die Frage aufgeworfen, ob es theologisch angehe, neben der theologischen Verantwortung in so entschiedener Weise »*gleichzeitig*« von einer gesellschaftspolitisch-pädagogischen zu sprechen. Muß nicht, so fragt drittens mehr formal *Klaus Wegenast*, grundsätzlich die eine *oder* die andere Seite Recht haben und darum dominieren dürfen? »Wer aber hat denn das Sagen?«[75] – Alle diese Gegenerwägungen berühren wichtige Seiten des Problems. In ihrer Tendenz könnten sie jedoch zu einer Auflösung des Zusammenhanges führen, der theoretisch nicht aufgelöst werden darf: Dort möchte man den einen, hier den anderen geschichtlichen Hintergrund reduzieren. Hinter manchen der von theologischer Seite vorgetragenen Bedenken mag ferner die Auffassung stehen, daß über die ›wahren‹ Kriterien doch irgendwie vorentschieden werden müßte und könnte.

Es gibt Gründe, sich weder von der vollen Spannweite des genannten geschichtlichen Auseinandersetzungshorizonts abbringen noch auf die angesonnenen theoretischen Vorweg-Entscheidungen einzulassen, sondern durch die Art der Theoriebildung den lebendigen Streit um die religionspädagogischen Kriterien in der Praxis offenzuhalten. Für die Orientierung an einem allgemeinen Religionsverständnis sind die Aporien eines Ansatzes dargelegt worden, der seinen *theologischen* Überlieferungshintergrund vergißt. Eine einseitige Orientierung an der Theologie könnte deren schick-

---

74. *H. Halbfas:* Religionsunterricht und Katechese, in: Der Ev. Erz. 25 (1973), 1, S. 3 ff.; auch in: *D. Zilleßen (Hg.):* Religionspädagogisches Werkbuch, Frankfurt/M. 1972.
75. In: *E. Feifel u. a. (Hg.):* Handbuch der Religionspädagogik, Bd. 1, Gütersloh u. Zürich 1973, S. 275 f. *Wegenasts* Anfrage ist berechtigt; meine Bemerkungen zu diesem Thema in früheren Schriften lassen manche Fragen offen.

salhafte Gebundenheit an die *neuzeitliche emanzipatorische* Bewußtseinslage vergessen. Folglich ist die Aufteilung zwischen einer theologisch begründeten christlichen Katechetik und einer religionswissenschaftlich begründeten nichttheologischen Religionspädagogik bedenklich[76]. Angesichts der im religiösen Erziehungsprozeß

76. Es fragt sich außerdem, ob sie bei *H. Halbfas* überhaupt durchgehalten wird. Religionspädagogik als »Disziplin der Religionswissenschaften und der Pädagogik« soll »einer emanzipatorischen Gesellschaftsentwicklung dienen« (Der Ev. Erz. 1973, H. 1, S. 6, 9). »Katechetik als theologische Disziplin« wird aber ebenfalls der Emanzipation des Menschen als oberstem katechetischem Kriterium unterworfen: Katechese ist »*auf Theologie bezogen,* wobei freilich jede Theologie als katechetisch irrelevant gilt, die nicht der Emanzipation des Menschen dient.« »*Die Legitimität einer Theologie für den katechetischen Vollzug ist nicht primär von ihrer logischen Übereinstimmung mit der dogmatischen Tradition abzuleiten, sondern von der Frage, was diese Theologie für die Befreiung und Freiwerdung des Menschen leistet*« (S. 4, 7).
H. spricht zuvor vom »Evangelium Jesu«, auf das die Katechese bezogen sei. Ist nun die »Emanzipation« bzw. »die Befreiung und Freiwerdung des Menschen« kraft des *Evangeliums* (als Kriterium der Katechetik und Katechese) identisch mit der »Emanzipation« des Menschen und der »emanzipatorischen Gesellschaftsentwicklung« kraft eines »mit utopischer Phantasie gewonnenen Entwurf(s) neuer Möglichkeiten« (als Kriterium der Religionspädagogik und des Religionsunterrichts) (S. 19), eines Entwurfs, der *nicht* ein *theologischer* Entwurf sein soll, auch nicht ein noch so dezidiert »emanzipatorisch« orientierter theologischer Entwurf (S. 7)? Wenn ja, dann ist die von Halbfas versuchte wissenschaftstheoretische Unterscheidung gar nicht vollzogen. Wenn nein, darf man näheren Aufschluß über äquivok gebrauchte Begriffe erbitten wie Emanzipation, Befreiung, Freiwerdung.
Wahrscheinlich ist allerdings drittens, daß Halbfas ähnlich wie wir faktisch viel stärker von einem *Zusammenhang* her denkt, als seine Unterscheidungen es theoretisch zugeben: als Theologe von einem Theologieverständnis, für das das neuzeitliche Emanzipationsverständnis unabdingbar geworden ist, und als ›Religions‹-Pädagoge von einem (vermeintlich nichttheologischen) Religionsverständnis, das ohne seine theologische Tiefe und ohne *Halbfas'* Herkunft als katholischer Theologe nicht verständlich ist. Auch wo die Religionspädagogik von *H. Halbfas* sich gegentheologisch begründet, wird man sie wahrscheinlich angemessen nur als Ausdrucksform eines unter neuzeitlichen Bedingungen sich neuformulierenden christlich-theologischen Denkens verstehen können (vgl. ausführlicher die be-

zur Verhandlung stehenden Normenfragen, die nicht ungeschichtlich, sondern als Fragen unserer geschichtlich-gesellschaftlichen Situation zu erörtern sind, kann weder die religionswissenschaftlich
orientierte Religionspädagogik in einem Territorium, das durch re-
ligionswissenschaftliche Zäune abgesichert ist, noch die theologisch
orientierte Katechetik in einem durch theologische Mauern abgesicherten Eigenbereich gelassen und aus der wechselseitigen Auseinandersetzung der sich hier und dort konzentrierenden Erfahrungen
und Wahrheitsansprüche entlassen werden. Das Kriterienpotential,
auf das die eine, theologisch und pädagogisch zu verantwortende
Religionspädagogik heute verwiesen ist, liegt nicht in unangreif-
barer objektivierter Form hier oder dort fest vor. Es ist in dem *Be-
zugsraum* zu finden, in dem, spannungsreich genug, das neuzeitliche Emanzipationsdenken und der christliche Befreiungszuspruch
und -anspruch miteinander konfrontiert und aufeinander bezogen
sind.

*b) Der Frage- und Suchcharakter (heuristische Sinn) konvergenz-
theoretischer Annahmen.* Nur im Sinne dieser Dialektik von Zusammenhang und Unterscheidung habe ich schon bisher die religionspädagogische Arbeit an einem *heuristisch* gemeinten »konvergenztheoretischen« Modell orientiert. »Konvergenztheoretisch«
nicht verstanden als vorhandene Identität, prästabilisierte Harmonie[77] oder schlechte Vermittlung im Sinne eines Minimalkonsen-

reits erwähnte Diskussion zwischen *Halbfas* und mir in der Zs. Der
Ev. Erz., siehe oben Anm. 67). – Bemerkt sei noch, daß die hier vorgetragene Problematisierung der *wissenschaftstheoretischen Unterscheidung* zwischen Religionspädagogik und Katechetik nicht die sich
naheliegende *didaktische Differenzierung* zwischen schulischem Religionsunterricht und kirchlichem Unterricht sinnlos macht. Vgl. *G.
Baudler (Hg.):* Schulischer Religionsunterricht und kirchliche Katechese, Düsseldorf 1974, und meine eigenen Rahmenüberlegungen in
Bd. 2, Kap. 2, S. 122 f.

77. So der falsche Eindruck *J. V. Sandbergers* (Der Pluralismus als Problem der Curriculumentwicklung für den evangelischen Religionsunterricht, in: Der Ev. Erz. 23 (1971), 11, S. 433). »Entsprechungen«
zwischen Theologie und Pädagogik können in meiner Sicht weder
eine »prästabilisierte Harmonie« sein, noch sich pauschal auf »Theologie und Pädagogik« allgemein beziehen, wie *Sandberger* unterstellt, wenn er formuliert, daß N. sein Konzept »gemäß seinen Vorstellungen von einer prästabilisierten Harmonie zwischen Theologie
und Pädagogik« begründe (ebd.). In meinem von Sandberger ange-

sus – wie wenig hieran gedacht ist, wird Band 2 zeigen –, sondern als *Frage* nach konvergierenden *und* divergierenden Elementen. Der *Bezug* aufeinander ist jedoch beidemal grundlegend, für Katechetik und Religionspädagogik (um noch mit dieser hier überholten Unterscheidung zu sprechen), weil einerseits die christliche Theologie einschließlich der Katechetik ihre Wahrheit in der gegenwärtigen Situation nicht ohne den konstitutiven Bezug zur neuzeitlichen Freiheitsgeschichte entfalten und weil andererseits eine geschichtsbewußt denkende Religionspädagogik ihr Religionsverständnis hierzulande nicht ohne Beziehung auf die christliche Religion entwickeln kann. Für das Gemeinte ist der Begriff konvergenztheoretisch freilich mißverständlich; was ›zusammengeht‹ und was nicht, ist gerade erst im geschichtlichen Vorgang der immer neuen Konkretisierung des theologisch, gesellschaftspolitisch, bildungspolitisch und pädagogisch Verantwortbaren auszumachen. Genauer wäre es, wenn auch schwerfälliger formuliert, von einem konvergenztheoretisch-dialektischen Orientierungsmodell zu sprechen.

3. Methodologische und wissenschaftstheoretische Bedingungen religionspädagogischer Kriterienbildung oder: Wodurch werden religionspädagogische Aussagen sachgemäß?

Der heuristische Sinn des vertretenen religionspädagogischen Denkmodells, sein Frage- und Suchcharakter, ist Ausdruck des Interesses an freier Auseinandersetzung. Dies Interesse hat methodologische und wissenschaftstheoretische Konsequenzen.

a) Multiple und methodisch gleichrangige Zugänge. Eine gleichzeitig theologisch und erziehungswissenschaftlich verantwortete Re-

> führten Aufsatz, in dem ich die heuristische Orientierung an konvergierenden bzw. korrespondierenden Auffassungen am ausführlichsten zugrundegelegt habe, wird ausdrücklich dargestellt, daß es zwischen *bestimmten* theologischen und *bestimmten* pädagogischen Auffassungen ein »sich gegenseitig stützendes korrespondierendes Erwartungsgeflecht« gibt, zwischen *anderen* theologischen und pädagogischen Strömungen dagegen eine »*entgegengesetzte Korrespondenz*«! Entsprechend sind die lehrplantheoretisch-curricularen Folgerungen jeweils sehr verschieden (vgl. vom Verf. Curriculumforschung und Religionsunterricht (1969), in: W. G. Esser (Hg.): Zum Religionsunterricht morgen I, München u. Wuppertal 1970, S. 272 f.).

ligionspädagogik muß verschiedene, methodisch gleichrangige Zugänge verfolgen und die Lösungen in den Schnittpunkten eines vielperspektivischen (mehrdimensionalen) Koordinatengefüges suchen. Die Forderung multipler Zugänge ist in der neueren Erziehungswissenschaft selbstverständlich geworden. Ebenso wichtig ist, daß die Zugänge methodisch als gleichrangig angesehen werden. Von keiner Fragestellung (gesellschaftspolitisch, pädagogisch, psychologisch, soziologisch, theologisch) sollte im vorhinein eine geringere oder größere Ergiebigkeit zur Erschließung der Sachproblematik angenommen werden.

Methodische Vorbehaltlosigkeit in der Annäherung an den Gegenstand bedeutet, daß die kritische Interpretation des Aufgabenfeldes und seiner Voraussetzungen verschiedenen Kriterien nebeneinander zu folgen hat. Es läßt sich kein Sachgrund nennen, der es rechtfertigen könnte, die spezifischen Kriterien, die mit den Fragestellungen der einen für die Religionspädagogik einschlägigen Disziplin verbunden sind, weniger ernstzunehmen als die einer anderen. Ist ein religionspädagogischer Entwurf, beispielsweise zum Religionsunterricht, zum Kindergottesdienst, zur Gebetserziehung pädagogisch nicht akzeptabel, muß dies in theologischer Sicht als ein ebenso gravierender Umstand betrachtet werden wie die theologische Unangemessenheit eines Entwurfs in pädagogischer Sicht. Die pädagogische Sachgemäßheit muß gleichsam vom Theologen theologisch gefordert, die theologische Sachgemäßheit vom Pädagogen pädagogisch gefordert werden können; andernfalls ist der Entwurf bedenklich.

Wie aber entscheidet sich, was theologisch und pädagogisch sachgemäß ist? Mehr noch: Wer entscheidet darüber? Behalten die praktisch tätigen Religionspädagogen Freiheit mitzuentscheiden? Die Frage der *Sachgemäßheit* ist sowohl mit der Frage des *Erkenntnisweges* und *Erkenntnisinteresses* wie mit der Frage nach dem *Verhältnis von Theorie und Praxis* verknüpft: Was eine Sachaussage zu einer sachgemäßen Aussage macht, ist mit davon abhängig, unter welchen methodischen Bedingungen sie zustande kommt und wer sie mit welchen Interessen formuliert. Der nachstehende Abschnitt folgt diesen Gesichtspunkten.

b) Deduktion – Hermeneutik – Empirie – Ideologiekritik. In der Erziehungswissenschaft[78], in der Religionspädagogik[79] und zunehmend auch in der Theologie[80] ist die gegenwärtige methodologische Diskussion, die zugleich, wissenschaftstheoretisch gesehen, das Wissenschaftsverständnis dieser Disziplinen und ihr Verhältnis zueinander bestimmt, durchgehend von der Ablösung *normativ-deduktiven* Denkens geprägt. Die traditionelle katholische[81] und evangelische[82] Pädagogik (und Katechetik) ist lange einem normativ-deduktiven Ansatz gefolgt, bis er in einer veränderten gesellschaftlichen und kirchlichen Situation und unter dem Eindruck *geisteswissenschaftlich-hermeneutischer* Theoriebildung nicht mehr aufrechterhalten werden konnte. Seit einigen Jahren wird allerdings auch die »geisteswissenschaftliche Pädagogik am Ausgang ihrer Epoche« gesehen, mit entsprechenden Rückwirkungen auf die Religionspädagogik. Die Intentionen des hermeneutischen Ansatzes sind zwar keineswegs hinfällig. Nach zwei Seiten geht jedoch die Entwicklung neue Wege: in Richtung *empirisch-analytischer* Forschung und in Richtung einer *dialektisch-(ideologie)kritischen* Pädagogik und Religionspädagogik. Der eigene Standort in dieser Entwicklung sei kurz umrissen[83].

78. Aus der bereits unübersehbaren Literatur siehe u. a. *W. Klafki:* Erziehungswissenschaft als kritisch-konstruktive Theorie: Hermeneutik, Empirie, Ideologiekritik, in: ZfPäd. 17 (1971), 3, S. 351 ff., ferner: *D. Ulich (Hg.):* Theorie und Methode der Erziehungswissenschaft. Probleme einer sozialwissenschaftlichen Pädagogik, Weinheim u. Basel 1972.

79. *E. Feifel u. a. (Hg.):* Handbuch der Religionspädagogik, Bd. 2, Gütersloh, Zürich u. a. 1974, Kap. 5.

80. *J. B. Metz, T. Rendtorff (Hg.):* Die Theologie in der interdisziplinären Forschung, Düsseldorf 1971; *G. Sauter u. a.:* Wissenschaftstheoretische Kritik der Theologie, München 1973; *W. Pannenberg:* Wissenschaftstheorie und Theologie, Frankfurt/M. 1973; *W. Pannenberg, G. Sauter, S. M. Daecke, H. N. Janowski:* Grundlagen der Theologie – ein Diskurs, Stuttgart 1974.

81. Hierzu u. a.: *N. Massner:* Normative Pädagogik. Kritische Reflexionen zum katholischen Erziehungsverständnis der Gegenwart, München 1970.

82. Vgl. u. a. die Darstellung bei *W. Sturm,* Religionsunterricht – gestern, heute, morgen, Stuttgart 1971, bes. Kap. 1.

83. Die nachstehende Darstellung folgt der zweiten Hälfte meines Beitrags über »Das Theorie-Praxis-Problem« im Handbuch der Religionspädagogik (Feifel u. a.), Bd. 2, S. 240 ff.

Der normativ-deduktive Ansatz

Wo die Annahme unverrückbar gültiger oberster christlicher Glaubens-, Denk- und Verhaltens*normen* gemacht und wo zugleich das naheliegende *Interesse* bestimmend wird, diese Normen in der Erziehung und Unterrichtspraxis *durchzusetzen*, glaubt man seit jeher die Durchsetzung jener Normen dadurch am besten sichern zu können, daß man aus ihnen möglichst vollständig und unmittelbar auch die Folgerungen für den angemessenen institutionellen Erziehungsrahmen sowie für Erziehungs- und Unterrichtsziele, Inhalte und Methoden *ableitet*.

So hat die pietistische Pädagogik *August Hermann Franckes* aus der dogmatischen These von der durch die Erbsünde radikal verdorbenen menschlichen Natur die Aufgabe abgeleitet, den bösen Eigenwillen des Kindes zu brechen und ihm »durch lückenlose Kontrolle und permanente Beschäftigung keine Chance zur Entfaltung zu geben. Demzufolge haben alle didaktisch-methodischen Maßnahmen unter dem Prinzip zu stehen, keine ›Frei-Zeit‹ zu gewähren, sondern den Tagesablauf von früh bis spät durch Beten und Arbeiten auszufüllen«[84]. – Ein gleiches deduktives Denkschema liegt vor, wenn bis in die jüngste Vergangenheit besonders die katholische Kirche aus der lebensumfassenden Wirksamkeit des Glaubens die Konfessionsschule abgeleitet hat, in welcher alle Unterrichtsfächer und das Schulleben vom katholischen Geist geprägt sein sollen[85]. – Normativ-deduktiv denken auch die Religionspädagogen, die das jeweils gängige Selbstverständnis der Theologie *unvermittelt* auf den schulischen Religionsunterricht oder den kirchlichen Unterricht übertragen, heute Karl Barth und die Dialektische Theologie, morgen Rudolf Bultmann und die Existentialtheologie, übermorgen die Theologie der Revolution[86].

84. *H. Blankertz:* Theorien und Modelle der Didaktik, München 1969 S. 21, der u. a. am Beispiel A. H. Franckes die Schwächen normativer Didaktiken kritisiert.
85. Klassisches Dokument auf katholischer Seite ist die Enzyklika von Papst Pius XI vom 31. 12. 1929: Divini Illius Magistri. – Eine Auseinandersetzung mit Vertretern eines normativ-deduktiven Denkens auf katholischer und evangelischer Seite, die auf diese Weise die schulpolitischen Stellungen aus der Ära des Konfessionsschulwesens festzuhalten versuchten, findet sich in dem Buch des Verf.: Christliche Bildungstheorie und Schulpolitik. Deutsches Institut für Bildung und Wissen 1958–1968, Gütersloh 1969.
86. Für die katholische Seite hat u. a. *Eugen Paul* die deduktive Umsetzung von Theologie in Pädagogik skizziert und kritisiert: »Es bleibt der angesichts wachsender materialer Postulate verbitternde Praktiker. Ihm wird dann, je nach Couleur des Theoretikers, ein Katalog von katechetischen Forderungen vorgelegt, die entweder als Deduk-

Nichts gegen den sachgemäßen Einfluß wissenschaftsgeschichtlich bedingter theologischer Veränderungen! Aber gilt unbesehen das, was wissenschaftlich neu entdeckt worden ist, in derselben unveränderten und unvermittelten Form auch für den Unterricht mit Kindern und Jugendlichen? Kann es sich überhaupt bei kirchlichen Normen oder theologischen Entwürfen um mehr als um jeweils eine Einflußgröße handeln? Ist nicht das pädagogische Handlungsfeld, die religionspädagogische Praxis, durch sehr viele Faktoren bestimmt?

Normativ-deduktive Ableitungen sind *einlinig*. Sie tun so, als bestünde zwischen der sehr weiten allgemeinen religiösen Sinn-Norm und den schließlich ziemlich konkreten, als spezifisch katholisch oder evangelisch ausgegebenen oder zumindest als christlich gerechtfertigten didaktisch-methodischen Handlungsanweisungen ein zwingender Ableitungszusammenhang. Dies kann jedoch schon rein logisch nicht der Fall sein, weil bei einem allgemeinen Ausgangspunkt auf dem Wege seiner Konkretisierung viele *Zusatzentscheidungen* notwendig werden, durch die das »Ableitungs«-ergebnis (das im Grunde kein Ergebnis *logischer* Ableitung ist) meistens faktisch viel stärker bestimmt wird als durch die oberste theologische Norm. Anders gesagt: Je nach der Art der mit der Konkretisierung verbundenen *Interpretation* jener Normen sind *unterschiedliche pädagogische Konzeptionen* möglich. Man kann beispielsweise an der Lehre von der Erbsünde festhalten und diese doch so verstehen, daß nicht die »geschlossene« Erziehungskonzeption Franckes aus ihr folgt usw.

Von den *hermeneutischen* Prinzipien der Auslegungsbedürftigkeit und Auslegungsfähigkeit, d. h. den geschichtlich-gesellschaftlich sich wandelnden Bedingungen des Verstehens her hat die geisteswissenschaftliche Pädagogik den normativ-deduktiven Ansatz in der Pädagogik kritisiert[87]. Sie muß ihn auch dort kritisieren, wo er

tionen einer konziliaren Theologie des *aggiornamento* oder des Konzepts ›Auslegung der Überlieferung‹ oder wie sonst auftreten. Das Modell ist immer dasselbe: theologische Positionen werden nachträglich in ›didaktische‹ Postulate umgemünzt und dem Praktiker an den Kopf geworfen« (Das Ende einer theorielosen Religionspädagogik, in: *G. Stachel, W. G. Esser (Hg.): Was ist Religionspädagogik?* Zürich u. a. 1971, S. 24).

87. In Auseinandersetzung mit kirchlich-theologischen Positionen überzeugend vor Jahren bereits der katholische Erziehungswissenschaftler *H. Bokelmann: Maßstäbe pädagogischen Handelns.* Normenkon-

unter dem Begriff der »Lernzielableitung« in der gegenwärtigen Curriculumforschung auftritt. Dasselbe gilt inzwischen für die Religionspädagogik. Je weniger im Zusammenhang der Entwicklung des historischen Bewußtseins der christliche Glaube als Bündel zeitlos gültiger Lehrsätze verstanden werden konnte, desto klarer ist geworden, daß auch eine religionspädagogische Theoie nicht von einem geschlossenen, fest gefügten Lehrsystem ausgehen kann, weil ein solches im Grunde gar nicht zur Verfügung steht. Dennoch so zu verfahren, wäre weder pädagogisch noch theologisch sachgemäß.

Auch für die *Praxis* hat dies wichtige Konsequenzen. In einer geschlossenen, normativ-deduktiv angelegten Religionspädagogik kommen auf den Lehrer in allen entscheidenden inhaltlichen Fragen Ansprüche zu, die als unbedingt gültig behauptet werden und denen er folgen muß. Die obersten Normen und die mit ihnen verbundenen wichtigsten pädagogischen »Ableitungen« stehen nicht zur Disposition. Im Grunde ist *eine* Interpretation absolutgesetzt worden. Bei diesem Ansatz ist der Praktiker an der Basis davon ausgeschlossen, das, was sein soll, mitzuentscheiden. Es bedarf in den Grundlagen keiner Entscheidung mehr. So wie die Religionspädagogik als Disziplin abhängig ist von den vorpädagogischen kirchlich-theologischen Normen und zu einer Anwendungsdisziplin reduziert wird, sind auch Lehrer und Schüler von den vorgegebenen Denkwegen und Handlungsvorschriften abhängig. Ändert sich dagegen das Selbstverständnis der Religionspädagogik, zerbricht auch das autoritative Theorie-Praxis-Gefälle.

Der geisteswissenschaftlich-hermeneutische Ansatz

Die christliche Wahrheit ist auf *Überlieferung* angewiesen und damit dem *Wechsel geschichtlicher Verstehensbedingungen* anheimgegeben. Nach Ausweis der historisch-kritischen Erforschung des Neuen Testaments gilt dies grundsätzlich von Anfang an, vom Beginn der Behauptung und Interpretation jener Wahrheit durch die ersten christlichen Zeugen. Zweitens ist Wahrheit überhaupt nicht unabhängig von *menschlicher Erfahrung und Erkenntnis* zu haben. Jener erste, historisch-hermeneutische und dieser zweite, erkenntnistheoretische Sachverhalt sind die Basis des geisteswissenschaftlich-hermeneutischen Denkansatzes.

flikte und Reformversuche in Erziehung und Bildung, Würzburg 1965. Vgl. für die didaktische Diskussion *H. Blankertz,* a. a. O .(siehe Anm. 84), S. 18 ff.

Um herauszufinden, was wahr ist und gelten soll, auch in der Pädagogik, muß *verstanden* werden, was ein Mensch, eine Generation, eine Kirche, die einen Wahrheitsanspruch überliefernd weitersagen, mit dem *meinen*, was sie *sagen*. Was zuvor »von oben« in eindeutiger Weise vorgegeben schien oder vermeintlich eindeutig einfach weiter behauptet und durchgesetzt wurde, ist immer schon menschlich vermittelt. Es ist an die Prozesse subjektiver Aneignung, geistiger Verarbeitung und sprachlicher Mitteilung gebunden, gebunden an Geschichte und Kultur, Geist und Sprache. Die Geisteskultur ist zwar selbst ihrerseits von den materiellen gesellschaftlichen Verhältnissen mit abhängig, von der ökonomischen Struktur der Gesellschaft, der sozialen Schichtung, den Klassengegensätzen und anderem. Die »Geistes«-Wissenschaften beziehen sich jedoch vorwiegend (und leider einseitig) auf die erste Seite. Ihrem Ansatz nach müssen die geistigen Ausdrucksformen (Objektivationen), in denen sich die Aneignungs- und Denkprozesse der früheren Generationen niedergeschlagen haben (überlieferte Texte, Lebensformen), von den Verstehensvoraussetzungen der eigenen Zeit her *interpretiert* und *neu angeeignet* werden. Gelingt es, den *Sinn* der damals als plausibel geltenden Auffassungen für die heutige Lebens- und Berufspraxis wiederzugewinnen oder neuzufassen, ist jener *Konsensus durch Auslegung und Verständigung* erreicht, der zuvor von oben gesetzt und vorgegeben war. In der geisteswissenschaftlichen Pädagogik wird »die Herbeiführung jener Übereinkunft« über die pädagogischen Sinn-Normen und Erziehungsziele die »vornehmste Aufgabe« (*Wilhelm Flitner*)[88]. Dies ist ihr charakteristisches erkenntnisleitendes *Interesse*.

Mit der Öffnung und prozessualen Verflüssigung der Normenproblematik durch das geschichtliche, hermeneutische Denken wird das *Verhältnis von Theorie und Praxis* auch in der Religionspädagogik *wirklichkeitsnäher*; denn der Sinn dessen, was theologisch und pädagogisch gelten soll, wird jetzt im Zusammenhang mit den sich herausbildenden Erfahrungen und Veränderungen im Praxisfeld selbst gesucht. Ausgangspunkt für die Theorie ist die »Erziehungswirklichkeit« (*Herman Nohl*). Hierzu ein für die neuere Geschichte der Religionspädagogik folgenreiches Beispiel.

In den 50er Jahren galt im evangelischen Raum die Theorie der Evangelischen Unterweisung mit ihrem Verkündigungskonzept theoretisch unge-

---

88. *W. Flitner*: Das Selbstverständnis der Erziehungswissenschaft in der Gegenwart, Heidelberg 1957 u. ö., S. 24.

brochen, als *Erich Weniger, Hans Stock, Rudolf Lennert,* später vor allem *Martin Stallmann* und *Gert Otto* begannen, die tatsächliche Situation des Religionsunterrichts als eines an einer Schule stattfindenden Unterrichtsfaches sowie das tatsächliche Selbstverständnis der Religionslehrer genauer aufzugreifen. Viele Lehrer fühlten sich durch das Verkündigungskonzept überfordert. Faktisch lief auch der Unterricht meist schon ganz anders ab, als verlangt wurde. Die schulischen Verhältnisse brachten dies mit sich; ein schulisches Unterrichtsfach kann sich den Bedingungen der Schule nicht entziehen. Dementsprechend, d. h. der Interpretation dieser Situation entsprechend, anknüpfend an das bereits in Ansätzen vorgefundene neue Selbstverständnis vieler Praktiker, die sich als Religions*lehrer* und nicht als kirchliche Amtsträger oder gar Prediger empfanden, holte die Religionspädagogik nach und nach ein neues Verständnis des Faches herauf.

Hermeneutisch orientierte Religionspädagogik ist mithin zentral an einer realitätsgerechten Konsensusbildung in Anknüpfung an die lebendigen Entwicklungen in der Praxis selbst interessiert, vor allem an einer *Übereinkunft über Ziele und Inhalte.* Die normative Pädagogik ist zwar überholt, aber nicht das Normenproblem. Es ist der Vorzug des hermeneutischen Ansatzes, daß er dies Problem nicht mehr von oben lösen will, sondern in Verbindung mit der Praxis, durch die Auslegung der »Erziehungswirklichkeit«. Auf Grund dieser wiederholt vorgenommenen Auslegung entwickelt die Religionspädagogik heute immer neue Konzeptionen. Helfen aber diese wirklich der Praxis? Warum so oft nicht? Warum greift die hermeneutisch orientierte, auf Verständigung zwischen Wissenschaftlern und Praktikern abzielende Religionspädagogik häufig fehl?

Die geisteswissenschaftlich-hermeneutisch orientierte Religionspädagogik betrachtet die Praxis zwar nicht als bloßes Anwendungsfeld wie die normative Religionspädagogik. Sie will gerade umgekehrt von den Bewegungen und Veränderungen in der Erziehungswirklichkeit ausgehen. Die *Praxis* hat für sie eine *eigene »Dignität«* (vgl. oben S. 131 ff.). Die Theorie beginnt auch nicht erst jenseits der Praxis. In der Praxis wird durch den Praktiker immer schon theoretisch reflektiert, mehr oder weniger wissenschaftlich zwar; aber diese durch eigene Vernunft sich lenkende Praxis liegt der wissenschaftlichen Theorie immer schon voraus. Die Theorie will die Praktiker *nicht bevormunden,* sondern ihnen *zu einem klareren Bewußtsein ihres Tuns verhelfen.*

Sicherlich ist dieser Ausgangspunkt bei der Praxis richtig, sind diese Bemühungen notwendig. Aber erstens verbleiben sie eben vornehmlich in der Dimension des *Bewußtseins*, des *Selbstverständnisses*, der *Ideen* über den Unterricht. Das Selbstverständnis kann sich jedoch über sich *täuschen*. Die eigenen Eindrücke und das eigene Bewußtsein über die Praxisprobleme können diese verfehlen, weil diese Eindrücke zufällig und die Schlußfolgerungen einseitig sind. – Zweitens konzentriert sich die traditionelle hermeneutische Pädagogik einseitig auf die *Ziele*. Ziele sind wichtig. Aber müssen nicht zugleich sehr genau die Bedingungen ihrer Realisierung untersucht werden? – An empirischem Gehalt geht in hermeneutische pädagogische Theorie meist nur das ein, was Wissenschaftler und Praktiker als relevante empirische Faktoren auf Grund von persönlichen Eindrücken und Beobachtungen ansehen, was sich von der Empirie in ihrem mehr oder weniger *subjektiven* Unterrichts- und Erziehungsverständnis spiegelt. Dies empirische Wissen ist weder systematisch durch empirische Methoden gewonnen noch systematisch überprüft. Das ist das dritte, allgemeinste Defizit.

Der empirisch-analytische Ansatz

Alle genannten Schwächen bezeichnen zugleich den Ansatzpunkt empirisch-analytischer Forschung. Sie wird für die Religionspädagogen der Gegenwart immer weniger entbehrlich. Die Religionspädagogik wird die Diskussion über Ziele, Inhalte und Methoden in eine umfassende und differenzierte Bedingungsanalyse einbetten müssen,

Wie noch zu zeigen sein wird (Bd. 3, z. T. bereits Bd. 2), ist diese nur interdisziplinär mit Hilfe verschiedener Sozialwissenschaften zu leisten. Sie betrifft vor allem die Analyse der entwicklungspsychologischen und religionssoziologischen Faktoren der *religiösen Sozialisation* im vorschulischen, außerschulischen und schulischen Bereich, von der frühen Kindheit bis zum Ende des Jugendalters. Mit dem Begriff Sozialisation sind alle prägenden Einflußfaktoren angesprochen, nicht nur die Prozesse geplanten, institutionellen Unterrichts. Wo sich religiöse Erziehung in Institutionen vollzieht (Kindergarten, Kindergottesdienst, Religionsunterricht usw.) sind ferner die jeweils spezifischen institutionellen Bedingungen einschließlich ihres gesellschaftlich-kirchlichen Erwartungsfeldes zu untersuchen. Man könnte fortfahren und die Bedeutung empirischer Untersuchungen auch für die an die Bedingungsanalyse sich anschließende Analyse der Entscheidungsprozesse über Ziele und Inhalte nennen. Auch sie können analytisch aufgeschlüsselt und durchsichtiger gemacht werden, ein Kernbereich gegenwärtiger *Curriculumforschung*.

Die Relevanz empirischer Forschung erstreckt sich grundsätzlich über alle religionspädagogischen Handlungsfelder, deren Voraussetzungen, Prozesse und Institutionen. Worauf läuft solche Forschung allemal hinaus? Was für eine Theorie wird angestrebt? Wie bestimmt sich das Verhältnis von Theorie und Praxis?

Empirisch-analytische Forschung will *bedingungsgerechtes* und *erfolgskontrolliertes Handeln* ermöglichen[89]. Dies ist ihr erkenntnisleitendes *Interesse*. Hierfür braucht sie genaue, zuverlässige Daten, die ihrerseits systematisch und kontrolliert und nicht nur zufällig gewonnen worden sind. Nur intersubjektiv überprüfbare Aussagen gelten darum auch als wissenschaftliche Aussagen; nur ein Gefüge überprüfter empirischer Gesetzeshypothesen verdient darum, »Theorie« im streng wissenschaftlichen Sinn genannt zu werden. Eine normativ-deduktive Religionspädagogik wird von diesem Theorieverständnis her lediglich als eine Weltanschauungslehre mit angehängter Methodenlehre beurteilt, eine hermeneutische Religionspädagogik als ein Diskussionsforum für den Austausch von Konzeptionen, beides gilt nicht als »Theorie« im strikten Sinne. Muß aber aus diesem Grunde nur diese Form religionspädagogischer Theoriebildung als wahre wissenschaftliche Theorie gelten gelassen werden?

Empirische Daten, etwa über Entwicklungsbedingungen religiösen Verstehens oder über Einstellungen von Schülern zum Religionsunterricht, sind unabdingbar, sofern an realitätsgerechtem und erfolgversprechendem pädagogischen Handeln gelegen ist. Aber erstens kann der *allgemeine (Gesetzes)-Charakter der Aussagen* empirischer Forschung, sofern er in der Pädagogik überhaupt er-

---

89. Savoir pour prévoir – unter Bezug auf diese Formel *Comtes'*, bezogen auf den Zweck genauer wissenschaftlicher Prognosen, formuliert H. *Albert:* »In dieser Zielsetzung kommt die Handlungsbezogenheit wissenschaftlicher Theorien zum Ausdruck; denn ihre prognostische Verwendung ist die Grundlage erfolgreichen Handelns« (Theorie und Prognose in den Sozialwissenschaften (1957), in: *D. Ulich,* a. a O. (Anm. 78) S. 214). – Vgl. auch H. *Heid:* Zur logischen Struktur einer empirischen Sozialpädagogik, in: *D. Ulich,* a. a. O. S. 254 ff., bes. S. 277 f.: »Jedoch sollten sich die Praktiker, wenn ihnen an einer wissenschaftlichen Klärung und *Sicherung* ihres Handelns liegt, ja: wenn der *Erfolg* ihres Handelns auch nur einigermaßen plan- und verantwortbar sein soll, klar darüber sein und bleiben, daß die *Bedingungen* und oft sehr weit verzweigten *Wirkungen* ihres Handelns ungesichert sind« (Hervorhebung durch den Verf.).

reicht werden kann, nie die ganz *spezifischen Handlungsvoraussetzungen* des Praktikers abdecken. Die durch die normative oder auch durch die einseitig hermeneutische Religionspädagogik frustrierten Religionslehrer, Pfarrer usw. verlangen in ihrem Bedürfnis nach praxisgerechten Handlungsanweisungen der empirischen Forschung hier oft zu viel ab. Dies gilt auch in anderer Hinsicht.

Nicht selten erhofft man sich von der genauen Kenntnis der pädagogischen *»Realität«* die Lösung der Frage nach den sachgemäßen pädagogischen Handlungs*normen*. Sicherlich kann im Gegensatz zur traditionellen normativen und hermeneutischen Religionspädagogik die Frage nach den Kriterien für Ziel- und Inhaltsentscheidungen in der religiösen Erziehung heute nicht mehr ohne Rücksicht auf die Empirie beantwortet werden. Die Normenproblematik kann jedoch nur *angesichts* der empirischen Daten entschieden, nicht einfach *aus* ihnen abgeleitet werden; man würde sonst unversehens in das normativ-deduktive Schema zurückfallen, nur diesmal nicht den Fakten die (theologisch-kirchlichen bzw. religiösen) Normen von außen aufzwingen, sondern jetzt umgekehrt der Wirklichkeit die Fakten als Normen aufdrängen. Dies ist die zweite Grenze empirisch-analytischer Forschung; Empirie kann die *Auslegung* und den *politisch-praktischen »Diskurs« (Jürgen Habermas)* über Zwecke und Ziele nicht ersetzen. Sie bleibt vielmehr in die hermeneutische Dimension und in die politisch-praktische Diskussion einbezogen, auch wenn sie deren Ergebnisse nicht als streng wissenschaftlich gelten lassen mag.

Der dialektisch-ideologiekritische Ansatz

Es scheint, als ob in der Verbindung von Hermeneutik und Empirie, von theologisch-pädagogischer Reflexion und sozialwissenschaftlicher Bedingungsanalyse, auch für die Religionspädagogik das sachgerechte methodologische Modell und zugleich die befriedigende Lösung des Theorie-Praxis-Problems gefunden sei. Die Notwendigkeit dieser Verbindung liegt in der Tat unabweisbar auf der Hand. Wir können uns jedoch nicht mit ihr begnügen. Was garantiert, daß die durch ›Auslegung‹ und ›Diskurs‹ ermittelten und mit Hilfe empirischer ›Analyse‹ abgesicherten Ziele zu einem Unterricht führen, der wirklich diesen und nicht anderen, verdeckten Zwecken dient? Was heißt nämlich ›empirische Absicherung‹? Empirische Forschung will erfolgskontrolliertes Handeln ermöglichen. Um zuverlässige Daten zu gewinnen, muß sie alle im Handlungsfeld mitspielenden Faktoren ihrerseits unter Kontrolle bringen.

Dies gelingt nur, wenn der Untersuchungsgegenstand begrenzt wird. Empirische Forschung kann daher die gesellschaftliche und pädagogische Wirklichkeit immer nur ausschnittsweise, um nicht zu sagen punktuell in den Griff nehmen, abhängig von meist sehr speziellen Fragestellungen. Die Gesellschaft im ganzen und die generellen Funktionen und Wirkungen von Schule, Religionsunterricht, religiöser Erziehung in der Gesellschaft können nie Gegenstand strenger empirischer Forschung werden. Daher weiß man über das, was am meisten interessiert, im Grunde am wenigsten. Leistet an dieser Stelle die hermeneutische Besinnung mehr als die empirische Kleinarbeit? Was, wenn jene Besinnung sich über sich selbst täuscht[90]? Was, wenn trotz aller wohlgemeinten theologischen Ausrichtung (damit nicht der christliche Glaube mißbraucht wird) und trotz aller entschiedenen pädagogischen Parteinahme (damit nicht das Kind mißbraucht wird), die religiöse Erziehung in Elternhaus und Schule aufs Ganze gesehen dennoch weitgehend darauf hinausläuft, gewisse, mehr oder weniger christlich eingefärbte moralische Normen zu vermitteln, jeweils im Interesse der gegenwärtigen gesellschaftlichen Zustände? Soviel ist jedenfalls gewiß: Der *tatsächliche gesellschaftliche Verwertungszusammenhang* religiöser Erziehung kann anders beschaffen sein, als man durch eine Auslegung des *Selbstverständnisses* der Betroffenen und durch empirische Erhebung *beobachtbarer* Daten ermitteln kann. Nimmt man trotzdem eine Meinung für bare Münze und die beobachteten Tatsachen für den exakten Spiegel aller Tatsachen, mit dem mehr oder weniger bewußten Interesse an der Aufrechterhaltung des falschen Gesamtbildes, werden die Aussagen ideologisch, sie produzieren ein falsches Bewußtsein[91]. Ideologiekritisch-dialektisches

90. »Wären die Menschen sich selbst durchsichtig in ihren Intentionen, so wären nur zwei komplementäre Erkenntnisinteressen gerechtfertigt: das szientifische Interesse an der technisch relevanten Erkenntnis der Natur und das hermeneutische Interesse an der intersubjektiven Verständigung über mögliche Sinnmotivationen des Lebens. Aber die Menschen haben bis jetzt weder ihre politisch-soziale Geschichte ›gemacht‹ noch sind ihre sogenannten geistigen Überzeugungen, wie sie in sprachlichen Dokumenten niedergelegt sind, reiner Ausdruck ihrer geistigen ›Intentionen‹« (*K.-O. Apel:* Szientistik, Hermeneutik, Ideologiekritik, in: *Ders. u. a.:* Hermeneutik und Ideologiekritik, Frankfurt/M. 1971, S. 38).

91. Zu dem hier zugrundegelegten Begriff von Ideologie, verstanden als gesellschaftliche Rechtfertigungslehre, die soziale Gegebenheiten ab-

Denken kann weder hermeneutische Verständigung noch empirische Forschung verdrängen wollen. Es ist aber daran interessiert – dies ist sein dezidiert emanzipatorisches *Interesse* –, die *Selbstwidersprüche der Gesellschaft*, ihr falsches Bewußtsein im ganzen, *aufzuklären* und zu *überwinden*. Die von hier kommenden Anfragen – »Kritische Theorie« und Marxismus haben sie am schärfsten formuliert – sind für die Pädagogik wie für die Religionspädagogik eine Herausforderung, der nicht ausgewichen werden darf.

Widersprüche können sich solange besonders gut halten, wie Theorie und Praxis auf zwei Seiten verteilt bleiben und die Macht einseitig bei den Inhabern der ersten Seite liegt, d. h. solange das Denken und Entscheiden von den Theoretikern (und Politikern) auf Kosten der Praktiker monopolisiert wird. Vom normativen Ansatz und seinem Durchsetzungsinteresse ganz abgesehen, können dieser Gefahr auch alle drei anderen Ansätze erliegen. Allerdings ist in gewisser Hinsicht im hermeneutischen und besonders im ideologiekritischen Ansatz angelegt, daß alle Betroffenen am Prozeß der wechselseitigen Interpretation und Aufklärung über sich selbst und über die angemessene pädagogische Praxis teilhaben müssen. Damit enthüllt sich die Frage, wie die Kriterien der religionspädagogischen Arbeit theologisch und pädagogisch sachgemäß ermittelt werden können, nicht nur als ein theoretisches, sondern zugleich als ein eminent praktisches Problem. Sachgemäßheit ist letztlich eine Frage der Konsensusbildung, diese aber prinzipiell eine Aufgabe aller, angewiesen auf die zumindest tendenzielle *Aufhebung der Abtrennungen zwischen Wissenschaft, Politik und Praxis*, auf *Wissenschaft im Prozeß der Öffentlichkeit.*

c) Konsensusbildung als hermeneutisch-kritischer und politischer Prozeß. Was ist die Antwort auf die Frage nach den Kriterien für die theologische und pädagogische Sachgemäßheit religionspädagogischer Aussagen? Das Ausmaß der erreichbaren *empirischen* Erkenntnisse über die Bedingungen und Strukturen religiöser Erziehung bildet ein erstes Maß für die Sachgemäßheit religionspädagogischer Arbeit. Es löst allerdings nicht den substantiellen Streit um die Kriterien selbst. Helfen hier die *hermeneutischen* und *ideologiekritischen* Methoden weiter? Man mag zunächst streiten, ob die hermeneutische Fragestellung die ideologiekritische umgreift oder

sichern, legitimieren und aufwerten will, vgl. *W. Hofmann:* Wissenschaft und Ideologie (1968), in: *D. Ulich,* a. a. O. S. 94 f.

umgekehrt. Die letzte ›hinterfragt‹ in der Tat noch die Selbstverblendungen der ersten, bleibt aber ihrerseits darauf angewiesen, daß die von ihr aufgedeckten Zusammenhänge ›verstanden‹ und eingesehen werden. Hermeneutische und ideologiekritische Methoden kann man weder als Alternative begreifen noch durch Modelle der Unter- und Überordnung charakterisieren. Sie deuten auf einen nicht abschließbaren *Prozeß.*

Die Kriterien, die über die Sachgemäßheit einer sich geschichtlich verstehenden Religionspädagogik befinden sollen, sind nur in einem Prozeß zu gewinnen, in welchem die christliche Überlieferungsgeschichte einschließlich der Auslegungen des gegenwärtigen Christentums und die neuzeitliche politisch-pädagogische Geschichte ständig konfrontiert werden. Weder hat der Theologe seine Wahrheit als eine objektive, *allgemeingültige,* d. h. von allen notwendig anzuerkennende, noch hat der Pädagoge seine gesellschaftspolitischen und pädagogischen Grundüberzeugungen als von allen Gesprächspartnern notwendig ›geteilte Bedeutungen‹. Beide können *zunächst* nur auf einen vorgegebenen und aufgegebenen *Interpretations-*›*Raum*‹ verweisen, auf die Überlieferungsgeschichte von Christentum und Kirche einerseits und die neuzeitliche Geistes- und Sozialgeschichte andererseits. Auf diese Geschichte freilich müssen sie sich einlassen, wenn sie sich nicht schon im Ansatz als historische Wesen verleugnen wollen. Da diese Geschichte Anspruchscharakter hat, verlangt sie immer mehr als bloß Verstehen. Sie ist Interpretations- und *Handlungsraum,* fordert Stellungnahme, Parteinahme, ermöglicht die Erfahrung *unbedingter* Wahrheit. Der Prozeßcharakter der Kriteriensuche schließt entschiedene Standpunkte nicht aus, sondern ein (siehe Band 2)[92].

92. Die sich an *K. Jaspers* anlehnende Unterscheidung zwischen »allgemeingültiger« und »unbedingter« Wahrheit (Der philosophische Glaube, München 1948, S. 11 ff.) kann am Vergleich zwischen G. Galilei und G. Bruno verdeutlicht werden. Galilei konnte seine Wahrheit widerrufen, weil er darauf vertrauen durfte, daß sie sich ohne ihn durchsetzen würde (allgemeingültige, d. h. für jeden zwingende Erkenntnis). Bruno mußte für seine Wahrheit persönlich einstehen, mit allen Konsequenzen, in der Hoffnung, daß sie auf diese Weise zu ›geteilter Bedeutung‹ werde (unbedingt geltende persönliche Wahrheit). Wissenschaften mit Erkenntnissen von lebensführender Bedeutung wie Theologie und Pädagogik (Religionspädagogik) haben nicht nur mit von selbst sich durchsetzenden Richtigkeiten zu tun, sondern vor allem mit Deutungen, Forderungen, Gewißheiten,

Das Gesagte gilt für die Theologie genauso wie für jede weltliche wissenschaftliche Theoriebildung. Es kann für die Theologie weder eine eigene Hermeneutik geben, noch erliegen Theologen seltener der Selbsttäuschung als Nichttheologen; sie bedürfen darum genauso der ideologiekritischen Aufhellung ihres Denkens und Verhaltens. Auch wo radikal von der unverfügbaren Selbstmitteilung Gottes her gedacht und dieser Vorgang als die Sache angesehen wird, durch die theologisches Denken allererst sachgemäß wird, bleibt Theologie an das hermeneutische Bemühen gebunden, dies Unverständliche verständlich zu machen, sonst wäre sie als Form sprachlicher Mitteilung unter Menschen sinnlos.

Auch in ihrem theologischen Charakter sei die Religionspädagogik darum wie die Pädagogik als »*hermeneutisch-kritische Theorie*« gefaßt, *unter Einschluß empirischer Forschung*. Hermeneutisch-kritisch bezeichnet zum einen das Interesse am Zusammenhang von Hermeneutik und Ideologiekritik, von geschichtlicher Überlieferung und kritischer Aufklärung (s. schon 1. Kap., S. 89 ff.). Diese Formel meint ferner, daß die Kriteriendiskussion nicht unter einseitig vorentschiedenen Prämissen geführt werden darf. Der Prozeßcharakter menschlicher Geschichte und Verantwortung soll respektiert werden. Die Frage der Wahrheitsfähigkeit pädagogischer wie theologischer Aussagen bleibt an historisch-hermeneutische *Interpretation* und an politisch-praktische *Verständigung* gebunden. Sie fordert in beiden Hinsichten *freie* Kommunikation.

Dem *Sach*interesse an befreiender Erziehung und an der Eröffnung gerechter und erfüllter sozialer Beziehungen (Gemeinschaft), das diese Religionspädagogik leitet, entspricht somit *wissenschaftstheoretisch* die Begründung von Wissenschaft (hier der Religionspädagogik) im Regulativ herrschaftsfreier Verständigung. Der wissenschaftliche Verkehr ist bereits ein Teil der Praxis, die er selbst zum Gegenstand hat und die er fördern möchte. Eine wissenschaftliche religionspädagogische Theorie, der an der zwanglosen Gewalt des Arguments und an der unaufdringlich-eindringlichen Überzeugungskraft gelebter Erfahrung in der Erziehung gelegen ist, muß diese Momente bereits für ihr eigenes Zustandekommen zugrundelegen. Eine dogmatisch starre Theorie wäre die Entsprechung (die Voraussetzung und der Reflex) einer dogmatisch starren pädagogischen Praxis.

die nur im kommunikativen praktischen Handeln zu gemeinsamen Überzeugungen werden können.

Konsensbildung im gemeinten herrschaftsfreien hermeneutisch-kritischen Sinn bleibt freilich so lange *selbst eine ideologische Annahme* und damit ideologiekritischer Rückfragen bedürftig, als sie ihre eigene Schwäche und Bedingtheit nicht wahrnimmt. Welche Durchsetzungskraft hat die wissenschaftliche Religionspädagogik in der schul- und kirchenpolitischen Wirklichkeit? Wie werden wissenschaftliche Aussagen im Legitimationskontext staatlichen und kirchlichen pädagogischen Handelns verwendet? Hermeneutisch-*kritische* Theorie besagt darum, daß auch der Verfügungszusammenhang, in dem *gesellschaftlich über Wissenschaft verfügt wird*, selbstkritisch aufgenommen werden muß[93]. Der Rechtfertigungsdruck, unter dem die in gesellschaftlich bedingten Widersprüchen befangene staatliche Bildungspolitik steht (1. Kap.), und der vergleichbare Legitimationsdruck, dem auf Grund widersprüchlicher Erwartungen die kirchliche Gesellschafts- und Bildungspolitik ausgesetzt ist (2. Bd., 1. Kap.), bedeuten, daß Staat und Kirche immer wieder pragmatisch nach den wissenschaftlichen Ergebnissen Ausschau halten, die ihren jeweiligen Interessenlagen nützlich sind. Wissenschaftliche Theorie (Theologie und Pädagogik), die hierzu zustimmend oder ablehnend Stellung nimmt, geht zwangsläufig über in politischen Prozeß.

d) Zur »Abbildbarkeit« theologischer und pädagogischer Aussagen. Wenn theologische und pädagogische Kriterien um der Sachgemäßheit religionspädagogischer Arbeit willen in gleicher Weise geltend gemacht werden sollen, bleibt als schwierigstes wissenschaftstheoretisches Problem die *Abbildbarkeit* der verschiedenen Perspektiven aufeinander und die *Transponierbarkeit* der je fachspezifischen Begriffe bzw. Modellvorstellungen. Eine religionspädagogische Theorie gewinnt erst dann ihre (immer relative) wissenschaftliche Verbindlichkeit, wenn eine Verknüpfung und Verhältnisbestimmung der verschiedenen Fragestellungen, Befunde und Interpretationen gelingt und ein gemeinsamer Verständigungsrahmen geschaffen werden kann.

Begriffe wollen Sachverhalte widerspiegeln. Hinter der Frage der Abbildbarkeit theologischer und pädagogischer Begriffe geht es im Grunde um die Vereinbarkeit oder Unvereinbarkeit in der *Sache*. Gemeinsam verwendete Begriffe können über unterschiedliche

---

93. Als Beispiel vgl. v. Verf.: Politische Aspekte der Lernzieldiskussion, in: *H. Hauke (Hg.):* Aspekte des Lernens, Heidenheim 1972, S. 73 ff.

Sachverhalte hinwegtäuschen. Die Religionspädagogik darf nicht der Äquivokation, dem Gleichklang von Worten in unterschiedlichen Bedeutungskontexten erliegen; und doch führt kein anderer Verständigungsweg weiter, als mit Hilfe gemeinsam gebrauchter und grundsätzlich für jeden verstehbarer Bezeichnungen zu den Konvergenzen oder Divergenzen in der Sache vorzustoßen.

Schon die *Sprache* des Erziehungs- und Sozialwissenschaftlers und die des Theologen stehen sich freilich gegenwärtig immer noch *fremd* gegenüber. Es muß scheinen, als hätten auch die jeweils gemeinten *Sachverhalte* nur wenig miteinander zu tun. Wie kann die Analyse gesellschaftlicher »Ungleichheit«, der »Antagonismen« gegenwärtiger »Bildungsplanung« und des »Legitimationsdilemmas« einer finanziell und ideologisch überanstrengten Demokratie, wie können diese und ähnliche gesellschaftstheoretischen Hypothesen und die als Folgeprobleme identifizierten Restriktionen im Bildungsbereich in ihrer theologischen Dimension erhellt werden? Über den Religionsbegriff ist nur eine sehr allgemeine Vermittlung möglich; es ist auf diese Weise schwierig, die Thematik der Theologie angemessen einzubringen. Ebensowenig können allerdings die komplizierten säkularen Probleme unvermittelt und in der traditionellen kirchlichen Sprache unter den Anspruch des »Wortes Gottes« gestellt werden.

Wenn dies geschieht, entsteht ein doppeltes, komplementäres Dilemma. Die säkulare Erfahrung findet sich nicht angesprochen, weil sie die Bedeutung der biblischen Botschaft nicht begreift. Gleichzeitig übersieht die theologisch-kirchliche Rede, daß die theologische Thematik bereits in der Säkularität vorhanden ist und in der Sprache dieser Welt formuliert werden könnte. *Die Theologie muß die Probleme der Säkularität als ihre eigenen entdecken.* Die Frage der Abbildbarkeit theologischer und pädagogischer Aussagen ist so lange falsch gestellt, wie von der notwendigen prinzipiellen Fremdheit zweier Erfahrungs- und Sprachwelten ausgegangen wird.

Gegen diese Trennung steht nicht zuletzt der *Weg der Kommunikation*, den das *Neue Testament* selbst beschritten hat. Im Sinne der Dialektik von Zusammenhang *und* Unterscheidung, die den heuristischen Charakter des konvergenztheoretischen Ansatzes kennzeichnet, stößt sich einerseits die pädagogische wie überhaupt die menschliche Vernunft an der skandalösen Behauptung der unbedingten Annahme des Menschen durch Gott in dem gekreuzigten und auferstandenen Jesus von Nazareth – »den Juden ein Ärgernis, den Griechen eine Torheit« (1. Kor. 1,23). Das neutestamentliche

Kerygma spricht diese Mitteilung jedoch andererseits unter der Voraussetzung aus, daß sie prinzipiell menschlich verstanden werden kann. Daher sucht es sie unter Vorstellungen und Begriffen zu formulieren, die den Adressaten vertraut sind – nicht aus methodischer Klugheit, sondern um der Sache selbst willen, um der *Nähe der Sache Gottes zu den Sachen der Menschen*. Neutestamentliche Deutungssymbole wie die der »Erlösung«, »Versöhnung«, »Rechtfertigung«, des »Reiches Gottes« erscheinen heute als fremde Begriffe, sie waren es nicht. Sie sind dem Menschen vertraute, seiner Erfahrung verbundene Bezeichnungen gewesen. Dieser Vorgang macht eine veränderte Wiederholung der Interpretation der Heilserfahrung unter neuen Erfahrungsbedingungen unausweichlich.

»Die Glaubenslehre hat sehr verschiedene Vorstellungen angeeignet, um die Heilsbedeutsamkeit dieses Geschehens auszusagen. Im Symbol der ›Erlösung‹ werden Erfahrungen aus dem politischen und rechtlichen Bereich (Sklaverei, Kriegsgefangenschaft) übernommen, um Reintegration zu kennzeichnen als die Befreiung von äußerer Herrschaft und innerer Hemmung, die dem Ergreifen der Bestimmung entgegensteht. Im Symbol der ›Versöhnung‹ sind es Erfahrungen des personalen Bereichs (Feindschaft, Aggression). Heil erscheint als die Macht, lebensbedrohende Konflikte zu überwinden, Antriebe in lebensdienliche Kommunikation zu integrieren. Zentral ist für die Glaubenslehre das Symbol der ›Gerechtigkeit‹ und ›Rechtfertigung‹ geworden. Schon im alttestamentlichen Glaubensverständnis meint ›Gottesgerechtigkeit‹ als ›Gemeinschaftstreue‹ die Macht der Kommunikation, die den Einzelnen in das Leben der Heilsgemeinschaft aufnimmt. In der Verkündigung Jesu ist das ›Reich Gottes‹ die endzeitliche Vollendung dieser Heilsgemeinschaft, die jedem offensteht, der dieser Verkündigung ›glaubt‹, d. h. der sich der Zusage dieser Gemeinschaft hingibt und in ihr lebt. In der Hingabe des Glaubens ist die Entfremdung aktuell überwunden, die Sünde vergeben. Von da aus hat Paulus das Jesusgeschehen selbst als die Aufrichtung der Gerechtigkeit Gottes verstanden. Wer sie im Glauben annimmt, wer sich ihr anschließt, empfängt die ›Rechtfertigung‹ (Röm. 3,21 ff.), d. h. er ist aufgenommen in die Gemeinde derer, die über alle Entfremdung hinweg an der endgültigen heilsamen Bestimmung teilhaben.«94

Die provozierende epochale Thematik der Pädagogik der Gegenwart ist die Freiheits- und Emanzipationsthematik. »Das Fundamentalthema unserer Epoche« ist mit *Paolo Freire* »das der Herrschaft, das seinen Gegensatz, nämlich das Thema der Befreiung,

94. W. *Lohff*, Glaubenslehre und Erziehung, Göttingen 1974, S. 57.

mit setzt als das Ziel, das es zu erreichen gilt. Dieses schmerzliche Thema verleiht unserer Epoche den anthropologischen Charakter, von dem früher die Rede war.«[95] Das komplementäre Begleitthema ist die Suche nach einer gerechteren menschlichen Gesellschaft, nach freien und erfüllten Formen gemeinsamen Lebens (Gemeinschaft).

Dieselbe Thematik, in *derselben komplementären Verschränkung* von »Befreiung« (liberation) und »Gemeinschaft« (community), steht in der Mitte der biblischen Heilsbotschaft. Alle für die christliche Heilserfahrung mit *Wenzel Lohff* aufgeführten Symbole wie »Erlösung«, »Versöhnung«, »Gerechtigkeit«, »Rechtfertigung« und »Reich Gottes« variieren das »christliche Verständnis der Überwindung von Entfremdung« als Zusammenhang von Freiheit und neuem gemeinsamem Leben: als »Befreiung von äußerer Herrschaft und innerer Hemmung« und als Eröffnung »lebensdienlicher Kommunikation« im Zeichen der Gottestreue, der »Gemeinschaftstreue« als »Macht der Kommunikation, die den Einzelnen in das Leben der Heilsgemeinschaft aufnimmt« (siehe oben). Die epochale säkulare Thematik und die Bedeutungsmitte der christlichen Glaubenslehre haben in zentraler Weise miteinander zu tun!

Nicht die Identität des hier und dort Gemeinten wird behauptet, sondern der *gemeinsame thematische Rahmen*. Wird dieser gemeinsame Rahmen näher aufgeschlüsselt, wie dies in Band 2 versucht wird, enthüllt sich, daß auch die konkreteren gesellschaftlichen und pädagogischen Sachverhalte im Gefolge der behandelten Ungleichheits-, Planungs- und Legitimationsproblematik (1. Kap.) nicht der Theologie äußerlich bleibende, fremde Gegenstände sind, denen sich zuzuwenden für die Kirche bedeuten würde, ihren eigenen Ton nicht mehr zu sprechen und sich auf die Ebene der Bildungsgesellschaft zu entfremden. *In jenen konfliktträchtigen Sachverhalten tritt der Theologie vielmehr ihre eigene Sache in den Masken unserer Zeit gegenüber.* Der für die Religionspädagogik gesuchte theoretische Bezugsrahmen wird schwerlich durch irgendwelche abstrakten Oberbegriffe (Religion oder dergleichen) gebildet werden können; er ist im gegenwärtigen Ensemble gemeinsamer Themen zu finden.

Für die Freiheitsthematik der Gegenwart bedeutet dies, daß in der religionspädagogischen Arbeit Theologie und Pädagogik in der Interpretation dieser gemeinsamen Thematik und im Durchgang durch die Analyse der sich verändernden Handlungsbedingungen

95. Pädagogik der Unterdrückten, Stuttgart 1971, S. 114.

immer wieder neu aufeinandertreffen müssen. Wie theologische und pädagogische Kriterien aufeinander »abzubilden« sind, steht nicht im vorhinein fest, sondern hängt davon ab, wie beide Seiten die Thematik der jeweils anderen Seite wechselseitig als verschlüsselte eigene Thematik erkennen. Christliche Religion hat von Anfang an mit Gesellschaft, Erziehung und Lernen zu tun gehabt; entsprechend haben Staat und Gesellschaft bis heute christliche Religion öffentlich oder verdeckt in Anspruch genommen. Aus dieser Verflechtung ist die *gemeinsame Rechts- und Unrechts-, Herrschafts- und Freiheitsgeschichte* gewoben. Wie wird die Kirche das pädagogische Problem in der Theologie, wie wird die säkularisierte Gesellschaft das theologische Problem in der Pädagogik entziffern und beantworten?

Wenn das Postulat der Abbildbarkeit auf dem Hintergrund des offenen Prozeßcharakters der Konsensbildung gesehen werden muß (siehe oben), kann es nicht ontologisch mißverstanden werden. Das Abbildungstheorem hat nichts mit der Annahme einer objektiv erkennbaren Ähnlichkeit zwischen der Offenbarung durch das »Sein« im Sinne natürlicher Theologie und der Offenbarung durch das »Wort Gottes« zu tun. Der Begriff der Abbildbarkeit ist, wie der konvergenztheoretische Ansatz insgesamt, heuristisch gemeint und kann theoretisch nur interpretativ eingelöst werden (»interpretative Abbildbarkeit«), durch das Wagnis neuer Auslegung, praktisch durch das Wagnis neuer Erfahrung

Dem Wagnis der Theorie liegt dabei immer wieder das Wagnis der Praxis voraus. Neue theologische Auslegung des Evangeliums ermöglicht zwar neue gemeinsame Praxis, wird aber heute ihrerseits durch aller Theologie vorauslaufende neue gemeinsame Glaubenserfahrung und Lernerfahrung provoziert und begründet. Wahrscheinlich ist dies immer schon so gewesen. An befreiender Erziehung interessierte Religionspädagogik hat diese Erziehung nicht nur vor sich; sie zehrt bereits von der gemachten Erfahrung nichtentfremdeten Lernens und befreienden Glaubens – trotz aller entmutigenden Faktoren sonst. Hiervon wird in den erziehungs- und unterrichtspraktischen Problemen der Fortsetzungsbände noch ausführlich zu reden sein. Religionslehrer und Lehrer anderer Fächer, kirchliche Sozialarbeiter und ›weltliche‹ Sozialpädagogen, Theologiestudenten und Pädagogikstudenten entdecken, wenngleich oft nur in Ansätzen, daß Lernen auch anders sein kann als üblich; sie entdecken es gemeinsam, als Christen und Nichtchristen. Freiheit wird kommunikativ buchstabiert (vgl. 2. Kap.). Theologisches und gesellschaftspolitisch-pädagogisches Engagement werden lebendig aufeinander ›abgebildet‹.

4. Drei Verhältnisbestimmungen theologischer Rede über Erziehung – ihr Sinn und ihre Aporien im Blick auf die Freiheitsthematik

Die vorstehenden Ausführungen sind ein Plädoyer für eine pädagogisch und theologisch verantwortete Religionspädagogik. Eine Grundlegung in einem allgemeinen Religionsbegriff wird vermieden, weil hierdurch die theologische Dimension verkürzt oder nur verschleiert ins Spiel gebracht wird. Die Aporien dieser Grundlegung sind aufgewiesen worden. Die Forderung einer theologisch qualifizierten Rede über Erziehung ist aber ihrerseits nicht ohne eigene, zum Teil verwandte Schwierigkeiten[96].

a) Integrale Ableitung. Dem religionstheoretischen Denkmodell ist in seiner ontologischen Fassung das Bedenken entgegengehalten worden, es unterwerfe säkulare Sachverhalte einer umfassenden religiösen Interpretation, führe mithin ein usurpierendes Interpretationsmonopol eigener Art wieder ein. Wieweit ist das beschriebene Modell wechselseitiger Interpretation theologischer und pädagogischer Perspektiven hiervon frei?

Deduktives Denken als Ausdruck universalen christlichen Anspruchs
Den konvergenztheoretischen Ansatz würde ein vergleichbarer Vorwurf voll treffen, wenn aus umfassenden theologischen und pädagogischen Dogmen ein religionspädagogisches Konzept deduziert würde. Die deduzierende normative Begründung von Aussagen ist für die traditionelle katholische Katechetik wie für viele Entwürfe evangelischer Katechetik charakteristisch. Sie ist zumeist mit einem *integralen* christlichen Denken verbunden. Es fehlt nicht

---

96. Es wäre unbillig, nur die Schwierigkeiten des religionstheoretischen Ansatzes aufzuzeigen und nicht auch die Aporien des eigenen pädagogisch-theologischen Ansatzes offenzulegen. Mit diesem 4. Abschnitt wird die Parallelität im Aufbau der Teile des 3. Kap. fortgeführt. Der Leser soll die Gelegenheit erhalten, auf allen angesprochenen wissenschaftstheoretischen Ebenen die vorgestellten religionspädagogischen Begründungsansätze zu vergleichen: hinsichtlich der Beweggründe, der Strukturmerkmale und der Aporien.

an kritischen Problematisierungen dieses Denkweges, der darum nicht im einzelnen ausgebreitet zu werden braucht[97]. Aus vorgegebenen theologischen (alttestamentlichen, neutestamentlichen, dogmatischen) Vordersätzen werden pädagogische Aussagen im Sinne einer unmittelbaren theologischen Begründbarkeit abgeleitet. Sprachlich spiegelt sich diese Denkform in der Regel in einem kausalen Nexus wieder: Weil Gott in Jesus Christus so und nicht anders gehandelt hat, weil Gottes Wille in diesen Worten und Geboten der Bibel klar ausgedrückt oder in der Lehre der Kirche über die Zeiten hinweg eindeutig formuliert ist, muß rechte Erziehung so und nicht anders ausgerichtet werden. Es werden auf diese Weise nicht nur relativ konkrete theologisch geprägte pädagogische Einzelbestimmungen möglich, sondern überhaupt »evangelische« und »katholische« »Erziehungs- und Bildungslehren« dieses Namens: Wie in der Ethik (Moraltheologie) wird in der Erziehung die christliche bzw. konfessionelle Sicht als eigenes weltanschauliches System dogmatisch begründet und detailliert entfaltet.

Die Erziehung der Kinder nach den Normen dieses Systems wird Christenpflicht. Das unverfügbare Gnadenhandeln Gottes wird zwar theoretisch von den Anstrengungen christlicher Erziehung getrennt. Tatsächlich laufen jedoch diese Anstrengungen auf eine Erziehung zum rechten Christsein hinaus, auf eine Erziehung *zum* Glauben, nicht nur *aus* Glauben. Auf evangelischer Seite ist diese Auffassung besonders für die pietistische Variante deduktiver Katechetik bezeichnend.

Man verkenne nicht den tiefen und in gewisser Weise *notwendigen* Sinn dieses theologischen Denkansatzes. Gottes Handeln als Schöpfer und Erlöser ist nach allgemeiner christlicher Lehre umfassend. Die Heilsoffenbarung in Jesus Christus meint die ganze Welt. In allen seinen Dimensionen und von Anfang an soll das menschliche Leben von der heilsamen Kraft des Evangeliums erfüllt werden.

97. Vgl. u. a. *G. Otto:* Verkündigung und Erziehung. Über das Verhältnis von Theologie und Pädagogik, Göttingen 1957, bes. Teil I; ferner: *W. Sturm,* a. a. O. (Anm. 82) und nicht zuletzt *H. Schillings* glänzende Auseinandersetzung besonders mit der traditionellen katholischen Pädagogik und Religionspädagogik (Grundlagen der Religionspädagogik. Zum Verhältnis von Theologie und Erziehungswissenschaft. Düsseldorf 1970). In einem allgemeineren methodologischen Zusammenhang ist der normativ-deduktive Ansatz außerdem bereits oben behandelt worden (S. 180 ff.). Hier und im folgenden geht es um die spezifisch theologische Seite des Problems.

Deduktives Denken ist *Ausdruck der rechtmäßigen Universalität der christlichen Botschaft.*

Die Aporie der Pädagogisierung des Evangeliums und der Verchristlichung der Welt

Gleichwohl liegen die Aporien auf der Hand. *Theologisch* gesehen wird im Extremfall die freimachende unbedingte Heilstat Gottes mit den pädagogischen Bemühungen der Erzieher und den Selbstbildungsanstrengungen des Heranwachsenden und Erwachsenen vertauscht. Das Evangelium wird pädagogisiert. *Pädagogisch* gesehen werden vermeintlich genuin theologische Ableitungen mit pädagogischen verwechselt; denn um aus obersten dogmatischen Sätzen ein pädagogisches oder überhaupt ethisches Handlungskonzept zu gewinnen, bedarf es zahlreicher zusätzlicher Interpretamente. Immer wieder haben Christen und Kirchen im ganzen so erzogen, wie ihre Zeit es getan hat, genauer, wie es die herrschenden gesellschaftlichen Gruppen im sozialen Gefüge für selbstverständlich hielten. Diese vorgegebenen weltlichen Bedingungen und verdeckten Koalitionen werden übersehen. Die christliche Sanktionierung fragwürdiger gesellschaftlicher Herrschaftsordnungen und Erziehungsmuster ist die mögliche problematische Kehrseite des universalen christlichen Anspruchs. Viele Jahrhunderte hindurch schien diese Verchristlichung der Welt auch für die weltlichen Institutionen natürlich und rechtens zu sein, heute ist sie zutiefst problematisch geworden.

Die hermeneutisch orientierte und ideologiekritisch sensibilisierte wissenschaftstheoretische Diskussion in Pädagogik und Religionspädagogik hat die Schwächen des normativen Begründungsmodus schon seit längerem aufgedeckt. Hierbei hat sich jedoch gezeigt, daß mit der Kritik am Deduktionismus die normative Begründungsbedürftigkeit pädagogischer Kriterien nicht entfällt. Weder verschwindet das Normenproblem als solches noch der normative, positionelle Einfluß selbst äußerst selbstkritischer Theorien. Dies kann auch für die hier vertretene Religionspädagogik nicht abgestritten werden, weder in ihrem empirisch-analytischen noch in ihrem hermeneutisch-kritischen Aspekt: Die theoretische Zurücknahme des Geltungsanspruchs von Aussagen, ihre Formulierung als Hypothesen (1. Kap.) und ihre Identifizierung als geschichtlich-gesellschaftlich bedingte Deutungs-»Modelle« (3. Kap. I) verhindert nicht, daß sie faktisch die pädagogische Meinungsbildung in durchaus bestimmter Richtung beeinflussen. Die hermeneutischideologiekritische Religionspädagogik ist nur insofern der deduktiven überlegen, als sie in Anwendung ihrer Prinzipien auf sich selbst die grundsätzlich unausweichliche Aporie möglicherweise besser durchschaut.

b) Freisetzende Unterscheidung. Auf evangelischer Seite ist in der jüngeren Geschichte der Katechetik ein normativ-integrales Erziehungsdenken auch aus theologischen Gründen zu überwinden gesucht worden. Befreiend wirkte zum einen die »intellektuelle Redlichkeit«, die D. *Bonhoeffers* Bestimmung des Verhältnisses von Gottes Handeln und Welt kennzeichnet. Einflußreich war ferner die theologische Rehabilitierung des Säkularisierungsprozesses durch den späten *Gogarten.* Vor allem aber wurde`– damit verbunden – die Rückbesinnung auf den Sinn der *Luthers*chen Zwei-Reiche-Lehre und ihre Freigabe der Welt, damit auch der Erziehung richtungweisend. *Theologisch* wird begründet, daß man Bildung und Erziehung *theologisch nicht begründen* könne, sondern dem pädagogischen Sachverstand überlassen müsse[98]. Zwar steht nach wie vor das pädagogische Denken und Handeln als Ganzes unter einem übergreifenden theologischen Satz: Die Freigabe zu sachgemäßer pädagogischer Arbeit in Orientierung an der pädagogischen Vernunft wird aus der fundamentalen theologischen Einsicht gefolgert, das nach der Rechtfertigungslehre dem Menschen das Heil allein aus der Predigt des Wortes Gottes durch den Glauben zuteil wird, nicht durch menschliche Werke, auch nicht durch Erziehung. Eben diese theologische Unterscheidung führt aber zur Loslösung aus theologischer, besser klerikaler Gebundenheit. Erziehung ist ein *»weltlich Ding«.* Das Erziehungsgeschäft bleibt im ganzen unter dem Wort Gottes, unter dem »Evangelium« (*Helmuth Kittel*) und wird zugleich frei, »autonom«. *Bindung und Freigabe* sind in dem Unterscheidungsvorgang eigentümlich dialektisch miteinander *verschränkt.* Man könnte den für diese theologische Denkfigur charakteristischen Aussagenmodus dialektisch-paradoxal nennen: Die »Begrenzung« der pädagogischen Autonomie ist »die eigentlich positive (Begründung)« derselben (*Oskar Hammelsbeck*)[99].

98. *G. Otto:* Verkündigung und Erziehung, a. a. O. S. 58 passim.
99. *O. Hammelsbeck:* Evangelische Lehre von der Erziehung, 2. Aufl., München 1958, S. 72.

Bindung der Person und Freigabe der Welt – Glaube und Erziehung bei Luther

Unser eigenes Konzept ist ohne die geschichtliche Wirkung dieser befreienden Auffassung nicht zu denken. Sie gibt zumal dem von der Erziehungswissenschaft herkommenden Religionspädagogen freien Raum zu sachgemäßer erziehungswissenschaftlicher Ausarbeitung religionspädagogischer Probleme. Mit voller Absicht ist daher in dieser Darstellung mit der Analyse der allgemeinen pädagogischen Problematik und der sie bedingenden gesellschaftlichen Strukturen begonnen worden. *Helmuth Kittel* spricht in seinem entsprechend aufgebauten Spätwerk, seiner »Evangelischen Religionspädagogik«, den Grund überzeugend aus:

»Die Existenz der modernen Erziehungswissenschaft ist eine *Voraussetzung* der modernen Religionspädagogik. Würde ich nun mit theologischen Erörterungen einsetzen, so würde dieser Tatbestand verdunkelt. Und es würde obendrein noch der Irrtum genährt, daß diese profane Erziehungswissenschaft einer theologischen Rechtfertigung bedarf, eines Entwurfs theologischer Prämissen, aus denen heraus sie ihre Gültigkeit empfängt. Dies aber ist bei der modernen Erziehungswissenschaft genau so wenig der Fall wie bei irgendeiner anderen profanen Wissenschaft der Gegenwart.«[100]

Der Sinn des hier gemeinten Vorgehens kann immer noch am besten exkursartig an *Martin Luther* selbst verdeutlicht werden. Seine Bestimmung des *Verhältnisses von Glaube und Erziehung* ist in den letzten beiden Jahrzehnten in verschiedenen Untersuchungen geklärt worden[101].

---

100. Evangelische Religionspädagogik, Berlin 1970, S. 9; Zur näheren Würdigung dieser Schrift Kittels vgl. *R. Preul*: Religionspädagogik als Kooperation von Theologie und Erziehungswissenschaft, in: ZfPäd. 18 (1972), S. 267 ff.

101. *H.-B. Kaufmann*: Grundfragen der Erziehung bei Luther, Diss. Kiel 1954; *E. Reimers*: Recht und Grenzen einer Berufung auf Luther in den neueren Bemühungen um die evangelische Erziehung, Weinheim 1958; *E. Lichtenstein*: Luther und die Humanität. Die Spaltung des Humanismus, in: Ders.: Bildungsgeschichtliche Perspektiven, Ratingen 1962, S. 52 ff.; *I. Asheim*: Glaube und Erziehung bei Luther, Heidelberg 1961; *K. Petzold*: Die Grundlagen der Erziehungslehre im späten Mittelalter und bei Luther, Heidelberg 1969. – Die folgenden Ausführungen, die sich an einen bisher nur im Manuskriptdruck veröffentlichten Aufsatz anlehnen (Evangelischer Glaube zwischen Reformation und Bildungsreform, hg. vom Arbeitskreis ev. Erziehergemeinschaften in Bayern 1967), verdanken die entscheidenden Einsichten der Arbeit *I. Asheims*. Eine ähnliche Darstellung

Der katholische Theologe *Romano Guardini* schreibt: »Wenn es den lebendigen Gott gibt, dann gibt es ihn auch für die Bildung. Gibt es ihn, und man läßt ihn aus dem Wirklichkeitsgefüge, auf welches jenes Bildungstun aufgebaut ist, aus, dann wird dieses falsch, und zwar falsch an der bedeutungsvollsten Stelle.«[102]

Diese Sätze hätte auch Luther mit allem Nachdruck bejaht. Auch er bettet das Ganze der Erziehung in den Glauben an den lebendigen Gott ein. Auf der anderen Seite gilt die zunächst überraschende Feststellung *Ivar Asheims:* »Eine zentrale, allumfassende evangelische Bildungsidee, aus der aller Unterricht, der biblische wie der ›weltliche‹, hätte abgeleitet werden können, hat Luther nicht entwickelt«; und gar von einem »neuen, christlich-humanistischen Bildungsideal« bei Luther zu reden, bezeugt »ein totales Mißverständnis.«[103]

Dies doppelseitige Verhältnis – es ist das Hauptergebnis der Asheimschen Untersuchung – widerspricht manchen gängigen Vorstellungen von der angeblich vorhandenen eigenständigen Pädagogik Luthers, es entspricht aber um so mehr dem eigentlichen Werk der Reformation, der Freilegung des Wortes Gottes, der Rechtfertigung sola fide, der Anfechtungs- und Kreuzestheologie Luthers und nicht zuletzt seiner Lehre von den zwei Regimenten Gottes, das heißt damit seiner theologischen Lehre vom Beruf. Vier Momente kennzeichnen jenes Verhältnis im einzelnen.

1. Die Unterscheidung (nicht Trennung) zwischen zwei Regimenten bedeutet, daß Luther die Erziehung als ›weltlich Ding‹ der *freien Verantwortlichkeit des Menschen* und seiner Vernunft überläßt. Das Evangelium lehrt nichts Neues in Erziehungsfragen, weil es die Aufgaben der Erziehung direkt gar nicht betrifft. Da das Evangelium das Verhältnis Gottes zum Menschen und darin das Verhältnis des Menschen zu Gott in einem letzten, umfassenden Sinn meint, sind zwar alle Tätigkeiten und Aufgaben des Menschen davon mitbetroffen, wie das Ringen zwischen Gott und Mensch ausgeht, davon also, ob der Mensch glaubt oder nicht glaubt, ob er selbst Herr bleiben will oder Gott den Herrn seines Lebens werden läßt. Unmittelbar und konkret aber hat das Evangelium zu jenen Tätigkeiten und Aufgaben nichts zu sagen. Es bringt so we-

der Sicht Luthers findet sich bei *H. Kittel* (Evangelische Religionspädagogik, a. a. O. S. 153 ff.), allerdings nicht in dem wissenschaftstheoretischen Kontext, wie ihn dies Kapitel zu entfalten sucht.
102. Grundlegung der Bildungslehre, Würzburg o. J., S. 19 f.
103. A. a. O. S. 81.

nig eine neue Erziehungslehre wie eine neue Staatslehre oder eine neue Wirtschaftslehre mit sich. Das Evangelium ist kein weltanschauliches System.

Wie der Mensch sein Leben führen und wie er seine Kinder erziehen soll, ist ihm nach Luthers Auffassung, längst bevor das Evangelium in die Welt kam, von Gott auf dem Wege über die *Vernunft* ins Herz geschrieben worden. Die christliche Predigt hat das Wort von der Rechtfertigung des Sünders aus Gnade im Glauben zu verkünden. Sie hat hinsichtlich der weltlichen Aufgaben zunächst nur die Einsichten der Vernunft zu »*bestätigen*« und zu ernstester Aufmerksamkeit auf diese Einsichten zu »*vermahnen*«; denn es droht dem Menschen im Kampf zwischen Gott und dem Teufel immer die Gefahr, daß sich das Licht seiner natürlichen Vernunft verfinstert und daß er das ihm ins Herz geschriebene »geschaffene Recht« vergißt. Luthers Schulschriften sind in diesem Sinne religiös-ethische Erbauungsschriften. Sie wollen den Trägern des Erziehungswesens einschärfen, die nach menschlichem Vernunftvermögen beste Erziehung zu suchen und zu verwirklichen. Sie wollen den Einsichten der Vernunft in Sachen weltlicher Lebensführung, damit auch in Fragen der Erziehung und des Unterrichts, nicht hineinreden. Wollte Luther irgendeine dieser pädagogischen Einsichten, irgendeinen Fund menschlicher Vernunft als qualifizierende Bedingung für das Heil des Menschen ansprechen, wollte er ein menschliches Erziehungs- und Bildungsprogramm als schlechthin gültiges christliches Erziehungsprogramm ausgeben, würde er damit die Rettung des Menschen von der Durchführung dieses Erziehungsprogramms und damit vom Vermögen des Menschen selbst abhängig machen. Dies aber widerspricht der Erfahrung der Rechtfertigung sola fide.

Erasmus von Rotterdam hatte gehofft, den Weg des Menschen zu seiner Vollendung als ein Zusammenwirken der im Menschen selbst vorhandenen guten Kräfte mit den von Gott zu Hilfe kommenden göttlichen Gnadenkräften ansehen zu dürfen. Mit dieser Auffassung ist Erasmus zum Vater des humanistisch-christlichen Bildungsdenkens in allen folgenden Jahrhunderten geworden. Die Emporbildung der naturgegebenen Geistesanlagen im Medium einer geistigen Welt, durch Anverwandlung der kulturellen Werte, dieser Bildungsprozeß wird »ein Weg zur Religion. Der Gebildete ist Gott näher, Religion ist die Krönung der Bildung. Religion ist pietas humana, vollendete Humanität.« Das aber ist nach *Ernst Lichtenstein* »die idealistische These«[104]. M. a. W., dieses humani-

---

104. *E. Lichtenstein*, a. a. O. S. 55.

stisch-christliche Bildungsdenken konnte mit innerer Konsequenz in das noch weiter säkularisierte idealistische Bildungsdenken der Goethezeit und in dessen moderne Fortsetzungen transponiert werden. Indem das Wesen des Christentums von Erasmus als »eine auf das Allgemein-Menschliche reduzierte, mit Cicero und Seneca übereinstimmende philosophia Christi« verstanden wurde, hatte Erasmus Religion bereits »als objektivierten Kulturwert und ideelles Bildungsgut« aufgefaßt. Daher führt von Erasmus »eine direkte Deszendenz zur natürlichen Religion der Aufklärung und zur idealistischen Bildungsreligion des Neuhumanismus. Voltaire und Rousseau, Herder und Goethe stammen in dieser Hinsicht von Erasmus ab, und noch Nietzsche wußte sich als ›Erasmianus‹« (ebd.).

Die konkreten Stellungnahmen Luthers zur Erziehung in der Familie und zur eruditio in den Schulen wie überhaupt zum Erziehungs- und Schulwesen sind demgegenüber viel zurückhaltender. Im wesentlichen sind seine pädagogischen Gedanken »nichts anderes ... als eine Widerspiegelung zeitgenössischer Ideen und Praktiken«[105]. Charakteristisch ist die nüchterne pragmatische Einbeziehung der Künste und Sprachen, ihre Indienstnahme im Rahmen einer Erziehung, die er als Erziehung zu »Gottes Dienst« versteht, mag er sich persönlich auch nach »der feinen und freien Bildung« eines wahrhaft humanistisch gebildeten Menschentums gesehnt haben, die er, wie E. Lichtenstein bemerkt, »an Melanchthon, an Brenz, an Camerarius neidlos bewunderte und die ihm seine mönchische Erziehung verwehrt hatte.«[106]

2. Luthers Wort zur Erziehung hebt im Grunde erst jenseits der zum »weltlichen Regiment« gehörenden und die Erziehung als »weltlich Ding« betreffenden Ideen und Praktiken an. Es geht von der Erfahrung des Mißerfolgs in der Erziehung aus, zugleich damit von der Erfahrung des Unvermögens. Suchte Luther eben die pädagogische Vernunft zu ermutigen und in ihrem Vermögen zu bestätigen, so weist er jetzt auf ihre Grenze. Er will als Theologe dem Menschen im Erzieher deutlich machen, daß ihm in der Erfahrung des Mißerfolgs seiner erzieherischen Bemühungen die Anfechtung jedes Berufs und damit die Existenzproblematik des Lebens im ganzen entgegentritt. Die von Luther im Rahmen seiner »Oeconomia Christiana«, seiner christlichen Lehre vom Hausregiment mitentwickelte Lehre von der Erziehung ist eine Trostlehre und wendet sich an die Person des Erziehers, richtet sich also nicht

105. I. Asheim, a. a. O. S. 41.
106. A. a. O. S. 63.

auf die Zielsetzungen und methodischen Probleme der pädagogischen Aufgaben. Darum ist diese Lehre im Grunde auch keine Pädagogik, sondern eine Theologie des erzieherischen Berufs, wie ja Luther seine Berufsethik überhaupt als eine Theologie des Berufs versteht[107].

Der Mensch soll erkennen, daß alle Rückschläge im Leben, die dafür sprechen, Gott habe ihn verlassen, nicht Gottes Willkür, Launenhaftigkeit und Ungerechtigkeit bekunden, sondern Gottes zwar geheimnisvolles, aber im Grunde weises Erziehungshandeln am Menschen. Gott ist im Grunde nah, wo er fern ist; er will helfen, wo er zerbricht; er will retten, wo er richtet. Wie in jedem Beruf soll auch der Christ sich als Erzieher schließlich ganz auf Gott verlassen und nicht auf seine Kraft vertrauen. Die christliche Lehre von der Erziehung wird damit in gewissem Sinne zu einer Lehre von Gottes Erziehung[108]. Der evangelische Glaube tritt hierdurch in einer viel tieferen Weise in das pädagogische Aufgabenfeld ein. Ging es eben um die bestätigende und ermahnende Funktion des Glaubens im Zusammenhang der Freigabe menschlicher Verantwortlichkeit und Vernünftigkeit, so wird jetzt der Glaube zum Grund des Zentrums des erzieherischen Handelns im ganzen. Das eine hängt mit dem anderen aufs engste zusammen. Die Freigabe der pädagogischen Vernunft und die Verwirklichung des pädagogisch Vernünftigen in Erziehung und Unterricht, Familie und Schule muß umgriffen sein von der Bindung der Person des Erziehers an Gottes Wort. Der Glaube kann nicht dem pädagogischen Verstand hineinreden und aus sich eine pädagogische Theorie über das richtige Erziehen und Unterrichten ableiten; aber der Glaube muß dem Erzieher ein letztes, umgreifendes Verständnis seiner Aufgabe und damit einen letzten Halt geben. In gewisser Weise entdeckt Luther im »zentralen Lebensproblem des Erziehers«, in dessen Anfechtung, so Asheim, »eine Variante des Rechtfertigungsproblems, dessen einzige Lösung in dem Glauben an das Evangelium zu finden ist ...« (a. a. O. S. 309).

3. Heißt das nun, daß sich im übrigen christlicher Glaube mit jeder weltlichen Erziehungs- und Unterrichtstheorie ohne weiteres verbinden läßt? Der Gedanke der Freigabe der pädagogischen Vernunft (siehe oben 1.) scheint dies ebenso nahezulegen wie die Theorie des erzieherischen Berufs (siehe oben 2.), da diese die Person

107. I. *Asheim*, a. a. O. S. 179.
108. I. *Asheim*, a. a. O. S. 160.

des Erziehers und nicht die pädagogischen Institutionen und die ergriffenen pädagogischen Maßnahmen betrifft. Die wohlverstandene evangelische Freiheit hat Luther jedoch keineswegs veranlaßt, der Pädagogik seiner Zeit, besonders der humanistischen Reform, uneingeschränkt zuzustimmen. Sein Ja ist stets ein *bedingtes Ja*. Pädagogische Auffassungen und Verhältnisse können im Sinne der Theologie Luthers nur bejaht werden, sofern sich mit den pädagogischen Absichten keine religiöse Anmaßung des Menschen verbindet.

Wo im abendländischen Bildungsdenken der Gedanke der Bildung der platonischen Ontologie und Anthropologie folgt, wo zwischen dem Reich der Idee und dem der Erscheinung sowie zwischen dem höheren geistig-sittlichen Selbst des Menschen und seinem niederen fleischlich-sinnlichen Ich unterschieden und jeweils nur das zweite Moment als defizienter, »sündiger« Modus des Menschseins angesehen wird, so daß dem Menschen die Möglichkeit bleibt, unter Berufung auf das Höhere in ihm und um ihn in der Wirklichkeit sich selbst zu rechtfertigen, rückt Bildung in religiöse Funktionen ein, konkurriert die idealistische These der Selbstbildung als Selbstverwirklichung mit der Rechtfertigungsbotschaft. Jene These trat bei Erasmus im Gewande christlicher Dogmatik auf. Luther hat sie aufs schärfste zurückgewiesen.

4. Wenn Luther trotz dieser Vorbehalte und Abgrenzungen die Wege und Ziele der Erziehung seiner Zeit im ganzen bejaht hat, so rührt das daher, daß für ihn das Handeln Gottes als des Erlösers im Evangelium und das Handeln Gottes als des Schöpfers im weltlichen Regiment, in Geschichte und Gesellschaft, nicht auseinanderfallen, sondern bei Gott in Gott *zusammenhängen*. Die menschliche Vernunft und damit auch die pädagogische Vernunft sind nicht aus sich selbst heraus existent, sondern wurzeln in Gottes Schöpfung. An dieser Stelle ergibt sich eine Gleichung, die Gottesrecht, Naturrecht, Standesrecht bzw. *Gottesordnung, Naturordnung* und *Standesordnung* zusammenrücken läßt und den Blick auf die vierte, letzte Beziehung zwischen Glaube und Erziehung freigibt. Hinter der bestätigenden, aber auch zugleich appellierenden und ermahnenden Freigabe der pädagogischen Vernunft steht Luthers Glaube, daß Gottes schaffende Gegenwart den Weg des Heranwachsenden in Familie und Stand immer schon umgibt, nämlich in den Ordnungen, in denen Gott wirkt (I. Asheim, a. a. O. S. 248 ff.). Gottes Handeln ist für Luther immer konkretes geschichtliches Handeln, geschichtliches Handeln als des Erlösers im gesprochenen äußeren

mündlichen Wort des Evangeliums und im gespendeten Sakrament, Handeln als des Schöpfers und Erhalters in den geschichtlich-gesellschaftlichen Ordnungen. Luther kann unter dieser Perspektive die Heraufkunft des Humanismus als ein solches geschichtliches Handeln Gottes deuten, das dem Handeln Gottes durch das neuentdeckte Evangelium von der anderen Seite zu Hilfe kommt.

Die Aporie im Verhältnis von persönlicher Verantwortung und gesellschaftlichen Institutionen

Das am Beispiel Luthers verdeutlichte Modell theologischer Zuordnung und Unterscheidung von Glaube und Erziehung ist darum ausführlicher dargestellt worden, weil es in der neueren religionspädagogischen Diskussion in verschiedenen Abhandlungen besonders einflußreich geworden ist und weil der Grundsinn der »freisetzenden Unterscheidung« den eigenen theologischen Standort maßgeblich mitbestimmt. Dennoch sind die Aporien auch hier nicht zu verkennen. Sie lassen sich darauf zurückführen, daß auch eine um des Evangeliums wie um der Eigengesetzlichkeit der Welt willen vollzogene Zurücknahme der Verchristlichungstendenz die Welt (und die Erziehung) keineswegs aus dem christlichen Glaubens- und theologischen Interpretationsanspruch entläßt. Die theologische These, daß die Erziehungsmaßnahmen nicht theologisch abgeleitet und das Erziehungswesen nicht klerikal bevormundet werden dürfen, bleibt als solche eine theologische Stellungnahme, die zu den pädagogischen Sachverhalten als religiöse Bestätigung hinzutritt. Was heißt das?

Die folgenschwerste Einzelproblematik ergibt sich auf Grund der getroffenen *Unterscheidung zwischen Person und Institution*. In der Nachfolge Luthers denkt, wer in der religionspädagogischen Diskussion das christliche Proprium in der Person des Erziehers festmacht, wer wie *Helmuth Kittel* jede klerikale, im Namen einer weltanschaulich verfestigten christlichen Pädagogik und Schulpolitik erfolgende Bevormundung des Schulwesens ablehnt[109]. Die theologisch bedeutsame »Sache«, das Evangelium, wird nicht als eine Glaubenslehre verstanden, die institutionelle Sender und Empfänger hat, die von der ›Kirche als Institution‹ an das ›Schulwesen als Institution‹ zu richten ist. Sie ist ein Zuspruch und Anspruch, der an die Personen der Lehrer, Schulverwaltungsbeamten, Schulpolitiker, Erziehungswissenschaftler usw. ergeht. Nicht vom christ-

109. *H. Kittel:* Freiheit zur Sache, Göttingen 1970.

lichen (verchristlichten) Deutsch-, Geschichts-, Mathematikunterricht usw. kann die Rede sein, sondern nur vom »Erzieher als Christ«, nicht von der verchristlichten Schule (Konfessionsschule im konfessionalistischen Sinne), sondern von der »Schule unter dem Evangelium«, jener Schule, die in dem Maße für das Evangelium offen ist, wie es die Lehrer sind, die in ihr arbeiten[110].

Dies Denkmodell bringt einen doppelten *Freiheitsgewinn*: *Offenheit* für die eigenständigen pädagogischen Sachzusammenhänge auf Grund des angestrebten freien Wechselverhältnisses von Theologie und Pädagogik, Glaube und Erziehung, Kirche und Schule; *Glaubwürdigkeit* für eine nicht mehr usurpatorisch mißzuverstehende theologische Mitverantwortung der Kirche in pädagogischen Fragen. Die evangelische Kirche in Deutschland hat in einer Sternstunde ihrer jüngeren Geschichte im »Wort zur Schulfrage« auf der Synode in Berlin-Weißensee im Jahre 1958 dies neue Verhältnis begriffen und formuliert. Fußend auf Vorarbeiten und Voten *Helmuth Kittels, Oskar Hammelsbecks* und anderer und in Ablehnung jeder ideologischen Bevormundung der Erziehung, sei sie kirchlicher oder weltlicher Art, erklärte sie sich »zu einem freien Dienst an einer freien Schule bereit.«[111] Mit diesem Satz sollte damals und kann noch heute der im Vergleich zu anderen gesellschaftlichen Mächten qualitativ eigene Öffentlichkeitscharakter der

110. *H. Kittel:* Der Erzieher als Christ, Göttingen 1951, 3. Aufl., 1961; *ders.:* Schule unter dem Evangelium, Braunschweig 1949. Der Personalismus dieser Sicht wird besonders prägnant auch in der schon genannten frühen Schrift *G. Ottos* entfaltet (Anm. 97), S. 61 ff., S. 68 ff. »Das theologische Wort ist *personales* Wort (Jesus Christus) an den *Menschen,* der sich mit der *Sache* auseinandersetzt. Der Schnittpunkt liegt in der Person. Das ist das Entscheidende. Das heißt: Es gibt keine »Theologie der Pädagogik«, keine »theologische Phänomenologie« der Pädagogik, keinen theologischen »Unterbau« und keinen theologischen »Überbau« der Pädagogik, aber es gibt das Wort – dem kein »begründendes« Interesse innewohnt – des Theologen inmitten pädagogischer Phänomene, wie es das Wort des Theologen inmitten historischer, juristischer oder naturwissenschaftlicher Fragestellungen gibt. Es gibt keine »christliche Erziehung«, es gibt nur Christen, die erziehen, wie es Christen gibt, die schreiben, mauern, ackern oder unterrichten. Das Christsein in actu in seiner vollen Relevanz, d. h. bis hinein in die ontischen Modifikationen durch alle noetischen Prozesse hindurch, ist entscheidend« (S. 69).

111. Abgedruckt in: *A. Flitner:* Die Kirche vor den Aufgaben der Erziehung, Heidelberg 1958, S. 19 ff.

evangelischen Kirche in der Erziehung angedeutet werden: Er ist geistlich, nicht machtpolitisch begründet. Können aber diese Unterscheidungen *durchgehalten* werden?

Wird ein theologisches Denken, das sich in personalen Kategorien bewegt und auch die Institutionsproblematik über das »Selbstverständnis« der Personen zu bewältigen sucht, nicht seinerseits ideologisch, weil es die Härte der *institutionellen Gegebenheiten* und das Gewicht der mit Institutionen verbundenen *Einfluß- und Machtstrukturen verharmlost?* Beide, Evangelium und Erziehung, sind nicht nur personal vorhanden, als persönlicher Glaube und persönliches pädagogisches Ethos des individuellen Lehrers, sondern institutionalisiert als Kirche und Schulwesen, mit allen hierbei zu berücksichtigenden politischen, ökonomischen, soziologischen und rechtlichen Implikationen, die im Blick auf unsere allgemeine gesellschaftliche und bildungspolitische Situation bereits umrissen worden sind (1. Kap.) und die durch die spezifischen institutionellen Bedingungen der Kirche zusätzlich verkompliziert werden (2. Bd., 1. Kap.).

Wo man diese Vergesellschaftungsformen vernachlässigt, schlagen sie zwangsläufig zurück. Dann muß man sich gegen »Mißverständnisse« wehren, die darauf beruhen sollen, daß eine personal und basisnah (gemeindenah) gemeinte Theologie der Evangelischen Unterweisung klerikal umgemünzt worden sei[112], ein Vorgang, der jedoch in gewisser Hinsicht unausweichlich ist. Denn wenn Evangelische Unterweisung als »Kirche in der Schule« »von der Kirche her« und »auf die Kirche zu« »im Zusammenhang des kirchlichen Lebens« existieren soll und unter Kirche die Lehrer als Christen, die Schüler und die den Unterricht tragende »Gemeinde« verstanden wird[113], gehört zu dieser Gemeinde auch ihr institutioneller Ausdruck: kirchliches Amt, kirchliche Strukturen, jene Ebene, auf der Kirche als gesellschaftliche Größe zwangsläufig *politisch* wird[114].

112. *H. Kittel:* Freiheit zur Sache, a. a. O. S. 33.

113. *H. Kittel:* Vom Religionsunterricht zur Evangelischen Unterweisung, 3. Aufl., Hannover 1957, S. 30 ff.

114. Auch *H. Kittel* spricht vom »Amt«; er beklagt den »Verfall des Amtsbewußtseins unter den Religionslehrern« und damit in eins den Verfall der »Bindungen an die Gemeinde« (Vom Religionsunterricht zur Evangelischen Unterweisung, S. 39). Sein berechtigtes Bestreben, christliche Gemeinde und kirchliches Handeln geistlich und nicht machtpolitisch zu begründen, scheint jedoch eine nicht unproblema-

Kirche, so hieß es, sei »zu einem freien Dienst an einer freien Schule bereit«. Das Wort nachsprechen heißt heute, zunächst und mit ganz anderen Mitteln, als dies die geisteswissenschaftlich-hermeneutische Pädagogik und Religionspädagogik getan hat, den Strukturen und Ursachen gesellschaftlicher und pädagogischer Unfreiheit nachzugehen. Was können im verplanten Leistungsprozeß des Schulalltags angesichts der Antagonismen staatlicher Bildungsplanung »freier Dienst« und »freie Schule« überhaupt für Lehrer und Schüler meinen, ohne daß jene Formeln sofort ideologisch verkommen? Die »freisetzende Unterscheidung« der Lutherschen Zwei-Reiche- und Rechtfertigungslehre wird in ihrer Grundbedeutung nicht preiszugeben sein (vgl. Bd. 2, Kap. 2 II). Die gesellschaftlichen und pädagogischen Institutionen können aber auch nicht unkontrolliert »freigegeben« und *nur* auf dem Wege der persönlichen Verantwortung der einzelnen Christen problematisiert werden. Sofern Gemeinde als institutionalisierte Kirche und damit als gesellschaftlicher Faktor in die gesamtgesellschaftlichen und bildungspolitischen und pädagogischen Probleme verwickelt ist, mithin Neutralität und vorpolitische Existenz strukturell ausgeschlossen sind, muß sie *öffentlich als Institution handeln.* Der Handlungszwang wird hierbei zugleich zur Frage nach dem Charakter der institutionellen kirchlichen Strukturen. Sie sind nicht gleichgültig. Rechtfertigung und Gericht unter dem Kreuz haben Rechtfertigung und Gericht von Person *und* Institution zum Thema: die Veränderung (Umkehr) des Menschen und die Veränderung (Umkehr) seiner Lebensverhältnisse, für die er verantwortlich ist.

Die Theologie wird die institutionelle und politische Problematik als *theologische* Problematik nicht los. Anders formuliert: Indem auf eine theologisch qualifizierte nähere Einrede in das Geschäft der Politik und Pädagogik verzichtet wird, weil das nicht die Sache

tische Gleichgültigkeit gegenüber den Fragen kirchlicher Strukturen zur Folge zu haben (»Wie diese Gemeinde geordnet ist, ob sie überhaupt eine Ordnung hat, ist eine Frage zweiten Ranges«, a. a. O. S. 39), ferner die Annahme, die Kirche könne eine »vor-politische Existenz« gewinnen: »In dem Maße aber, in dem diese geistliche Realität der Kirche wieder Macht über uns gewinnt, wird die Kirche als Faktor der Schulpolitik, wie überhaupt jeder Politik von uns aufgegeben. Es ist das in der Tat vielleicht das Wichtigste, was in unserer Zeit geschehen könnte, daß die Kirche des Evangeliums unter uns vor-politische Existenz gewinnt. Also eine Existenz wesentlich ohne politische Macht« (S. 48).

des Evangeliums sei, werden im selben Atemzug mit eben dieser »Freigabe« und »Bestätigung« der gesellschaftlichen und pädagogischen Vernunft die durch diese ›Vernunft‹ geprägten gesellschaftlichen Strukturen und Bildungsstrukturen mehr oder weniger als Ganzes *theologisch qualifiziert.* Wie die deutsche politische Geschichte, Sozialgeschichte und Schulgeschichte zeigen, ist es alles andere als unerheblich gewesen, daß sich die gesellschaftlichen Ordnungen der grundsätzlichen Zustimmung der Kirche im Sinne dieses nachreformatorischen Legitimationsmodus gewiß sein durften.

Im übrigen liegt an dieser Stelle der Aporie das Wahrheitsmoment der deduzierend-normativen theologischen Begründungsform mit ihrem die Erziehung bis ins einzelne berührenden universalen Geltungs- und Mitbestimmungsanspruch. Die christliche Botschaft soll für das Ganze der Erziehung Auswirkungen haben, weil ohnehin – so kann jetzt hinzugefügt werden – Christentum und Kirche in der Gesellschaft ›Partei‹ sind, auch wo sie es nicht sein wollen und im engeren Sinne dieses Wortes nicht sind. Unterscheidungen wie zwischen theologisch und nichttheologisch, geistlich und weltlich sind folglich zugleich *angemessen* und *unangemessen.* Sie heben als Ausdruck christlicher Freiheit auf die *Befreiung* der Welt ab, um diese Befreiung gleichzeitig dort zu *unterlaufen,* wo die »Ermahnung« der weltlichen Vernunft – im Sinne des bedingten Ja zu den gegebenen Ordnungen – diese nur unter den allgemeinsten Vorbehalt der Rechtfertigungslehre stellt (Abwehr religiöser Anmaßung), eine konkretere christliche Rede zu den gesellschaftlichen und pädagogischen Problemen jedoch nicht gewagt wird. Auf diese Weise kann die Kirche das notwendige spezifische Wort zu unerträglichen Verhältnissen, die bei Namen genannt werden müßten, schuldig bleiben.

c) Interpretative Vermittlung. Ist es möglich, die Bedeutung der christlichen Botschaft für das Ganze und für die Einzelfragen der Erziehung sichtbar werden zu lassen, ohne in das bevormundende theologische Reden zurückzufallen? Kann zwischen dem integralen (a) und dem unterscheidenden Denkmodus (b) eine Verbindung gefunden werden, die die Wahrheitsmomente beider Denk- und Aussageformen berücksichtigt und die Aporien beider vermeidet?

Theologische und pädagogische »Entsprechungen«

Zwischen den beiden genannten Modellen stehen jene Versuche, in denen pädagogische Aussagen weder theologisch abgeleitet werden noch lediglich dem erziehungswissenschaftlichen Verstand überlassen bleiben. Es wird vielmehr anerkannt (wie im *Unterscheidungsmodell*), daß Erziehung durch das Evangelium nicht konstituiert, sondern als eigenes Phänomen mit der ihr zugeordneten Erziehungswissenschaft immer schon vorgefunden wird. Aus der die ganze Wirklichkeit betreffenden Glaubenserfahrung folgt jedoch (wie im *integralen Ableitungsmodell*), daß Christen als Personen und christliche Kirchen als gesellschaftliche Institutionen zur Erziehung in jeder Hinsicht etwas zu sagen haben, im engeren religionspädagogischen Feld und im weiteren Feld der allgemeinen Erziehung, insgesamt und im einzelnen. Es gilt darum, die pädagogischen Sachverhalte gleichzeitig theologisch zu interpretieren. Man könnte dies Modell ein *interpretatives Vermittlungsmodell* nennen: Es sucht nicht nur zwischen den genannten theologischen Denkfiguren zu vermitteln, sondern auch zwischen theologischen und pädagogischen Aussagen. Der schon oben entfaltete konvergenztheoretische Weg mit seiner Frage nach der »interpretativen Abbildbarkeit« von Theologie und Pädagogik ist eine Form dieses dritten Modells. Er partizipiert freilich auch an den Momenten der beiden anderen Auffassungen, an ihrem Sinn und an ihren Schwierigkeiten; daher der Durchgang durch alle drei Formen der Verhältnisbestimmung zwischen theologischen und pädagogischen Aussagen!

Dem Charakter dieses verbindenden Modells gemäß können sowohl theologische und religionspädagogische Entwürfe, die stärker der lutherischen, als auch solche, die mehr der dialektischen Theologie verpflichtet sind, diesem Weg folgen. Im Anschluß an die Theologie *Karl Barths* und *Dietrich Bonhoeffers* neigt *Oskar Hammelsbeck* beim Versuch, theologische und pädagogische Sachverhalte in Beziehung zu setzen, verschiedentlich zu einem ausgesprochenen *Analogiedenken*. Bildung als verweilender, bergender »Aufenthalt« im Ungeborgenen steht in Analogie zum »Aufenthalt Gottes« unter uns Menschen in der Fleischwerdung (Joh. 1,14)[115]. Dies Verhältnis ist nicht im Sinne einer ontologischen

---

115. *O. Hammelsbeck:* Evangelische Lehre von der Erziehung, München 2. Aufl., 1958, S. 174; *Ders.*: Erziehung – Bildung – Geborgenheit, München 1961 (Th. Ex. 90), S. 35.

Analogia-entis-Lehre zu verstehen, sondern als zeichenhafter Hinweis. Auf dem Hintergrund der lutherischen Tradition spricht *Kurt Frör* von »strukturellen Analogien« in der Erziehungswirklichkeit, vom »Hinweischarakter« der mitmenschlichen Ordnungen, von »zeichenhaftem Abbild«, von »Abschattung« und »Spiegelung«. Gottes eschatologisches Handeln in Gesetz und Evangelium spiegelt sich in der Lebenswirklichkeit ab. Es ist darum nach Frör sinnvoll, die wahrgenommenen Strukturen »von dem eschatologischen Geschehen in Wort und Sakrament her zu interpretieren.«[116] Evangelische Pädagogen haben im Grunde immer schon so gedacht, nur meist sehr einseitig; sie verbanden Erziehung und Gesetz:

> »Alle Anforderungen, die der Erzieher an den Zögling stellt, aller Zwang, durch den sein natürlicher Wille im Lauf gehemmt wird, alle Mühsal, die ihm mit der (durchaus nicht immer spontan erfolgenden) Aneignung der Bildungsgüter zugemutet wird, kurz: alle Disziplin, die dem jugendlichen Leben Schranken setzt, hat, im Glauben gesehen, die Würde des Hinweises auf das göttliche Erziehungswerk am Menschen, das in seinem Verlauf eben Werk des Gesetzes ist, mit dem strengen ›Erziehungsziel‹, daß der natürliche Mensch sterbe.« *(M. Doerne)*[117]

Frör will diese einseitige Bezugnahme überwinden. In Anlehnung an *W. Joest* sieht er in den Strukturen der Erziehung nicht nur den vorausgeworfenen »*Schatten*« des verklagenden Gerichts Gottes gespiegelt (das *Gesetz*), sondern auch das vorausgeworfene »*Licht*« der Zuwendung göttlicher Güte (das *Evangelium*). Letzteres ist gerade primär. Wie in Gottes Handeln das Heil, die Liebe, das Erbarmen und die Treue das erste sind, so analog in der Erziehung auch die pädagogischen Vorgaben der Liebe und Hilfe.

In besonders eindrucksvoller Weise hat jüngst *Wenzel Lohff* in selbständiger Fortführung lutherischer Denktraditionen eine Verhältnisbestimmung von »Glaubenslehre und Erziehung« vorgelegt, die dem hier gemeinten dritten Typus folgt. Auch *Lohff* fragt, ob die Unterscheidung zwischen der Verkündigung, die den Menschen als Person trifft, und den weltlichen Erziehungsphänomenen, zu denen von der Glaubenslehre her keine direkte Beziehung her-

---

116. Die theologische Lehre von Gesetz und Evangelium und ihre Bedeutung für die Pädagogik, in: Glauben und Erziehen, Festgabe für G. Bohne, Neumünster 1960, S. 97 ff.

117. *M. Doerne*: Bildungslehre evangelischer Theologie, in: Handbuch der deutschen Lehrerbildung, München u. Berlin 1933, S. 59 f.

gestellt werden soll, »wirklich durchführbar« ist[118]. Muß nicht »der ganze Bereich der Folgewirkungen der Glaubenslehre« bedacht werden, nicht nur die Eröffnung eines neuen Selbstverständnisses für den Erzieher als Person? Abstrakte Gegenüberstellungen bleiben unbefriedigend.

> »Abstrakte theologische Verhältnisbestimmungen wie die von ›weltlichem‹ und ›glaubendem‹ Handeln, von ›Verkündigung‹ und ›Erziehung‹ usw. sind für die Aufklärung der realen religiös-pädagogischen Wirklichkeit deshalb wenig hilfreich, weil sie die gesellschaftliche Vermittlung und Wirksamkeit von Glaubenslehre unberücksichtigt lassen.«[119]

Lohff beschreitet statt dessen den Weg einer neuen »Interpretation der Grundsymbole des christlichen Glaubens« *in Beziehung* zu sozialpsychologischen und pädagogischen Interpretationsmodellen wie »Grundvertrauen«, »Identifikation«, »Identität«, »Integrität« (im Anschluß an *E. H. Erikson*)[120]. Mag auch in diesem Entwurf eines systematischen Theologen das Hauptgewicht der Untersuchung erklärtermaßen auf der anthropologisch-theologischen Deutung der Glaubenssymbole selbst liegen und nicht auf der korrespondierenden Analyse des gegenwärtigen gesellschaftlichen und pädagogischen Umfeldes (die »gesellschaftliche Vermittlung und Wirklichkeit von Glaubenslehre« wird nur kurz behandelt), so sind Lohffs Ausführungen doch ein Versuch, theologische und pädagogische ›Entsprechungen‹ aufzufinden, ohne theologische und pädagogische Begriffe kurzschlüssig zu identifizieren.

Die Aporie der Verdoppelung der Aussagen – zum Propriumsproblem

Das interpretative Vermittlungsmodell ist nicht auf Identifikationen und Harmonisierungen aus. Es will die theologische Argumentation als theologische durchhalten: Sie soll für die gegenwärtige Erziehungswirklichkeit »Relevanz haben«, ohne ihre »Identität« zu verlieren[121]. Freilich kann sich theologisches Denken dann auch nicht mehr so von der ängstlichen Identitätssorge um das eigene Proprium gefangennehmen lassen, daß die gesellschaftliche

---

118. Glaubenslehre und Erziehung, Göttingen 1974, S. 15.
119. A. a. O. S. 16.
120. A. a. O. S. 65 ff.
121. Zum Zusammenhang zwischen der »Relevanzkrise des christlichen Lebens« und der »Identitätskrise des christlichen Glaubens« vgl. *J. Moltmann:* Der gekreuzigte Gott, München 1972, Kap. 1.

und pädagogische Relevanz nicht mehr deutlich wird. Hier liegt die Aporie des dritten Weges: Wo sich Theologie auf vermittelnde Interpretationen einläßt, kann sie nur in *verwechselbarer Identität* zugleich mit sich selbst identisch und für den Menschen relevant sein.

Im Vorwort seiner Abhandlung erwähnt W. *Lohff* die Entschließungen der Frankfurter Bildungssynode der EKD von 1971 mit dem Hinweis, daß dort, wo die Kirche zum Problem der Bildung selbst das Wort nimmt, »sie nur die Forderungen der allgemeinen pädagogischen Diskussion zu verdoppeln« scheine (Förderung der Chancengleichheit, der kompensatorischen Erziehung usw.)[122]. Durch seinen eigenen Beitrag soll statt dessen, so darf man annehmen, »der genuine Beitrag der Kirchen als Glaubensgemeinschaften zur Bildungsaufgabe« deutlich werden (ebd.). Gelingt dies ohne Verdoppelungen, ohne Verwechselungen? Die Grundthese Lohffs, daß die Interpretation der christlichen Glaubenssymbole die »*Existenzbedingungen menschlicher Freiheit*« aufzeigen könne, muß darauf gefaßt sein, daß wesentliche Stücke der christlichen Interpretation dieser Bedingungen auch nichtchristlichem Denken möglich und längst vertraut sind. Es gelingt Lohff, zu zeigen, daß die christlichen Glaubenssymbole, recht verstanden, »nicht repressiv sind, d. h. sie unterdrücken nicht die Selbständigkeit und Mündigkeit des Menschen, sondern motivieren und evozieren sie gerade in der rechten Weise, da sie die Existenzbedingungen menschlicher Freiheit aufzeigen:

1. Menschliche Freiheit ist bedingt durch die Hinnahme der unverfügbaren Ursprungsbedingungen menschlicher Existenz und durch die Teilnahme am Kampf für eine Ordnung menschlichen Lebens, die relative Freiheit des einzelnen ermöglicht (Schöpfung, Gottebenbildlichkeit).
2. Die Möglichkeit menschlicher Freiheit hängt ab von der Sensibilität für das, was Freiheit und Heil verhindert; es darf nicht hinwegdisputiert werden (Sünde, Entfremdung).
3. Menschliche Freiheit hängt ab von der Bereitschaft und Fähigkeit von Menschen, unbedingte Kommunikation zu üben, anderen Menschen die Möglichkeit selbständiger Existenz vorweg zu gewähren (Versöhnung).
4. Menschliche Freiheit hängt ab von der Bereitschaft, die Grenzen der individuellen Freiheit, die Grenzsituationen, das absolute Scheitern ernst zu nehmen, sie in den Horizont der Lebensbedingungen aufzunehmen (Erlösung).«[123]

122. A. a. O. S. 5.
123. A. a. O. S. 65 f.

Diese zusammenfassenden Sätze (die an sich nicht ohne die dazugehörige ausführliche Entfaltung zitiert werden dürften) sprechen nicht von ungefähr eine anthropologische Sprache, die verständlich ist. Sie sind in vieler Hinsicht auch der Sache nach der vernünftigen Einsicht des Menschen zugänglich. Das Nachdenken über die Bedingungen menschlicher Freiheit in Gesellschaft und Erziehung geht heute in nicht wenigen theologischen und nichttheologischen Analysen ähnliche Wege. Wir dürfen dies auch auf den Weg dieser Darstellung selbst beziehen, die bewußt ›nichttheologisch‹ begonnen hat:

»*Sensibilität für das, was Freiheit und Heil verhindert*« (2) macht die Pädagogik der Gegenwart empfindlich für Mangel, Ungerechtigkeit und Entfremdung. Den optimistischen »Persönlichkeitsbildungs«-Programmen ist längst der Abschied gegeben. Der Pädagoge soll Anwalt des Kindes sein; die Sorge um das »Wohl des Kindes« (H. Nohl) soll ihn antreiben. Dies fällt sehr schwer, wenn man die »Widersprüche« der Schule und die »Ambivalenz« der Schulreform wahrnimmt. Noch schwieriger wird es, wenn sichtbar wird, wie nahezu unentwirrbar und anscheinend unentrinnbar das Bildungswesen den gesamtgesellschaftlichen »Disparitäten« und »Restriktionen« ausgeliefert ist, Teil einer Gesellschaft, die sich frei dünkt und doch zutiefst gebunden ist, mit wachsendem Unvermögen, über ein reaktives Krisenvermeidungsmanagement und die Fortschreibung des Gegebenen hinaus in Alternativen zu denken (1. Kap. I–III).

»*Kampf für eine Ordnung menschlichen Lebens, die relative Freiheit des einzelnen ermöglicht*« (1), ist mit der darin ausgedrückten Selbstbegrenzung (»relative Freiheit«) nur für die Pädagogen zu wenig, die das Selbstverständliche vergessen: die Relativität menschlichen Lebens. Der einzelne findet immer schon verpflichtende Lebenszusammenhänge vor; er kann ebensowenig über den Akt seines Eintritts in die Welt verfügen wie sich über deren sozialen Charakter hinwegsetzen.

Gleichwohl ist »Kampf« für größere soziale Gerechtigkeit in Gesellschaft und Bildungswesen erforderlich, sofern selbst relative Freiheit verweigert wird und die Chancen für ein sinnerfülltes Leben ungleich verteilt sind. Es ist ein langwieriger Kampf, oft eher ein verzweifelter Kleinkrieg in der Bemühung um erste Schritte. Mit Appellen ist wenig, mit revolutionärem Pathos gar nichts getan. »Chancengleichheit« im Bildungswesen kann überdies sehr unterschiedlich ausgelegt werden und ist als Hebel zur Veränderung der Gesellschaft eine Illusion[124]. »Kompensatorische Erziehung« ist zweischneidig, wenn sie Unterschichtkinder auf Kosten ihrer Identität anpaßt. Die mit diesen Formeln gemeinten Absichten als bloße Verdoppelungen pädagogischer Forderungen beiseite zu schieben – wenn die Kirche für sie Partei ergreift –, ist jedoch unverständlich, solange die Konsequenz der Auslegung des »genuin« theologischen Beitrags eben derselbe »Kampf« um die menschenmögliche relative größere Gerechtigkeit auf Erden sein soll (vgl. auch hierzu 1. Kap., bes. I und II).

»*Bereitschaft und Fähigkeit von Menschen, unbedingte Kommunikation zu üben, anderen Menschen die Möglichkeit selbständiger Existenz vorweg zu gewähren*« (3), hat theoretisch die Einsicht in die vorgängige Verbundenheit von Individuation (»selbständiger Existenz«) und sozialer »Beziehung« und praktisch die »Fähigkeit zu lieben« zur Voraussetzung. Die Relevanz dieses Zusammenhangs kann ebenfalls unabhängig von theologischen Voraussetzungen sichtbar gemacht werden. Die »Bedeutung einer verläßlichen Umwelt«, der Sinn der grundlegenden Akte, durch die in der Genese der Person »Vertrauen und Verantwortung« gestiftet werden, die Ermöglichung eigener Identität durch die Erfahrung sozialer Zuwendung, alle diese Momente bezeichnen bereits ein bestimmtes, in der sozialpsychologischen und anthropologischen Diskussion erreichtes Erkenntnisgefüge. Das Wort Freiheit bleibt nur menschlich, wenn es »kommunikativ buchstabiert« wird. Der emanzipatorische Aufbruch aus unfreien Verhältnissen in freie oder freiere hat seinen Sinn in der Antizipation eines gemeinsamen ›guten Lebens‹, das in Freiheit füreinander gelebt werden soll und so erst lebenswert ist (vgl. 2. Kap.).

Über »*die Bereitschaft, die Grenzen der individuellen Freiheit, die Grenzsituationen, das absolute Scheitern ernst zu nehmen*« (4), ist bisher nicht gesprochen worden. Was »Grenzsituationen« sind und bedeuten, ist von der Existenzphilosophie erhellt worden *(Karl Jaspers)*. Sie hat in ihrer Sprache die Unverfügbarkeit der Grenzen menschlicher Existenz, das »Geworfensein« menschlichen Lebens und die Unabweisbarkeit des »Todes« mit redlichem Ernst

124. Weltproblem Chancengleichheit. Bildungsplanung als Gesellschaftspolitik, dt. hg. u. eingeleitet von *H. Thomas*, Frankfurt/M. 1970; *P. Bourdieu, J. Passeron:* Die Illusion der Chancengleichheit, Stuttgart 1971; *Ch. Jencks et al.:* Chancengleichheit, Reinbek bei Hamburg 1973; *N. Weber:* Privilegien durch Bildung. Über die Ungleichheit der Bildungschancen in der BRD, Frankfurt/M. 1973.

thematisiert *(Martin Heidegger)* – von der Erfahrung des Scheiterns im Spiegel zeitgenössischer Literatur und Kunst ganz zu schweigen. Auch hier haben die christlichen Glaubenssymbole kein Interpretationsmonopol.

Was soll mit all dem gesagt werden? Werden im Evangelium begründete Auslegungen menschlicher Unfreiheit und Freiheit überflüssig? Übernehmen säkulare Interpretationen ihre Funktion? Keins von beidem. Deutlich wird nur, daß die Aporie der Verdoppelung der Aussagen eine *unvermeidliche* und *sinnvolle* Aporie ist. Natürlich will und kann der oben durchgeführte Vergleich der theologischen Aussagen W. *Lohffs* mit nichttheologischen Einsichten nicht eine durch die Ähnlichkeit der Worte sich nahelegende Identität suggerieren. Wo bei Lohff von den »unverfügbaren Ursprungsbedingungen menschlicher Existenz« die Rede ist und wo in den Klammern die christlichen Symbole von Schöpfung, Gottebenbildlichkeit, Sünde, Versöhnung und Erlösung den anthropologisch gefaßten Sätzen beigefügt sind, soll unverwechselbar auf das Proprium christlicher Glaubenslehre, besonders auf die bei Lohff im Zentrum stehende *christliche Schöpfungs- und Rechtfertigungslehre* als Ermöglichungsgrund jener Sätze hingewiesen werden. Dennoch: Wo im *selben* Vorgang Schöpfung und Rechtfertigung »*im neuzeitlichen Lebenszusammenhang*« neu interpretiert werden, damit sie für diesen Lebenszusammenhang ihre Bedeutung erweisen[125], macht diese Entäußerung an die Welt die christliche Rede mit weltlicher Rede verwechselbar. Die sichtbar werdende Selbstentäußerung der Theologie ist jedoch ihre notwendige Struktur, ihre der Welt dienende »Knechtsgestalt« als Spiegel der Selbstentäußerung und Selbsterniedrigung Jesu selbst (Phil. 2,7.8).

Die Frage nach dem *Proprium*, die heute unsere Kirchen umtreibt, ist einerseits berechtigt. Verwechselbar ist der individuelle und gesellschaftliche Ausdruck christlichen Glaubens, unverwechselbar bleibt der Rückbezug des Glaubens auf den gekreuzigten Jesus von Nazareth: Christliche Rede von Freiheit muß sich unter dem Kreuz richten, rechtfertigen und identifizieren lassen. – Die Propriumsfrage wird andererseits zur Versuchung, wenn die Sorge um die eigene Identität zur sündigen Unterlassung des Dienstes der Liebe

---

125. Vgl. hierzu auch W. *Lohff*, *Ch. Walther (Hg.):* Rechtfertigung im neuzeitlichen Lebenszusammenhang. Studien zur Neuinterpretation der Rechtfertigungslehre, Gütersloh 1974. – Siehe hierzu Bd. 2, 2. Kap. II 2.

führt. Der Beginn dieser Versuchung ist die Angst, sich auf die gesellschaftliche Problematik zu sehr einlassen zu müssen. Diese Angst, die in der Dimension christlicher Praxis die Kontroverse um die ökumenische Bewegung durchzieht und die auf der theoretischen Ebene durch die wissenschaftstheoretische Herausforderung der Theologie durch die modernen Handlungswissenschaften ausgelöst und bis jetzt noch nicht überwunden worden ist, vergißt, daß das unverwechselbare Proprium der christlichen Theologie, der Gekreuzigte, verhüllte Offenbarung ist. Das Kerygma der Auferweckung Jesu hebt diese Verhüllung nicht auf; es verkündet eine Wahrheit des Glaubens, nicht des Schauens (Joh. 20,29); unser Leben ist »mit Christus in Gott verborgen« (Kol. 3,3).

Die vorstehende *prinzipielle theologische* Deutung des Verdoppelungs- und des damit verbundenen Propriumsproblems, die vom Inkarnations- und Kreuzesgeschehen her deren unausweichliche Folgen für die Verleiblichung und Vergesellschaftung des Heils bedenkt, darf diesen Vorgang nicht ungeschichtlich-abstrakt beschreiben. Sie wird sich mit dem *geistes-* und *theologiegeschichtlichen* Gedanken verbinden müssen, den mit Recht *Trutz Rendtorff* immer wieder geltend macht. Der christliche Wahrheits- und Freiheitsanspruch hat geschichtliche Folgen gehabt und zu neuzeitlichen Formen des Christentums geführt, die mit dem allgemeinen neuzeitlichen Wahrheitsbewußtsein das Interesse an freier Wahrnehmung der überlieferten Wahrheit teilen. Dies führt zu Verdoppelungen, die in Wirklichkeit nur eine »scheinbare Verdoppelung« sind: Auf Grund der Verflechtungen zwischen der Geschichte des Christentums und der Geschichte der Neuzeit begegnet das theologische Denken und christliche Handeln in der Säkularität immer wieder sich selbst[126].

Die berührte Problematik macht die Religionspädagogik zu einem *Paradigma der Theologie überhaupt.* Theologisch verantwortete Religionspädagogik hat teil an den Aporien, die alle theologische Arbeit betreffen. Diese Aporien verschärfen sich allerdings in der Systematischen und besonders in der Praktischen Theologie einschließlich der Religionspädagogik, weil der Praxisbezug und die Verflechtung von Religion, Kirche und Welt das Ausweichen in ein weltabgehobenes Glaubens- und Kirchenverständnis verhindern. Der Weg der Religionspädagogik im Spannungsfeld theologischer,

---

126. *T. Rendtorff:* Theorie des Christentums, Gütersloh 1972, bes. S. 113 ff.

gesellschaftspolitischer und pädagogischer Verantwortung partizipiert an allen drei beschriebenen Grundauffassungen theologischer Verhältnisbestimmung von Glaube und Erziehung: Nach der Seite ihrer theologischen Bindung versteht die hier gemeinte Religionspädagogik die Universalität des christlichen Anspruchs (Modell 1) als Verheißung des Heils an die ganze Welt, auch an die Erziehung, allerdings nicht integralistisch, sondern als nicht-repressives Angebot. Den Grundsinn der freisetzenden Unterscheidung will sie hierbei festhalten (Modell 2); sie versucht ihn jedoch gerade dadurch zu erfüllen, daß sie ihn immer wieder aufs Spiel setzt, da sie durch konkrete Interpretation der freimachenden und verbindenden Kraft Jesu Christi und durch ein entsprechendes Handeln im Namen dieser Freiheit parteiisch wird, parteiisch werden muß (Modell 3).

Was hiermit gemeint ist, wird Band 2 entfalten. Wir werden einen Weg gehen, der zwar die Unterscheidung von Gesetz und Evangelium beachtet und sich davor hütet, die Erziehung mit dem Evangelium zu verwechseln. Daraus folgt aber nicht, die Erziehung primär und einseitig vom Gesetz her zu verstehen. Dies ist in der Geschichte der evangelischen Erziehung immer wieder der Fall gewesen. Das allgemeine Erziehungshandeln in der Gesellschaft und selbst die christliche Erziehung in der Kirche sind vom Gesetzeshandeln Gottes her gedeutet worden, als Unterstützung der »Gesetzespädagogie Gottes« (*Martin Doerne*), unter Begünstigung derjenigen Erziehungs- und Lernkonzepte, die Zucht, Disziplinierung, Autoritätsausübung, Unterordnung und Einordnung betont haben[127].

Im Sinne der Thematik der Vollversammlung von Nairobi, an der wir uns seit der Einleitung orientieren, ist der theologische Ausgangspunkt dieser Religionspädagogik demgegenüber die »frohe Befreiung«, die in Jesus Christus widerfahren ist (2. Barmer These). Wir wollen versuchen, innerhalb der Dialektik von Evangelium und Gesetz (in dieser Reihenfolge) primär vom Evangelium her zu denken. Gott gibt, bevor er fordert (*Dietrich Bonhoeffer*). Dies wird das Proprium unserer Religionspädagogik bleiben. Erziehung »vom Evangelium her« ist »Erziehung um der Freiheit des Menschen

---

127. Vgl. nochmals paradigmatisch *M. Doerne:* Bildungslehre evangelischer Theologie, a. a. O. (Anm. 117). Zwar soll auch bei D. das Werk der Erziehung vom Werk der Verkündigung des Evangeliums umfaßt bleiben und das Gesetz Werkzeug der Liebe werden. Beherrschend im Vordergrund stehen jedoch die Gesetzesaspekte (S. 58 ff., 66 ff., 69).

willen« (*Oskar Hammelsbeck*)[128]. Sie will Ausdruck der bereits er-
öffneten Freiheit sein und auf dieser Grundlage der noch zu eröff-
nenden Freiheit dienen. Aus der Befreiung durch das Evangelium,
aus dem Angebot Gottes, mit ihm Gemeinschaft zu haben, erwächst
dann das neue Gesetz menschlicher Gemeinschaft. In diesem Sinne
ist Erziehung in christlicher Verantwortung »Erziehung zu Befreiung und Gemeinschaft«. Eine Religionspädagogik, die so an-
setzt, wird sich dabei mit den ›weltlichen‹ pädagogischen Bemühungen positiv verbünden, die in paralleler Weise ein ähnliches
befreiendes und die Menschen miteinander verbindendes Lernen
befördern. Hier sucht sie theologische und pädagogische ›Entsprechungen‹.

Was es heißt, dem freimachenden und verbindenden Sinn des
Heilsgeschehens bildungspolitisch und pädagogisch Ausdruck zu
geben und damit die Formel einer »Erziehung zu Befreiung und
Gemeinschaft« einzulösen, ist freilich leichter gesagt als getan.
Nicht nur der Staat, auch die Kirchen – so wird Band 2 zeigen –
stehen unter gesellschaftlichen Bedingungen, die es ihnen schwer-
machen, glaubwürdig zu handeln. Es sind verwandte Bedingungen;
denn die Kirchen sind über ihre volkskirchlichen Mitglieder mit
den Gliedern und Gruppen der Gesellschaft, ihren Erwartungen,
Einstellungen und Interessen, verbunden. Zu fragen ist daher, ob
es den Kirchen im Bereich der religiösen Erziehung überhaupt möglich sein wird, ein Konzept freisetzenden, persönlich relevanten
und die Menschen miteinander verbindenden Lernens zu vertreten,
das auch für die Gesellschaft im ganzen exemplarische Bedeutung
haben könnte, wenn eben dieselbe Gesellschaft mit ihrem Bildungssystem, wie wir sahen, ein unpersönliches, konkurrierendes An-
passungslernen begünstigt und die eigene volkskirchliche Mitglie-
derschaft hieran gewöhnt ist. Die Kirchen sind in das in diesem
Band eingangs umrissene Bedingungsfeld eingebettet; können sie
es verändern? Die Lernfähigkeit der Gesellschaft und der Kirche
hängen miteinander zusammen.

Im Fortsetzungsband wird ein Konzept entfaltet werden, das diese
gesellschaftlichen und volkskirchlichen Gegebenheiten nüchtern
ernst nimmt, jedoch zugleich Wege des Umlernens und des neuen
Lernens eröffnen möchte: in der persönlichen, lebensgeschichtlichen Dimension der religiösen Erziehung als vertiefte Bemühung

---

128. Evangelische Lehre von der Erziehung, München 1950, S. 56 ff. Der
Ansatz O. *Hammelsbecks* ist an dieser Stelle bis heute gültig.

um den einzelnen, seine Identität und seine sozialen Beziehungen (1. Grundaufgabe), in der ethischen Dimension der religiösen Erziehung als Erziehung zu erweiterter gesellschaftsdiakonischer und politischer Verantwortung (2. Grundaufgabe), in der Dimension des Umgangs mit der eigenen Überlieferung als Ermutigung zu reflektierter Religiosität (3. Grundaufgabe), in der ökumenischen Dimension als Ermöglichung der Mitsprache aller Betroffenen und als Einübung neuer Gesprächsfähigkeit (4. Grundaufgabe). Es sollen religionspädagogische Aufgaben umrissen werden, die unterschiedliche Adressaten unterschiedlich abholen und doch auf einen gemeinsamen Weg bringen, nämlich in dem Maße, wie jene Aufgaben miteinander zusammenhängen und dieser Zusammenhang erkannt wird.

Namenregister

226

Sachregister